开拓者的丰碑

PIONEERS' MONUMENTS

秦　汉◎著

北　京

图书在版编目（CIP）数据

开拓者的丰碑／秦汉著.
—北京：中国经济出版社：中国石化出版社，2018.9
ISBN 978－7－5136－5300－8
Ⅰ.①开… Ⅱ.①秦… Ⅲ.①石油化工企业—企业史—乌鲁木齐 Ⅳ.①F426.22
中国版本图书馆 CIP 数据核字（2018）第 179771 号

责任编辑　余静宜
责任印制　巢新强
封面设计　华子图文

出版发行　中国经济出版社，中国石化出版社
印 刷 者　北京力信诚印刷有限公司
经 销 者　各地新华书店
开　　本　710mm×1000mm　1/16
印　　张　25
字　　数　313 千字
版　　次　2018 年 9 月第 1 版
印　　次　2018 年 9 月第 1 次
定　　价　88.00 元
广告经营许可证　京西工商广字第 8179 号

中国经济出版社 **网址** www.economyph.com **社址** 北京市西城区百万庄北街 3 号 **邮编** 100037
本版图书如存在印装质量问题，请与本社发行中心联系调换（联系电话：010－68330607）

目录 CONTENTS

第三章
再接再厉

第四章
阳光总在风雨后

第五章
格局决定结局

第六章
我们的未来不是梦

第一章 从青海高原到塔里木盆地

01
始于改革开放

一个社会的发展，时常需要通过改革和开放来实现。

1977 年 8 月，中国共产党第十一次代表大会宣告了“文化大革命”的结束，中国的政治、经济、社会和文化状况也随之发生了重要变化。

中国共产党总能在一些重要时间节点上作出关键抉择，拨正前进的航向。1978 年，党的十一届三中全会作出了把工作重点转移到社会主义现代化建设上来和实行改革开放的重大决策，开启了改革开放的历史新时期。这次会议是我们党历史上具有深远意义的伟大转折，也是我们党领导中国人民实现中华民族伟大复兴进程当中的伟大转折。

历经岁月的洗礼、风雨的考验，历史的车轮不可阻挡，它将带给我们更加绚烂的未来。

中国波澜壮阔的改革开放走过了整整 40 年。这 40 年改变了一个民族的历史命运，决定了一个国家的前途未来。

“文化大革命”结束后，中国面临着拨乱反正、百废待兴的复杂局面。但此时，中国经济建设的工业血液——石油却严重不足。“以经济建设为中心”不是一句简单的口号，中国的石油需求量将是巨大的。

中国，亟须石油！

高瞻远瞩的决策者们把目光投向了中国西部，投向了全国最大的内陆盆地——塔里木盆地。

找油的号角催人振奋。

1978 年五一国际劳动节过后，新疆地质局代局长李奔原计划到北疆出差，突然接到地质总局（国家地质矿产部）石油地质组来电："陈钟处长近日来疆，有要事商议。"

李奔和陈钟是相交多年的朋友了。陈钟是一位转战南北的老八路，此次来疆定有大事，于是李奔决定静候陈钟同志的到来。

几天后，陈钟来到乌鲁木齐，李奔到机场迎接。阔别多年，相见分外高兴。寒暄片刻，陈钟对李奔说："总局和石油组经过多次研究，为寻找油气后备基地，决定恢复中断 20 多年的塔里木油气普查勘探，在新疆设立石油指挥部，由你兼指挥长。"

听到这个消息，李奔很高兴，这是他到新疆工作后多年来梦寐以求的事情。五六年前，新疆地质局地质二大队在叶城的玉力群找自然硫时，发现岩石小晶洞和裂缝中有油气。李奔将这一意外收获报告给了国家地质总局，并要求重开塔里木的油气勘查，但由于条件不具备，最终未能如愿。而今这个梦想眼看就要变为现实了，李奔感到无比激动。

第二天，陈钟到自治区党委洽商，区党委表示欢迎国家地质总局到塔里木盆地开展油气勘探工作。尔后，李奔和陈钟商议筹设指挥部、调队伍、选工区、计划任务等问题。根据总局意见，指挥部的机构设置、人员编制不宜过多，按精兵简政原则，先从新疆地质局调 20 名干部开展工作，以后根据需要再逐步充实健全。关于调队伍问题总局作了最大努力。由于各地区计划任务已定且已开始施工，拟采取借调的办法从华东六物借调一个地震队、从华北四物借调两个地震队先来试验生产，为次年开展工作打下基础。先把架子搭起来，设两个组，一个抓生产，一个管人事和行政。

办公室就设在李奔的一间16平方米的办公室内，桌子挨桌子，人挨人，紧锣密鼓地开始筹备。

1978年5月8日，国家地质总局决定成立新疆石油普查勘探指挥部，由李奔同志负责牵头组建工作。

李奔是一位老革命，个子不高，眼睛挺大，衣着朴素，处事果断干练。1920年生于广西防城，1939年春奔赴延安，就读于陕北公学。1940年在陕甘宁边区政府工作，1945年6月随军南下，先后在江西南昌、广东汕头、东北等地工作。1954年3月，调到国家地矿系统任职。1972年起任新疆地质局副局长、代局长。

5月末，李奔带领刘淮生、陆青、李德成和殷树应同志赴北京国家地质总局接受组建"新疆石油普查勘探指挥部"（后来几易其名，目前为中石化西北石油局）的任务。

到京的第二天，石油管理局塞风副局长等领导同志早早进入了会议室，见李奔局长一行人到来，塞风等人都站起来热情地迎上前，与每个同志握手。

塞风脾气耿直，性格爽朗，心胸大度，见面第一句话就是："终于把你们给盼来了。"

宾主落座后，塞风副局长说："今天请大家来就是详细讨论组建新疆石油普查勘探指挥部的问题。"

塞风是湖北武汉黄陂横店人。1938年入陕北公学、延安抗大学习，同年加入中国共产党。曾任冀中军区团特派员，冀鲁豫军区分区副科长，晋冀鲁豫军区纵队政治部科长、团政治处主任。中华人民共和国成立后，历任总参谋部装备处处长、国防科委副局长，时任国家地质总局副局长。

在会上，塞风当即宣布了国家地质总局在乌鲁木齐组建新疆石油普查勘探指挥部的决定，设置局级单位，业务工作以国家地质总局为主，党务工作由自治区党委代管。指挥部工作属于会战性质，参加会战的职工队伍，单位体制不变，人事工资关系不动，户粮关系不转，由指挥部统一指挥和管理，在塔里木盆地西部的喀什坳陷开展石油普查工作。任命新疆地质局副局长李奔同志兼任指挥部指挥长。

塞风说："李奔同志在地矿系统工作多年，曾经在海洋地质研究所也担任过领导，对石油勘探工作比较熟悉，具有丰富的工作经验和组织指挥能力，他是指挥长的最佳人选。"

接受任命的李奔发表了就职演说："国家地质总局决定组建新疆石油普查勘探指挥部，并要求我来牵这个头，这是组织上对我的信任，我感到很荣幸，同时也感到肩上的担子很重。我初步考虑提出以下几点建议与意见：第一，请国家地质总局和石油管理局及早考虑把指挥部的领导班子成员配齐，这是指挥部工作成败的关键。第二，指挥部组建初期，摊子不宜铺得过大，工作人员宜少而精，机构初定政工口（包括政工、工会、劳资）、计财口、物资口，各方面暂定临时负责人。指挥部机关的机构设置待指挥部走上正轨以后再正式报批。第三，从新疆调入石油地质、物探等技术骨干的困难较大，请石油局与系统兄弟单位协商调人，如不能正式调入就借调以帮助工作、解决燃眉之急。第四，因会战点多线长，从乌鲁木齐到喀什有1500多公里，建议在喀什设立临时指挥部。第五，建议在乌鲁木齐郊区设立运输队和物资仓库，以解决会战物资的收储和运输问题。第六，请国家地质总局和石油管理局及时着手考虑会战队伍进疆，以便安排会战生产。"

殷树应同志清楚地记得，李奔一行在北京没待几天，就急忙返回新疆，首要目的是寻找人才。指挥部遇到的第一个难题就是人才难寻。大家一听石油指挥部是会战性质的组织，个个都摇头。地质部曾于1964年在新疆地质局搞过铬铁矿会战，20世纪70年代，国家地质总局又在新疆东部搞过富铁矿会战，其间都成立了会战指挥部，但没搞几年均撤销了。如此一来，会战给大家留下的印象就是“兔子的尾巴——长不了”，没有人愿意来。即使这样，指挥部仍然千方百计网罗人才，调进了几名专业技术骨干。第二个难题是指挥部没有具体的办公场所。第三个难题是没有办公用品，连吃饭、喝开水都要依靠新疆地质局的食堂和水房，打印文件报告也要请地质局的打字员帮忙。第四个难题是外出办事全靠挤公共汽车，指挥部没有一辆汽车。要什么没什么，真是一穷二白。虽然指挥部组建初期各方面条件很艰苦，但大家都有着坚定的信念，抱着“我为国家献石油”的热情和创业精神，经过几个月的艰苦努力，克服了重重困难，使指挥部工作逐步走上正轨。

1978 年 6 月底，新疆石油普查勘探指挥部向国家地质总局申报基本建设计划的任务书。

6 月 13 日，国家地质总局陆续抽调第四物探大队 442 地震队、443 地震队及第六物探大队 644 地震队到达喀什地区，试验性地做了一条剖面，用反射方法取得了 4000 米以上的地质参数。这是地质部门在塔里木盆地开展的首次地震勘探，为后来的地震工作提供了经验。

7 月 25 日，国家地质总局召开石油地质工作会议，总结经验，并研讨今后工作安排。会议期间，孙大光部长找到李奔，和他商酌调队伍的问题。

孙大光说：“各老区都在继续工作，或多或少都取得了成果和进展。青海石油队在柴达木工作多年，前景难以确定。所以部里决定暂停青海的工作，如青海省委同意，可将该队调往新疆。”

李奔回答：“一切听从部里安排。”

孙大光继续说道：“青海石油队，原名地质部第一石油普查勘探大队（简称‘一普’），1960 年 11 月在山东德州成立，首任队长张连奎，书记王敏，技术负责彭世福、杨兆宇。这是一支以钻探为主要勘探技术手段的石油地质勘探队伍，是一支建立过功勋、能征善战的队伍，是我部石油勘探的主力军。20 世纪 60 年代初曾转战华北平原和辽河地区，战功卓著。‘文化大革命’期间，队伍被肢解，到青海后改名青海石油队。”

总局考虑得这么周到，李奔感到十分欣慰。他从北京返回乌鲁木齐，全身心地投入新疆石油普查勘探指挥部的各项筹建工作中。

8 月底，国家地质总局正式批准了新疆石油普查勘探石油指挥部的基建计划，总建筑面积 34000 平方米，总投资 500 万元。

9 月，指挥部在乌鲁木齐西站征得仓库和运输队用地，指挥部机关在群众饭店租赁了办公场所，机关也配备了班车，大家每天挤在北京八座越野车里上下班。

10 月，新疆石油普查勘探指挥部向国家地质总局报告建议：石油指挥部设立临时党委；机关职能部门拟设政治部、地质处、物资处、钻井处、计划处、后勤处、办公室和生产调度室。指挥部编制 150 人，当年编制控制在 60 人至 80 人。

10 月，运输队成立，车辆调拨陆续到位，但急缺驾驶员和机修人员。自治区计委批准并划拨增人指标 70 名，接受安置援巴部队中有驾驶和机修技术的复员军人。这批复员军人的军龄都在 15 年以上，全部为中共党员。这些同志驾驶技术过硬、政治素质和思想觉悟优良，后来成为各队的运输骨干力量。

自国家地质总局 5 月 8 日发文组建新疆石油普查勘探指挥部到 10 月底，短短 5 个月的时间，从内地抽调的会战职工已达 570 人，接受安置的其他职工 145 人。

在征得青海省委同意后，11 月 4 日，国家地质总局研究决定，将地质总局麾下的青海省地质局石油普查队整建制调入新疆，参加石油会战。

地质总局石油海洋局遵照总局党组的指示，由政治部主任石俊业同志到青海宣布总局党组的决定。石俊业向青海省地质局石油普查队的干部职工通报说：“现在国家能源紧缺，供需矛盾凸显，东部油田产量日益减少，新的油田尚未发现，国家对能源的需求迫切，要求地矿部门尽快找到石油资源。地质总局党组经过认真研究决定，调你们到塔里木盆地开展地质普查勘探工作。塔里木盆地石油会战不能少了你们这支地质‘侦察兵’啊!”

12 月 18 日至 22 日，党的十一届三中全会在北京胜利召开，改革开放的春风吹遍大江南北，中国的发展走上了正轨——党的工作重心转移到了以经济建设为中心上来。当时，我国的石油产量与快速发展的经济形势并不匹配，石油供给严重不足的问题直接制约着国民经济的复苏与发展。我国对石油的需求越发迫切，在塔里木盆地寻找下一个大油田的重任就落在了青海省地质局石油普查队肩上。

青海省地质局石油普查队的干部职工精神倍增，大队党委以时不我待、只争朝夕的态度，立即选派张同彦、彭世福、陈飞鹏三位同志到新疆石油普查勘探指挥部洽谈有关事宜。紧接着，又选派赵尊秀、张跃基、刘生俊等十名同志离开青海直奔新疆喀什，负责开展驻地选址等筹备工作。李奔指挥长接见了他们，并安排骞振斌陪同他们一起赶赴库尔勒、阿克苏、喀什等地调研。年关将近，张同彦、彭世福、陈飞鹏三人春节前夕才返回青海，组织队伍搬迁。

02
魂牵梦绕塔里木

塔里木盆地位于新疆南部，是中国面积最大的内陆盆地。

50多万平方公里的塔里木盆地，南边是苍茫壮阔的昆仑山脉，北面是巍巍天山，东面是昆仑山的余脉阿尔金山。两条巍峨的山脉如同两只巨大的臂膀，将塔里木盆地环抱在怀里，塔里木盆地的腹部便是世界上仅次于撒哈拉大沙漠的第二大流动沙漠——塔克拉玛干沙漠。

大自然神奇地造化出这片博大、雄奇的洪荒赤地。

这里空旷、浩渺、单调而又荒凉，辽阔、广博、豪放中又带着几分雄奇和神秘。无边的沙漠纯净而浑厚，永恒又宁静，蕴含着奇特的绚丽、空灵隽永的魅力。人们对它知之甚少，从而萌生出无限的遐想和神往。

塔里木盆地，是一块从南半球中高纬度漂移到北半球的陆块。这是中国科学家首次大规模考察塔里木盆地后得出的惊人结论。

6亿年前的塔克拉玛干曾是一片汪洋大海。在古生代的寒武纪和奥陶纪时，古亚洲大陆犹如现在的太平洋，海水无涯。在寒武纪、奥陶纪、白垩纪等地质时期，地壳发生了强烈的造山运动。中国地处亚欧板块东南部，为印度板块、太平洋板块所夹峙。自早第三纪以来，各个板块相互碰撞，对中国如今的地貌格局和演变产生了重要影响。自始新世以来，印度板块向北俯冲，产生强大的南北向挤压力，致使青藏高原快速隆起，形成喜马拉雅山地，这次构造运动被称为喜马拉雅运动。

喜马拉雅运动分为早、晚两期。早喜马拉雅运动，印度板块与亚洲大陆之间沿雅鲁藏布江缝合线发生强烈碰撞。喜马拉雅地槽封闭褶皱成陆，使印度大陆与亚洲大陆合并相连。与此同时，中国东部与太平洋板块之间发生张裂，海盆下沉，使中国大陆东部边缘进入边缘海—岛屿发展阶段。更为重要的是发生于上新世—更新世的晚喜马拉雅运动。在亚欧板块、太平洋板块、印度板块三大板块的相互作用下，地壳发生了强烈的差异性升降运动，全国地势出现了大规模的高低分异。差异运动的强度自东向西由弱变强。印度洋不断扩张，推动着刚硬的印度板块，沿雅鲁藏布江缝合线向亚洲大陆南缘俯冲挤压，使喜马拉雅山和青藏高原大幅度抬升。这种以小倾角俯冲于亚欧板块之下的印度板块持续向北的强大挤压力，在北部遇到固结已久的刚性地块（塔里木、中朝、扬子）的抵抗，产生了强大的反作用力，使构造作用力高度集中，引起地壳的重叠。上地幔物质运动的加强和深层及表层构造运动的激化，导致地壳急剧加厚，促使地表大面积大幅度急剧抬升，形成了雄伟的青藏高原，构成了我国地势的第一级阶梯。

喜马拉雅山逐渐隆起，形成了世界上最雄伟的山脉。地平线也随之错位，塔里木、准噶尔分别成了盆地。大地母亲丰满的乳房化为一片干瘪的“沦陷区”，失去了母乳滋养的天山南北，便形成了塔克拉玛干和古尔班通古特两片大漠。美丽的地球带着无法挽回的遗憾和缺陷在宇宙之神的注视下一如既往地运转，曾经是生命之海的古海变成了沉睡四万年的“死亡之海”，却也鬼使神差地造就了另外一种潜能。在地壳剧烈的变动和海陆频繁的变迁中，随着天山和昆仑山的拔升，海水退去后的塔里木盆地随之抬升为内陆盆地。生命之海中的微生物大量死亡，沉积形成了有机物极其丰富的生油地层。造物主以它澎湃的激情和磅礴的气概，给中国西部广袤的戈壁沙漠带来了令人难以想象的贫瘠与富有。

在中华人民共和国的童年，领袖们就在凝视亘古荒原塔里木。

20 世纪 50 年代初的一天，中南海紫光阁。

身材魁梧的毛泽东主席，蹙着眉头，面对墙壁上悬挂的《中华人民共和国地图》，意味深长地对站在身边的周恩来说："恩来啊，要进行建设，石油是不可缺少的！现代化战争离不开现代化的后勤保障，汽车、飞机、坦克、军舰都是油老虎……"

新中国诞生初期，百废待兴，国家对石油的需求十分迫切，供需矛盾尤为突出。而西方资本主义国家对新生的中华人民共和国实行封锁禁运。我国第一个五年计划明确指出：石油工业在我国特别落后，不但产量很低，设备能力小，而且资源情况不明。因此，要求地质和石油部门大力勘察天然石油资源，同时发展人造石油，长期地、积极地努力发展石油工业。

周恩来非常理解主席的心情，他早有思想准备，沉稳而平缓地说："西方是在工业革命时期开始对能源问题有了新的认识。特别是第二次世界大战，让人类更加认识到石油资源的重要性。"

周恩来说："我约了李四光同志，来向主席汇报一下我国的石油资源情况。"

总理的话音未落，田家英领着李四光走了进来。

"说曹操，曹操就到。"毛泽东伸出右手，李四光迎上去双手握住毛泽东的右手向主席问好。

毛泽东说："李先生来得正好，我们坐下来聊吧。"

李四光又和周恩来握了握手，总理指着沙发请李四光坐下。

周恩来开门见山并且意味深长地说："李先生，你知道第二次世界大战结束后，当今世界的竞争是钢铁和石油的竞争，这两种资源衡量了一个国家经济发达的程度。在某种意义上讲，石油是左右世界局势的一张王牌啊！目前我们国家百废待兴，建设新中国没有石油不行的啊。1952 年，全国原油产量只有 43.5 万吨，且主要来自西北几个规模小而老的油田。主席十分关心我国的石油远景，请你向主席汇报一下咱们的地质储藏情况。”

毛主席红光满面，平易近人，和蔼可亲，他幽默风趣地笑着补充道：“地质部是地下情况的侦察部，你是我们的地质元帅，所以我要向你请教啊。”

毛泽东如此谦虚，李四光顿时感到一股暖流涌上心头。

李四光心想，毛主席日理万机，在操劳国内外、党内外大事的百忙之中，还这样关心国家能源战略资源。他激动地说：“毛主席博学多闻，我在主席面前只能是个学生。”

李四光深刻理解主席和总理对国家能源建设的忧虑。平时不喜欢多说话的他，慎重地用乐观的肯定的语气，从新华夏构造体系的观点出发，向毛泽东、周恩来分析了中国的地质条件，认为在中国辽阔的疆域内，天然石油资源的蕴藏量应当是很丰富的。松辽平原、包括渤海湾在内的华北平原、江汉平原和北部湾，还有黄海、东海和南海，都有有经济价值的沉积物，可以说，中国天然石油的远景大有可为。

世界上第一个给石油命名的人是我国北宋科学家沈括。毛泽东操着浓重的湖南湘潭口音说：“沈括一生致力于科学研究，在众多学科领域都有很深的造诣和卓越的成就，被誉为中国整部科学史中最卓越的人物。其代表作《梦溪笔谈》，内容丰富，集前代科学成就之大成，在世界文化史上有着重要的地位，被称为‘中国科学史上的里程碑’。他不光是科学巨匠，还是一个政治家啊。熙宁七年（1074 年），沈括调任河北西路察访使时，将工作重点放在改革军政和巩固国防上，积极参与变法，是个改革派哩！”

显然，地质部部长的一番描述，让毛泽东感到十分欣慰。

听到这里，周恩来笑着说：“我们的地质部部长很乐观啊！”

毛泽东也高兴地笑了。

李四光，字仲拱，原名李仲揆。湖北黄冈人，蒙古族。早年加入同盟会。参加了辛亥革命。1919 年毕业于英国伯明翰大学，获硕士学位。1920 年回国。曾任北京大学教授、中央研究院地质研究所所长，从事古生物学、冰川学和地质力学的研究和教学工作。中华人民共和国成立后，任中国科学院副院长、中科院古生物研究所所长、地质部部长，是中国现代地球科学和地质工作的主要领导人和奠基人之一。他比毛泽东年长四岁，毛主席对李四光很敬重。

李四光是一个心思细腻、勤于思考的地质学家，是地质力学的创始人。李四光早在 1932 年就注意到了我国的石油资源问题。1935 年至 1936 年他在英国讲学时，写过一本《中国地质学》，其中提到的“东海、华北有经济价值的沉积物”，实际指的就是石油。他认为，我国地域辽阔，从地质理论上讲有许多地方都有生油条件，天然油的蕴藏量应当很丰富。尤其是东部的北大荒和西部的塔里木盆地，具备埋藏大油田的地质条件。虽说 1927 年美国斯坦福大学教授布莱克・威尔德来我国进行地质调查后，写了一本名为《中国和西伯利亚的石油资源》的书，认为“中国境内贫油”，但是李四光以数十年的地质力学研究，坚信中国的石油资源远景广阔，布莱克・威尔德的观点是没有依据的。

1952 年的一天，他在一次会议期间受到了毛主席的亲切接见，领教过毛泽东的伟人风采。当时毛主席就向他了解过地质力学中“山字形构造”的概念。

在李四光任地质部部长期间，毛泽东主席多次对地质工作作出指示。

1953 年，毛泽东指出，地质部是党的地质调查研究工作部。

1955 年，周恩来总理遵照毛泽东的指示，支持地质部成立地质力学研究室。此后，在这个研究室的基础上，逐步发展，成立了专门的地质力学研究所。

李四光与周恩来的交往由来已久。早在抗日战争时期，李四光就曾在重庆两次见到周恩来。第一次见面，就对周恩来产生了一种信任感。他曾对夫人许淑彬说：“我从周恩来先生身上产生了一个最大的感觉：有了共产党，中国就有了希望！”

1949年4月初，周恩来让赴布拉格出席世界和平大会的郭沫若给李四光写一封信，请李四光尽可能早日回国，参加祖国的社会主义建设。李四光接到这封信后，怀着这种希望着手准备回国。9月，中国人民政治协商会议开幕，周恩来提名李四光为政法办委员，并提名李四光做中国科学院副院长。10月，李四光被任命为中国科学院副院长。新中国的召唤，使李四光回国的心情更加迫切。正当李四光以喜悦的心情等待着启程日期的到来时，接到了一位朋友的电话。这位朋友告诉他，国民党外交部密令其驻英大使，要李四光公开发表声明，拒绝接受中国共产党领导的全国政协委员的职务。否则，就有可能通过英国当局将李四光扣留，送往台湾。迫于这种情势，李四光只好携夫人秘密离英，辗转回国。行前，他给国民党驻英大使郑天锡写了一封信，表示决不会按他们的要求去做。

李四光离开伦敦的消息传来，周恩来极其关切李四光的旅途安全。11月15日，他致电时任新华通讯社驻布拉格分社社长的吴文焘等人，要求安排保护李四光回国。电文中称：“李四光先生受反动政府压迫，已秘密离英赴东欧，准备回国，请你们设法与之接触。”并先向捷克当局交涉，给李四光以入境便利，予以保护。

由于李四光绕道几个国家，搭乘的又是到香港的货轮，很长一段时间得不到李四光的消息。有人便传言李四光不回来了，去台湾了。周恩来却说：“我相信他不会去台湾，现在没有回来，一定是给什么困难耽误了。”并指示新中国成立后的第一次全国地质会议一定要等李四光回来后再开。李四光回国后得知这件事，为周恩来的信任感动不已。

历尽艰辛的李四光终于回来了。1950年6月，李四光和夫人住进北京饭店的第二天，周恩来前来看望。他握着李四光的手连声说：“李老，欢迎，欢迎啊！祖国需要你。”李四光也很激动，他端详着周恩来说：“总理，你好啊。看来你精神很好，比在重庆时也胖了。”他们共同回忆起抗战时期在重庆相见的情景。

中华人民共和国刚刚成立，人民政府就酝酿召开一次全国地质工作会议，周恩来指示要等李四光回国后再开。李四光一到北京，就开始考虑全国地质工作问题。

一天下午5点左右，李四光正在埋头工作，忽然进来两位同志对他说：“李先生，有位中央负责同志来看你。”

李四光心想，中央负责同志会是谁呢？他刚站起身，周恩来已经跨进了房门。李四光万万没有想到，周总理工作那么忙，还会来看望他。李四光向周恩来报告、请示地质工作的问题。

周恩来认真听完后说：“我们的事业正在开始，不论是工业还是国防，都和地质工作分不开。地质工作要先行。中华人民共和国成立不久，我们就打算召开第一次全国地质工作会议，那时候我想，没有个挂帅的不行，一定要等你回来。”

李四光听了周恩来这一番话，感动极了。他本想向周恩来提出辞去科学院副院长的职务，现在再没有勇气说出口了。在周恩来的关怀下，李四光担任了中国科学院副院长、中华人民共和国地质部第一任部长。

根据毛泽东的战略决策，地质部和兄弟部门一起，在全国范围内开展了战略性的石油普查勘探工作。根据地质力学的理论，在辽阔的中、新生代沉积盆地中，在200多万平方公里的面积内进行了程度不同的石油普查，打了3000多口普查钻井，总进尺120多万米。所取得的大量地质资料不仅初步摸清了中国石油地质的基本特征，而且证实了中国拥有丰富的石油资源。

03
塔里木盆地早期勘探

1949 年 12 月 21 日，是斯大林 70 岁生日。毛泽东出访苏联，参加斯大林的生日庆典活动。这次出访是新中国成立后党和国家最高领导人最重要的外事活动之一。

毛泽东这次出访长达 3 个多月。其间，他亲自参加了中苏两国政府的谈判，其中一项非常重要的内容就是 1950 年 3 月 27 日中华人民共和国与苏维埃社会主义共和国联盟在莫斯科按平权合股原则签订了《关于在新疆创办中苏石油股份公司协定》。4 月 23 日，该协定得到中央人民政府政务院 293 次会议的批准。10 月 19 日，新疆省人民政府工业厅依法准予中苏石油股份公司注册，但公司的具体业务活动并不顺利，这一情况在外交家伍修权同志的《在外交部八年的经历》一书中有记载。"一五"计划期间，在苏联援助中国建设的 156 项工程中，石油工业有两项，其中之一就是在南北疆部分地区开展石油地质勘探。

1951 年 9 月 15 日，中苏石油股份公司在迪化（乌鲁木齐）宣布成立，并召开了第一次股东会议，通过了《中苏石油股份组织条例》，中方会议代表张明英与苏方全权代表阿盖耶夫在决议上签字。

按照两国政府的协定，中苏石油股份公司的勘探范围包括三个地区：一是准噶尔盆地的南缘和西北缘；二是库车地区；三是喀什地区。五年内对上述地区进行地质普查，提出含油评价及勘探意见，并进行钻探。

经过短期紧锣密鼓的筹备，1952 年，中苏合作开展塔里木石油勘探。中苏石油股份公司派出一支勘探队开始在南疆进行地质普查，总地质师乌瓦洛夫是一位身材高大、体魄健壮的苏联红军退伍战士，吃苦耐劳，特别能干，对队员要求十分严格。他带领的这支队伍经受了许多常人难以想象的艰难险阻。但是，尽管历尽艰辛，他们在库车地区的塔克拉玛干大漠边缘仍旧一无所获。在喀桑托克、库木格里木、吉迪克、明遥路、英吉沙等构造的地质普查，前景看好，但勘探工作进行得并不顺利，所有的探井都因工程和地质情况复杂而未能达到设计目的。虽然隆隆钻机在塔克拉玛干南部边缘地区的英吉沙县钻了一年，打下了 3000 多米深井，但是连一滴油也未曾发现。

乌瓦洛夫不死心，接着又在大漠周边的吉迪克、亚肯、克拉托、喀什等构造不停地进行地质勘探，结果全是一眼又一眼的干井或水井。乌瓦洛夫彻底绝望了。他气急败坏地仰天呐喊："主啊，这太残忍了，不应该是这样的结局！"这位坚毅的钢铁战士几乎是带着哭腔断然下令："形势不对，马上撤退！"

1954 年，向两国元首交白卷的中苏联合勘探队只能偃旗息鼓，拖着疲惫的脚步，心灰意冷地离开塔里木盆地。

同年 10 月 12 日，中苏两国政府发表联合公报，宣布自 1955 年 1 月 1 日起，将包括中苏石油股份公司在内的各中苏合营股份公司的苏联股份移交给中华人民共和国，苏联股份的价值将由中华人民共和国以供应苏联通常出口物品的办法，在数年内偿还。12 月 31 日，中苏石油股份公司移交仪式在乌鲁木齐举行，由燃料工业部部长陈郁主持，宣告了中苏石油股份公司的终结。

原本打算借助苏联“老大哥”的技术装备发展中国石油工业的计划落空了。但是，找油的脚步不能停止。新中国建设需要石油，新中国需要有人来干石油！这是毛泽东主席的主张。

中国人必须走独立自主、自力更生的道路，这才是我们的出路。

然而，中国石油工业的发展并不顺利，在漫长的岁月中，走过了一条艰难曲折的道路。

当第一个五年计划进程过半的时候，完成既定目标任务的进度却并没有过半。这种局势引起了党中央和国务院的高度重视。1956 年 2 月 16 日，毛泽东、周恩来等党和国家领导人专门听取了石油工业汇报。尽管如此，1957 年，当第一个五年计划结束时，石油工业也没有完成国家计划。当年全国生产原油 146 万吨，与人造油的年产量相等。一个 6 亿人口的大国，年生产石油不足 200 万吨，这怎能不令人担忧呢？

当时，中国石油地质部门上上下下都感到压力很大。“寻找大油田”成为全国石油地质战线上所有人共同的目标，地质、石油系统的广大干部职工铆足了劲，以“革命加拼命”的精神，发誓要拿下大油田、为国家作贡献。

历史的车轮驶向 1958 年。在国庆 9 周年之际，10 月 9 日，塔里木盆地依奇克里克 1 号井喷出了原油，这是塔里木石油勘探史上的首次历史性突破。塔里木盆地的第一个油田——依奇克里克油田诞生了。沉睡千年的塔里木啊，勇敢的石油人掀开了你神秘的面纱。

至此，塔里木的石油勘探完全由我国独立开展，重点是开发依奇克里克油田，并对已取得的地质资料进行综合研究。

20 世纪 50 年代中期，塔里木第一代找油人在异常险恶的自然条件下，凭着当时十分落后的勘探设备，以数百峰骆驼为交通工具，进入“死亡之海”，开始了史无前例的塔里木盆地地质调查。他们怀着“我为祖国献石油”的坚定信念，以战天斗地的英雄气概，创造出人类首次成功穿越“死亡之海”塔克拉玛干大沙漠的伟大创举，打破了塔克拉玛干大沙漠“进去出不来”的魔咒。

这一时期在塔里木盆地开展的地质普查，虽然没有取得实质性成果，但是我国的地质工作者从不放弃，坚信塔里木盆地是一个“聚宝盆”，为后期的勘探开发积累了大批珍贵的资料。

1959 年 4 月，依奇克里克建成了塔里木第一座炼油厂。在当时油品紧缺的年代里，依奇克里克炼出的油品，为支援塔里木油气勘探和部分解决南疆用油作出了不可磨灭的历史贡献。

1959 年 9 月，松辽盆地的第一口探井——松基 3 井喷出了原油。松辽地区可能找到了一个大油田，这一喜讯迅速被报告给北京中南海，党中央极为重视这一新情况。

1960 年初，石油工业部根据松辽盆地几口探井接连出油的新情况，提出在大庆组织石油会战。毛主席热情地支持了社会主义建设中的这一创举。

毛主席在一次中央工作会议上说：“过去有个斯大林格勒大会战，现在石油部也有个大会战 ”。

20 世纪 60 年代，石油工业战略东移，勘探队伍大部分被调往东北参加大庆会战。

1964 年初，毛主席在一次同外宾的谈话中，讲到大庆会战取得的进展时说：“他们用比较少的投资、比较短的时间、全部自己制造的设备，在三年中找到了一个大油田，建成了年产 600 万吨的油田和建设了一个大炼油厂。”

石油系统的队伍建设，在大庆会战和以后的历次会战中，得到了有力的加强，对保证企业的社会主义方向和各项任务的完成起到了重要作用。不久，毛主席作出了“工业学大庆”的重要指示，激励着大庆油田和广大石油职工向更高的目标攀登。

在“文化大革命”十年间，大庆油田最为困难的日子里，周总理在大庆军管命令中亲自加上“大庆油田是在伟大的毛泽东思想哺育下成长起来的我国工业战线上的一面红旗”，并特别强调，这个命令是毛主席圈阅同意的。他还指示大庆要恢复“两论”起家的基本功。周总理在关键时刻保护了大庆油田和广大干部。正是党中央在每一个重要时期，都能给大庆油田和石油工业无微不至的关切、支持和鼓励，广大石油职工才能在“文化大革命”十年中排除干扰、坚持生产，并且在 1976 年使大庆油田原油产量上升到 5000 万吨。1978 年，全国石油产量上升到 1 亿吨，中国跻身世界前几大产油国的行列，中国的石油工业为国民经济发展作出了自己应有的贡献。但是，临近改革开放时期，全国大部分老油田经过多年持续不断的开发利用，产能逐渐下降。所以，寻找战略资源接替区的任务迫在眉睫。

勘探队伍挥师塔里木盆地。这是意志与困难的一场较量，是智慧与艰险的一次搏斗，是科学向地下奥秘发起的一次挑战。

当时，人们对塔里木盆地地下地质构造形态仍不清楚，确定参数井和探井井位主要依据地面地质资料，探井成功率很低。

1976 年 5 月 17 日，位于叶城的柯克亚构造上的柯参 1 井，在钻至井深 3783. 1 米时，突然发生强烈井喷。沉睡几百万年的高压油气和水流，裹挟着砾石呼啸而出，喷势高达 60 多米，初期日产凝析油 1300 立方米、天然气约 2000 万立方米。井喷在 31 天后才得到有效控制，由此发现的柯克亚高产油气田首次向人们宣告：塔里木盆地是有油的！

井喷的吼声，在空旷的戈壁上迅速传开，几公里外都听得到。喷势之猛、压力之大、日喷液之高，在新疆乃至中国石油勘探史上都属罕见。

井场周围直径约 1000 米范围内的土地全部被从钻井里喷出的油气散落的油污所覆盖。

柯参 1 井井喷的消息很快传遍了和田、喀什和克孜勒苏柯尔克孜自治州的城镇和农村，各族人民像过节一样，坐着毛驴车，成群结队赶到井场，争睹井喷的壮观场面。人们带着水桶，将散落在地上的原油捞起来，拿回去点灯、烧火做饭。

油气流中含有硫化氢，为防火灾，新疆军区从驻地部队调动一个团的兵力日夜警戒在场地周边1000米的地方，不准明火。有关方面调集钻井工程专家会诊，经过认真研究，制定出一套压井方案，几经修改抢险措施，终于制服了油龙。

周永昌先生说，当时在井口两侧安装了两条八英寸管线，伸长约二百米，向两方喷射，喷射的吼叫声传出十里外，站在井场震耳欲聋。整整两个多月喷势不减，可见地下蕴藏能量之巨大。

这预示着，塔里木盆地极有可能成为第二个大庆。

柯参1井出油的消息迅速传遍大江南北，成为国内外瞩目的焦点。

时任全国人大常务委员会副委员长、新疆维吾尔自治区党委第一书记赛福鼎·艾则孜闻讯，驱车赶到井场视察。看着刺向青天的几十米高的油柱，他在欣喜之余联想到当地地名“柯克亚”的维吾尔语语意就是“刺破蓝天”，建议将当时的“西河甫油田”改称为“柯克亚油田”。

柯参1井的重大突破，让中国地矿和石油界人士对塔里木盆地的油气前景充满了信心。

1977年8月，国家地质总局责成江陵石油地质综合大队选派康玉柱为组长，周永昌、杨润林、王家胜四人组成“塔里木筹备小组”，赶赴新疆调查塔里木盆地石油勘探进展，并实地调研柯参1井喷油参数，编写《塔里木盆地地质普查初步设计方案》。经过几个月的工作，专家组圆满完成了任务。

“塔里木筹备小组”到新疆以后，即同自治区计划委员会及其办公室接洽，说明来意、目的任务及要求，请求自治区计委支持并安排有关事宜。

随后，自治区计委通知“塔里木筹备小组”，已经行文同有关部门联系好了，让他们与新疆地质局、新疆石油管理局及其下属有关单位包括新疆和田地区、喀什地区计委取得联系，并开展工作。

康玉柱一行带着介绍信来到新疆地质局。局领导很热情，找来几位专家到会议室进行座谈，并就“塔里木筹备小组”提出的问题一一作了回答。会后，办公室秘书又带他们到资料室、实验室收集资料。江陵方面深切感受到了新疆同行的真诚。

在后来的日子里，“塔里木筹备小组”无论是到新疆石油管理局地调处资料室，还是到新疆石油管理局驻乌鲁木齐办事处资料室、新疆石油管理局库车资料室、南疆石油勘探指挥部资料室、新疆维吾尔自治区测绘局等单位，都一路绿灯，各单位全都倾囊相助，“塔里木筹备小组”因而得以收集到大量资料。与此同时，他们还到塔里木盆地柯参 1 井现场进行了实地考察，听取了多位地质老总和相关人员的介绍。

在柯克亚油田，“塔里木筹备小组”遇见了新疆地质局第二地质大队三分队技术员杜品龙。他听说康玉柱一行是从江陵来的同行，绘声绘色地讲述起发现玉力群油苗的情况。

1974 年 8 月，三分队在叶城坳陷玉力群背斜钻探自然硫黄矿。在第四系与下第三系碳酸盐岩不整合面上取岩心时，发现在灰岩晶洞和裂缝中有很多沥青和液体油苗。二大队上报给新疆地质局，新疆地质局代局长李奔向国家地质总局作了汇报，但很长时间没有回音。

李奔局长又向石油工业部康世恩、唐克汇报，引起了极大关注。

1975 年春节前夕，石油工业部向新疆地质局致电祝贺，同时责成新疆石油管理局派人员去玉力群取油苗。

1975 年春节期间，二大队组织队伍去玉力群打钻取岩心，将取到的液体原油样品送到北京和克拉玛依化验分析，确认是原油无误。

为此，“塔里木筹备小组”到玉力群实地观看剖面，在硫黄矿点看到丢弃的岩心孔洞中和地表灰岩露头晶洞中普遍有沥青质油苗。在二大队的重大发现之后，新疆石油管理局在塔西南地区部署了大量地质、物探、钻探工作，这才有了柯参1井的重大发现。

经过两个多月的调查研究，“塔里木筹备小组”对塔里木盆地石油地质情况有了一个大致的了解，并且编写出了《塔里木盆地地质普查初步设计方案》，向自治区计委、新疆地质局、新疆石油管理局等有关单位主要负责人作了一次全面汇报。该方案将塔里木盆地划分成六个一级构造单元。其中，西南坳陷区、东塔里木坳陷区含油远景最好；北塔里木隆起区、中央隆起区和孔雀河斜坡区较好；北民丰至若羌隆起区较差。该方案认为寻找几个“大庆式”的后备基地是很有可能的。在部署上，建议突破喀什、准备于田、查清东部、探索中央。具体步骤为：第一步“小上”，调集700～800人；第二步“大上”，调集3000多人。基地建在乌鲁木齐，队伍名称可叫“新疆石油普查指挥部”。

“塔里木筹备小组”1977年末回到江陵石油地质综合大队，在大队长吕华主持下，大队总工程师和一些富有经验的老石油共同参与，对《塔里木盆地地质普查初步设计方案》作了进一步修改和完善。1978年1月，国家地质总局在上海召开局长会议期间，孙大光、张同钰、塞风等领导听取了“塔里木筹备小组”的汇报。

这次会议意义重大。没过几天，国家地质总局就批准了《塔里木盆地地质普查勘探设计方案》，并研究决定在塔里木盆地上队伍，开展油气普查勘探工作。

1978年5月8日，国家地质总局给中共新疆维吾尔自治区党委和自治区革命委员会致函成立新疆石油普查勘探指挥部。

与此同时，地质矿产部、石油工业部组织精兵强将，举全国之力，各路精英齐上阵，在塔里木盆地展开了声势浩大的大会战。康玉柱和周永昌等“塔里木筹备小组”的成员万万没有想到，从此以后，他们的人生便与塔里木盆地结下了不解的情缘，同时也成就了他们毕生所致力的崇高事业。

04
挥师西域

新疆，古称“西域”。从汉代有明确的记载开始，“西域”之称一直沿用到清朝统一新疆，之后改称新疆。

塔里木盆地石油勘探会战在即，青海省地质局石油普查队肩负党中央的期盼，挥师西域。

1978 年 10 月 15 日下午，一普大队三个钻井队在青海民和地区钻井施工的过程中，突然听到井队高音喇叭响起：“各班组长请注意，立即带领全体职工到食堂开大会!”

听到紧急集合的通知，大队立即收工上车赶回驻地。

等人差不多到齐之后，大队长师宗浩同志请大家安静，并宣布了中共地质矿产总局党组“调集第一普查勘探大队全体干部职工，整体搬迁新疆塔里木盆地开展石油地质勘探会战”的命令。

短短的几句话，让在座的干部职工都惊呆了!

一石激起千层浪。顿时，会场议论纷纷。

这个说：“到新疆去，为什么不给大家通通气?”

那个说：“可能新疆有石油?”

还有人嘟囔："嘴上说容易，搬迁可不是件容易事儿……"

坐在最前排的王守忠副队长回过头来看着大家说："军令如山，只能服从!"

会场渐渐安静下来。

大队领导在搬迁动员大会上指出："地质总局调我们进疆参加石油会战，责任重大，使命光荣。贯彻执行地质总局党组的决定就是贯彻党的十一届三中全会精神的具体行动。上级明确要求我们于1979年3月1日前全部进疆，所以我们一天也不能耽搁。虽然现在外面天寒地冻，但是我们要发扬地质工作者的'三光荣'精神，克服一切困难，随时待命出发。会后就请大家抓紧时间做好搬迁准备。"

10月16日，根据上级党委的部署和安排，井队党支部及时召开了党员大会。会议就贯彻落实上级指示精神统一了思想认识，并研究了搬迁实施方案。

10月17日，一普大队在职工食堂召开誓师大会。根据会议议程安排，井队要求下属各班组在誓师大会上派代表上台发言、表决心。

职工代表来自五湖四海，普通话讲得不标准，南腔北调，让一个严肃庄重、激动人心的誓师大会，时不时发出一阵阵哄堂大笑。

代表们在台上慷慨激昂，用最朴实的语言，表达了地质儿女听从党的召唤，不畏艰难，无私奉献，挺进塔里木盆地的决心和信心。

杨怀瑞同志记得，10月17日，一普5012井队正式成立了以杜荣华同志为首的赴疆先遣小分队，由三班副班长刘生昌，地质技术员赵金根、周广隆，车工殷占才，焊工莫辉邦，发电工王振奎，泵工山永宝，给水工盛玉玺等同志组成。

搬迁在即，干部职工纷纷与亲戚朋友告别。

依依不舍的情怀，泪水涟涟的话别。

新疆，塔里木盆地，大家过去只是在教科书里读到过，只知道那里是一片不毛之地。那个遥远的地方，对他们来说，遥远得像个神话。大家怀着忐忑不安的心情，揣测着那个即将要去面对的神秘地方。

亲戚和朋友们感叹，石油啊，你为什么总是埋藏在荒凉偏僻的地方，让人受尽无奈与艰辛？

石油地质人心里最清楚，他们没有固定的家，哪里有石油，哪里就是他们的家。

开弓没有回头箭。从接到通知那天起，青海省地质局石油普查队的干部职工，家家户户急急忙忙打捆行囊，除了生活必需品，破盆烂罐大都送了人，随时准备出发。

10 月 18 日上午，5012 井队近百名干部职工在王守忠副队长的带领下，在民深 8 井施工场地，开始了一场“安全、快捷、拆卸、装运”各类物资转运攻坚战。

搬迁工作任务十分艰巨，他们在人员少、运输车辆紧缺、大型吊车有限的情况下，硬是把一整套大钻机、数百台设备和上千吨物资，安全快速、保质保量地拆卸、清点、装箱、编号、装车、转运到了甘肃省海石湾火车站，待命辗转新疆。

柴油机是钻井设备里最难搬的一个，体积大、分量重、结构复杂。别的机器都能拆卸成小件，唯独它不能拆卸。有人提出一个建议：把皮带轮和气缸盖卸下来，其余的原封不动。2000 多公斤的庞然大物，用绳索捆绑起来，二十几个小伙子用肩膀抬着往车上装。

王守忠指挥大家小心翼翼地挪动脚步，大家咬紧牙关，踩着斜搭在车厢上的木板，一步一步、慢慢地往车上抬。钻塔大腿是有棱有角的“铁家伙”，死沉死沉地压在肩膀上，硌得生疼，许多刚参加工作的年轻人，从来没有干过这么重的体力活。

搬运钻机、水泵、发电机这些重活由老同志负责，采取二人抬、四人抬和八人抬三种方式。捆绑这些大件的技术非常专业，行走起来喊着劳动号子，十分默契也十分好听。

领号人大喊一声："起了！"队友们立刻全部将钻机上肩抬起。

领号人喊："嘿！走！"

众人也回应："嘿！走！"

一个口令一步地向前移动，步伐整齐，行动统一，说换肩一起换肩，说休息马上原地休息，训练有素。

10月25日，按照上级部署和井队安排，首批进疆队员刚吃完早饭，就在井队长杜荣华的带领下，风风火火地乘解放车赶往青海民和火车站，搭上西宁开往兰州的火车，按时到达兰州指定的汇合地点。

10月26日18时左右，由于进疆工作任务紧迫，且兰州火车站买不到卧铺票，先遣队员们买硬座票上车，经过两天的行程，于10月28日下午按时赶到国家地质总局设在乌鲁木齐的新疆第三石油普查勘探指挥部报到。

寒冬腊月的青海高原，四野萧瑟，西北风呼呼地吹，冷风卷着雪花漫天飞舞，发出尖利的啸叫。人走在大街上，呼出的气很快在帽子的帽耳朵上结成了霜，站在外面的人都冻得瑟瑟发抖。然而，青海省地质局石油普查队的职工和家属没有一个人因天气寒冷而抱怨，全都积极行动起来：职工将大队的机械设备打成集装箱，家属也把家里的生活必需品收拾好，装上了闷罐火车。职工和家属们依依不舍地告别了他们为之奋斗过的青海高原，从民和火车站出发，途经兰州，辗转来到依然寒冷彻骨的乌鲁木齐。

从青海进疆的第一批物资卸在乌鲁木齐西站基地，这是青海省地质局石油普查队历史最悠久的基地之一。

1978年冬的乌鲁木齐格外寒冷。地处荒郊野外的西站基地一片枯树寒鸦，大雪覆盖着西站基地内一排排棉帐篷组成的"帐篷城"，仿佛古时征战漠北的汉军大营，炊烟袅袅，蔚为壮观。

勘探指挥部工作人员就在临时搭建的简易板房里办公。从青海高原挥师西进的职工家属也在这里暂且安置下来。虽然条件艰苦，但没有影响到工作进度。每天都有源源不断的各类物资设备运卸在这里。起初，无论多么笨重的机械设备都要靠职工用钢钎、撬杠、滚木一点点挪动，用肩膀一件件往下卸，劳动强度大、速度慢。干活的时候，浑身出汗，热得脱掉棉袄、甩掉帽子；但一停下来，身上的汗马上变得冰凉，前胸后背冰冷透骨。

负责押车的李德满、何明山从海石湾火车站乘闷罐车到乌鲁木齐。整整七天七夜的长途跋涉，闷罐车走走停停。一路上，几乎买不到食物，临行时带的水和干粮一天比一天少了，他们只好节约着点充饥。饿一点不要紧，天天喝凉水，肚子咕咕地叫。闷罐车里解手很不方便，风驰电掣的列车向前飞驰，闷罐车的车门留着一条透气的缝隙，押车的同志只能对着门缝解小手，一个人解手，另一个人在背后拽着他的衣服。

好不容易到了乌鲁木齐火车站，李德满和何明山听到指挥部物资供应站的接站人员喊他们的名字，他们答应着，却怎么也打不开闷罐车的车门。原来，一路风尘，车门被冻住了。当时那个急啊，没办法，只好让外面的人用榔头砸。折腾了好长时间，才把他们“弄”出来。

在乌鲁木齐西站货场，大量的物资还要往南疆转运。汽车驾驶室里坐不了几个人，大伙都挤在大厢上一路颠簸。天气很冷，唯有火热的心，支撑着他们克服困难、为国奉献。

师玉生同志记得，后来指挥部购进了第一台进口的40吨吊车。橘黄色的车体、硕大的吊钩，看着很是威风，大家都好奇地围着新型大吊车像看“西洋景”似的啧啧称奇。

根据国家地质总局石油海洋局的部署，石油勘探普查的靶区是西南坳陷。青海省地质局石油普查队进驻新疆后直奔喀什，没有集中居住的条件，队伍分散住在几个地方。一普大队、修配厂、后勤仓库、车队、固井大队驻扎在骑兵三团闲置的营区。

从青海来到新疆乌鲁木齐，一普大队的同志感觉特别新奇。乌鲁木齐在他们眼里有一种异域风情。到了喀什，大伙发现喀什的民族风情比乌鲁木齐更加浓郁。行进喀什老城，有种穿越时空的错觉。古老的深黄色夯土建筑群还原了新疆大地的颜色，让人有一种时光倒流回中世纪的错觉。

喀什是古代丝绸之路上的重镇。公元1世纪，张骞出使西域来到古疏勒城，也就是今天的喀什，在维吾尔语中意为“玉石汇聚的地方”。这个祖国版图最西端的边陲之地，是古代中西文明交相辉映之处，区域战略地位不言而喻。张骞发现，这座奇特的古城非常繁荣，驼队马帮熙来攘往，行商坐贾比比皆是，集市里中原丝绸、大秦琉璃、安息香料、龟兹铁器琳琅满目……

古城仿佛一台座钟，任时光流逝，岁月安详，带不走的是往日的情怀。

老城的建筑多为二层至三层的高度，外墙淳朴得仿若生土，却并不枯燥乏味。

街巷纵横交错，布局灵活多变，曲径通幽。街道两旁商品琳琅满目，应接不暇。还保留了许多手工艺家庭作坊，有秀花帽的，有烧土陶的，有做乐器的。

巷道里的庭院全都是木质雕花大门，透过虚掩着的门缝，可以看到爬满了墙头的藤蔓，家家户户的露台上都摆着姹紫嫣红的盆栽，绿意中透露出浓浓的生活气息。孩童们在家门口嬉戏玩耍，老人们坐在长椅上娓娓细语，妇女们手抱幼童，脸上洋溢着恬淡的笑容。庭院的主人非常友好，发现有陌生人好奇地向里张望，便很礼貌地向陌生人打招呼：“亚克西姆！”意为“您好！”即使是在街道上擦肩而过，当地居民也会用晶亮的眼神向陌生人投去善意的微笑。

这是一座香气弥漫的古城。美食飘香诱惑着人的味蕾，妇女身上的脂粉香时刻提醒着人们这里是传说中的香妃的故乡。

喀什的“巴扎”（集市）人声鼎沸，西瓜、哈密瓜、无花果、葡萄、烤羊肉、烤鸡蛋、蛋卷、缸子肉、解渴的甜杏干……老茶馆、首饰店、古董店、乐器店、打馕铺、烤包子店……有着千年历史的吾斯塘博依商业街几乎浓缩了喀什老城所有“巴扎”的繁荣景象，令人目不暇接、眼花缭乱。

骑兵三团位于喀什西北郊约 20 公里处，原是解放军驻疆某部骑兵三团的营地。完成历史使命的骑兵部队撤编后，营房基本闲置。一普大队、车队、修配厂、后勤仓库、固井队等单位都驻扎在这一个大院里。

当年在这里工作和生活过的同志，都还对这里有着清晰的印象。本来宽敞的院子，各种车辆和机械设备开进去以后，一时间显得拥挤不堪。

这是青海省地质局石油普查队进疆后的第一个基地。这个营区院落大、房屋多，植被丰茂、空气清新、环境优美，是青海省地质局石油普查队进疆后条件最好的一处临时基地。测井队驻扎在疏附县，管子站驻扎在喀什陶瓷厂，第一物探大队驻扎在喀什农校（后来搬到疏附县帕哈太克里乡），地质大队驻扎在阿克苏红旗坡。那时，“文化大革命”结束不久，物资供应比较匮乏，生活条件还很艰苦。被安置在其他地方的同志都羡慕这个驻扎在“世外桃源”骑兵三团的单位。

喀什地区除了极端气候条件外，一年四季几乎都是晴天，自然条件相对较好。夏日清晨，阳光透过树丛斜照地面，世间万物都沐浴着暖暖的晨光。黄鹂和各种鸟儿放开歌喉自由鸣唱，有如天籁。

1979 年元月，各路精兵强将云集新疆，根据总局指示，按不同专业分工，组成了第一普查勘探大队（简称“一普”）、第一物探大队（简称“一物”）、井下作业队、地质大队等，恢复“一普一物”番号，预示着声势浩大的塔里木盆地石油大会战的帷幕即将拉开。

05 地质"侦察兵"拉开序幕

1979 年 1 月，在上海浦江饭店召开的国家地质总局局长会议上，总局作出了在塔里木盆地开展油气普查工作的具体部署。

专家们认为，综合使用各种勘探手段，及时整理资料进行分析研究，是"多、快、好、省"地获取地质油气成果的不二方案，而优选勘区又是其中最重要的一个环节。

56 万平方公里的塔里木盆地，大部分为沙漠覆盖，中心部分的塔克拉玛干大沙漠人称"死亡之海"，边缘地区沼泽戈壁相间，交通极为艰难，地质研究程度很低，全区只作过 1∶1000000 的航空磁测。1956 年，新疆石油队在库车、喀什等地作过油气普查，原地质部石油综合研究队在西北部与南部库车、喀什等坳陷作过调查和综合研究。1977 年提出的"突破喀什、准备和田、查清东部、探索中央"的部署方案，也只能作为一个宏观战略，由于缺乏具体资料，不能作为选择工区的依据。

国家地质总局根据国家石油工业发展的战略需要，认为塔里木盆地是寻找几个"大庆式"油田的含油气远景区，其中以西南坳陷区最好，塔东坳陷区也具有较好的找油前景，决定实施《塔里木盆地地质普查勘探设计方案》。基本原则是要从全盘着眼，分区规划，突破喀什，准备东部，探索中央。

3 月初，所有参加塔里木盆地石油勘探会战的人员，不顾数千里长途跋涉的疲劳，群情激昂地开赴工地，投入了新的战斗。

国家地质总局组建了塔里木石油地质综合大队，康玉柱任队长。3 月 15 日，大队领导组织全体职工召开塔里木石油地质综合大队出征塔里木欢送会。

锣鼓喧天，鞭炮齐鸣。

大队长吕华致欢送辞。他说："同志们，现在你们将带着党中央的嘱托，进军塔里木，这是你们的光荣。你们是我国地质战线上的一支特别能吃苦、敢啃硬骨头、能打胜仗的'侦察兵'，希望你们不负重望，在塔里木盆地找到大油田……"

康玉柱代表塔里木石油地质综合大队致答谢辞。他说："衷心感谢大队领导和全大队同志对我们热情隆重的欢送，感谢领导对我们的鼓舞和期待，我们决心牢记和发扬'三光荣'精神，坚决完成任务，为在塔里木盆地找到大油田贡献自己的一切。请领导和同志放心，请家属们放心，我们要以优异的成绩向祖国汇报、向领导和同志们汇报！"

塔里木石油地质综合大队在锣鼓声中开拔了。在场的家属流着泪千叮咛万嘱咐："你们在野外注意安全，别忘了给家里来信……我们等着你们胜利的消息……"

初春的南疆，天气乍暖还寒。但是地质队员热情高涨，一点也不觉得寒冷。

塔里木队首先在喀什坳陷挑选喀什背斜、明尧勒背斜及木什背斜开展了地质勘查和评价。为了确定普查井位，组成三个组，艰苦拼搏，对各背斜开展多条横穿背斜的路线勘查。

工区是一片黄沙地，天天刮风。老职工形容当时的情景是："每天二两土，白天不够晚上补。”

经过一个半月的拼命工作，提出了喀参 1 井、喀参 2 井、喀参 3 井井位建议。之后，为开展重力普查和地震测线提出了具体部署。

当时，我国对塔里木盆地的油气地质特征的认识几乎是一片空白，没有相关资料，老一辈石油人认为塔西南是最有利的油气突破区。

4 月初，康玉柱带领塔里木队，每天分四个小组，在喀什坳陷地青高山的木什构造、明尧勒构造、喀什构造开展构造检查，以便确定井位。横穿构造高山时，遇到第三系块状砂砾岩，五米至十米的厚度，无法越过。地质队员就用小镐刨挖脚坑，拉着绳索攀登悬崖。经过一个多月的构造检查，确定了喀参 1 井、喀参 2 井、喀参 3 井三个勘探井井位。

4 月是喀什地区的风季，大风肆虐，帐篷搭不起来，队员只能住进山区牧民转场用的羊圈里。即使腥膻味熏得人作呕，也比躺在山风呼啸的野外好一点。

6 月上旬，石油部副部长兼克拉玛依管理局局长李敬同志邀李奔到叶城，向李奔介绍了大量资料并商议今后部署方向。在一幅比例尺约为百万分之一的重力图上，李奔看到了十来个重力高。李奔心想，这些位置很好，特别是塔南跃进 1 号重力高，只要有决心克服困难，是可以进去工作的。不入虎穴，焉得虎子？

李奔随即向李敬副部长提出，请他协助。李四光部长对重力高很感兴趣，大庆油田就是在大同重力高上发现的。

新疆石油普查勘探指挥部（后改称第三石油普查勘探指挥部）指挥长李奔，副指挥长徐生道、吕华，技术负责人康玉柱研究决定，首先突破喀什坳陷。8 月，责成 442 队、443 队、644 队在明尧勒、木什地表构造上进行地震技术方法试验及试生产，904 队在和田河以西进行 1∶200000 航空磁测，一物对喀什坳陷进行 1∶100000 重力普查。为了解喀什坳陷—麦盖提斜坡—巴楚隆起的区域地质构造，沿叶尔羌河部署地震区域剖面，并在喀什地区进行地震概查，完成地震剖面430千米。通过上述工作，对喀什坳陷的形成、发展以及地层、构造都有了一些了解。

所有参加会战的队伍，思想觉悟都非常高，人人以大局为重，服务组织调动，克服一切困难。到达喀什后，本着“有条件要上、没有条件创造条件也要上”的精神，立即投入生产。

从喀什到麦盖提斜坡至巴楚隆起的施工现场，戈壁平坦辽阔、一望无际。一簇簇发黄的骆驼刺闪着生命之光。戈壁滩上没有路，汽车在荒芜的沙漠上艰难地前进，在沙丘里蜿蜒曲折地穿梭，有些地段车轮辗压过去，浮土像水一样向两边飞溅。

队员们不顾天寒地冻，迫不及待地抓紧施工，在元旦深夜完成了喀参1井基础施工。4002井队打前站的同志们放弃元旦休息，顶着凛冽的寒风直奔麦参1井施工。物探、地震两个分队，在驻地立足未稳，就投入仪器性能试验。所有参战队伍全都铆足了劲，认真贯彻落实党的十一届三中全会精神，要在这场石油会战中大显身手。

1979年初，陈飞鹏和康玉柱等同志研究确定了麦盖提斜坡上麦参1井井位，由一普4001井队负责施工。

1979年4月13日，由一普5012井队施工的喀参1井开钻。这是西北油田进疆的第一口探井，拉开了西北油田在塔里木盆地的石油普查勘探工作的序幕。

1979年6月至7月，韩军等同志到乌鲁克恰提勘测剖面。乌鲁克恰提是帕米尔高原小城乌恰县最西边毗临边界的一个乡，距县城有200多公里，居民以柯尔克孜族为主。

乌鲁克恰提是一个被群山环抱的盆地，初夏的植被将大地装点成一块绿色的地毯，水草丰茂的草原上零星散落着帐篷，随处可见冒着小水泡的泉眼，积水中有小鱼自由自在地游动。高寒山区气温较低，尤其是昼夜温差很大，夏季早晚时甚至能感到阵阵凉意。每天出去勘测剖面的地质队员坐在大卡车上，被风吹得脸色发青、嘴唇发紫。

毕业分配来的内地大学生哪里见过这样的环境，他们被大自然的广博与苍凉所震撼，也为自己的渺小与卑微而悲哀，有一种要流泪的感觉，有一种想要表达宣泄的冲动，却又不知道该从何说起、说些什么。

分队岩相组组长阙延强是一位很有生活张力的人，充满了朝气，在任何环境下都能创造出生活的激情。

阙延强做事很有条理，做每件工作都会事先制订出周密的计划，画出工作的流程。他那种执着向上、热爱生活、特立独行的性格，给同事们留下了深刻的印象。

塔里木盆地的环境，大大出乎地质员工的意料。干旱缺水，工区的饮用水都是汽车从几十公里外拉来的，水比油还贵。戈壁滩上风很大，吹到脸上像刀割似的。戈壁荒漠上几乎看不到一棵树，就连草也少得可怜，贫瘠的土地上随处可见盐碱滩。夏天的太阳毒得能晒掉人几层皮。夜晚不光寂静而且寂寞，生活单调乏味。昼夜温差大得邪乎，经常能把人冻醒。刚到塔里木盆地，队员们水土不服，没听说哪个人没闹过肚子，没有十天半个月是适应不了的。

一望无际的戈壁滩，荒芜苍茫，满眼黑色的砾石，满目死亡的沉寂。偶有几棵芨芨草或骆驼刺，灰蒙蒙地点缀着大戈壁的孤独和寂寞。只有萧萧的长风在狂啸，只有毒辣辣的日头在烘烤。

1979 年 9 月 20 日，新疆石油普查勘探指挥部（简称“新指”）在阿克苏召开地质工作会议，国家地质总局石油局、国家地质总局航测队、塔里木石油地质综合大队、新疆地质局、新疆石油管理局等单位主要领导和工程技术人员参加会议，并特邀工业部佟成莅会。

会议由新指李奔指挥长主持，康玉柱代表塔里木石油地质综合大队作了题为《塔里木盆地石油地质特征及找油方向》的发言。康玉柱认为，塔里木盆地具有统一的前震旦系结晶变质基底、广泛的古生界基础和巨厚的中新生界盖层。该盆地是多构造体系控制的复合型盆地，对盆地起主导控制作用的是纬向系和西域系，具有多旋回、多成油组合特征，油质丰富，储集条件好，是形成大油气田的物质基础。圈闭类型多、可选择余地大，找油领域广泛，是我国重要的含油区。在对盆地生、储油条件分析中，对首次出寒武—奥陶系的碳酸盐岩生、储问题也应重视，注意在中央隆起寻找古生界的古潜山型油气藏。部署建议为着眼全盆，分区规划，加快普查，择优突破。

康玉柱建议，在工作部署上把油气勘探重点往塔北沙雅斜坡地区转移。理由是，根据李四光地质力学理论方法，研究认为，沙雅隆起在早古生代时可能西与柯坪隆起、东与库鲁克塔格隆起形成了一个东西向的沉隆带，航磁资料表明这是一个东西向展布的平静负磁场区，在晚古生代形成了隆起带。但沙雅隆起开始沉隆接受沉积。库鲁克塔格由太古界、元古生界和下古界组成，加里东末期运动使其褶断上升，大部分地区缺失上古生界及其以上地层。中段是库尔勒鼻状隆起，是库鲁克塔格向西倾覆部分。钻井和地震资料表明，鼻隆轴部为奥陶系，而上古生界和侏罗系仅分布在南北侧，第三系不整合其上，在加里东期与库鲁克塔格相连，在海西期被西域系改造而分割开来。西段是柯坪隆起，与库鲁克塔格十分相似。另外，柯坪隆起与柯吐尔、雅克拉潜伏隆起是同一东西带上性质类似的地质体。沙雅隆起上的柯吐尔、雅克拉、轮台隆起上的基岩埋深三四千米，在中生代仍处于隆起状态，于新生代形成北倾斜坡。所以，该隆起上不但有古生界，也应有中生界。在沙雅隆起上应注意寻找古生界、古潜山型油气田。基于上述认知，可知沙雅隆起油气前景较好，目的层埋藏浅，因此，提出了向这一地区转移的意见。会后，指挥部又向石油局领导作了汇报。

1979 年 10 月，地质部在于湖南长沙召开的石油普查工作部署座谈会上提出：“塔里木盆地主要是先进行战略侦察。要着眼全盆，侧重塔北和麦盖提斜坡，继续在喀什坳陷进行工作，注意塔东坳陷区和巴楚隆起带的探索。要海陆并举、油气并重、新老地层并重。要充分利用物探手段，在一些重要部位打井。结合系统扎实的周边地面地质工作，加强综合研究，基本搞清大的构造格局、地层层序和生储盖组合，划分远景区，选准远景区，选准主攻方向，确定主攻战场。同时，要积极为上大钻作准备。”

根据地质、物探人员的建议，指挥部几度准备在塔东跃进 1 号重力高开展工作。1979 年 11 月，在第三普查勘探指挥部（简称“三指”）召开的 1980 年工作部署会议上，预定了跃进 1 号重力高西高点跃进 1 井井位。

地质部石油海洋地质局对三指 1980 年油气勘查部署提出具体要求：“在着眼全盆地前提下，以塔北和塔东坳陷区为侧重点，在西起喀什、东到孔雀河、北起柯坪塔格、南以跃进 1 号重力高为南界的广大地区开展工作。”

塔里木的天就像孙悟空的脸，说变就变。

1979 年，5012 井队在喀参 1 井作业。腊月二十九，临时负责井队食堂的李德满到处找关系，整整忙活了一天，费了老大劲才从疏附县商业局采购到六箱啤酒。下午 6 点多，他和驾驶员开着老解放车往井队赶。冬季天短，没走多长时间天就黑了。不足 100 公里的路程，跑了四个多小时还没跑回井队，汽车在无路的戈壁滩上迷失了方向。第二天就是除夕，驾驶员急得心里发慌。李德满安慰驾驶员，别急，停车，咱们下去好好辨别一下方向再走。其实他心里比驾驶员还要着急。两个人在茫茫戈壁滩上折腾到半夜才摸索着回到营地。李德满对驾驶员说，奔波了一天太累了，休息吧。

不知过了多长时间，李德满觉得浑身透凉，被冻醒了。睁眼一瞅，头顶上大风呼啸，沙子直往眼睛里落。莫非自己在做梦？他转身噌地坐起来，乖乖，原来帐篷没顶了。再一看，睡在身边的马福才不见了。他大声喊马福才的名字。马福才从外面跑进来说：“你睡得像死人一样。这场风暴得有九级。”

李德满赶紧穿衣下床，加入抢救帐篷的战斗。大伙一直忙碌到天亮，风暴才渐渐地平静下来。队员全都灰头土脸，像泥塑一样，都饥肠辘辘地等着开饭。李德满跑进伙房帐篷，顿时惊呆了。他日夜奔波呕心沥血为除夕会餐筹备的各种菜肴盆子东倒西歪，有的甚至撒了一地。他傻愣了半晌，无奈地蹲在地上呜呜地哭出声。

大伙听到哭声，跑进来一看，全都傻眼了。猪排、猪肘、手抓羊肉、鲤鱼、牛肚、卤鸡、肉丸子面目全非，全变成了形状诡异的沙土疙瘩。

“怎么搞的？不盖严实，这些年货还能吃吗？”

听到个别同志的议论，李德满哭得更伤心了，泪水将脸上的沙尘冲刷出两行泥痕。这位来自青海高原的又瘦又矮、皮肤黝黑的临时炊事员兼代理管理员，既委屈又自责。这是5012井队的弟兄们在新疆过的第一个年，想家的那份心本来就重，历来对工作认真负责的李德满，为了给大伙筹备这些年货，自己跑到100多公里外的疏附县，求分管肉食公司的副县长批条子，才在物资匮乏的年代采购到这些宝贵的食材。现在大家过不好年了，他怎能不愧疚、怎能不痛心疾首呢。

除夕当天，井队队长杜荣华和副队长王守忠站在李德满同志左右向工友们道歉。每人发两个馍、两瓶啤酒。大伙领了自己的那份年夜饭，全都转身离去悄悄地回到帐篷，几个人围着铁炉子或地炉子，一口馍一口啤酒，谁也不言语，闷闷地往下咽。大伙都不敢对视，谁都不愿提起在家时的除夕，生怕提起了，戳到痛心处会勾起一场火气，惹是生非。一普自1960年在山东组建，不会餐的除夕，这是第一次。

何明山进疆前把妻子送到乌兰县的哥哥那里，前几天收到妻子来信说，因年关将近，他哥又把她送回娘家了。妻子在信中说：“明山，你就看着我们娘儿仨流浪在湟源山沟？”想到自家妻儿居无定所，而地质队员们也是把家绑在腿肚子上，远走天涯，四海为家，哪里来的房子供妻儿们躲风避雨。何明山放下啤酒瓶，默默走出了帐篷。过了个把小时，还不见何明山回来，大家着急了，相继涌出帐篷，点上火把，打着手电，四处叫喊他的名字，却没有回音。队长让大家分头去找，最后发现何明山手里握着妻子的信，扑在沙丘上呜呜地哭泣。

男儿有泪不轻弹，只是未到伤心处。见到这种情形，哪个铁石心肠的汉子能不掉泪？悲伤的情绪感染了大伙，许多七尺男儿也都跟着抽抽噎噎。

地质专家魏开谈说起当时的情况，一脸无奈。他说：“那时候地质工作真苦啊！地质队主要在野外作业，荒无人烟的沙漠中没有路，只能雇用骆驼驮运仪器设备，每到一条测线，物探队员只得背着重达十几公斤的设备深入塔里木河床开展工作。吃住都在野外，每天被漠风吹得像土人似的，走到哪儿睡到哪儿，早晨起来被子上一层沙土，没法整理，随便一卷就得了，我们把它称为‘卷席筒’。身上的灰土再多都没有办法清洗，经常一个多月洗不上一次澡。汗水被晒干了，在衣服上留下白色的汗碱，没有条件每天换洗衣服，衣服上就留下一股汗臭味。有人为我们地质工作者编写了打油诗：‘有女不嫁地质郎，成年累月守空房。有朝一日回家转，抱回一堆臭衣裳。’还有：‘远看像逃难的，近看像要饭的。仔细一看，原来是搞勘探的。’说我们像‘逃难的’‘要饭的’，尽管有点过分，但很形象。”

还有一位同志说，他的女朋友就是嫌他的工作太艰苦，一年见不上几次面，和他分手了。

笔者问他：“你遗憾吗？”他平静地说：“没啥。当时接受不了，难过了很长一段时间。但是也不能怪人家。哪个女人不想找一个能够长相厮守，能在家里照顾自己的男人。但我作为一名地质大学毕业生，我有我的理想，既然选择了这个专业，就要在这个行业里实现自己的人生价值。”

他平淡地补充道：“我不需要别人的理解和认可。我没有豪言壮语，在我们这个单位，比我思想境界高的人多的是。我们当中有许多同志，父亲临终前都没有赶上送老人最后一程，别说尽孝了。所谓的尽孝就是每年给家里寄点钱。有些同志爱人生孩子也没法陪伴，等回到家里孩子早已出生了。要是顺利还好，遇到不测，哭也没用。”

说这些话的时候，他的眼眶湿润了。

多么可爱的同志啊！笔者听得鼻子都跟着发酸。

他们献给祖国的是满腔的热诚，是无私的爱，是自己的青春、生命、爱情和家庭。怎能不让笔者向他们表示敬意？只能说，心中有信仰，人生就豁达！

1979 年底，国家地质总局新疆石油普查勘探指挥部更名为“地质矿产部第三石油普查勘探指挥部”，简称“三指”。

麦参 1 井在上石炭统灰岩中首次取得含油岩心，测井资料解释含油层可能有 10 层，在 4150 ~ 4242 米井段上部射孔 1 米后测试，日产天然气 500 立方米，从而证实石炭系碳酸盐岩是盆地的重要生储油岩之一。

地质部部长孙大光在现场视察工作时，对此给予充分肯定。这个时期共钻井 4 口，进尺 16120 米。但油气勘探工作也遇到了很多难题。

比如，巨厚的第三系“黄被子”问题。喀什坳陷内的上第三系厚度一般在四五千米，某些地段厚达七千米，基底埋深超过 15000 米。为解决模拟地震仪记录长度不够的问题，一物彭诚同志组织了有关技术人员对地震仪进行改装，以两圈录制方法，取得深层反射，为了解坳陷的地质、构造情况提供了依据。然而主要含油层系埋藏过深，当时的钻探能力不可及，造成了油气勘查部署上的困难。

再如，局部构造上下不吻合问题。在明尧勒背斜、木什背斜、喀什背斜等构造，地震浅层反射层与深层反射层的构造形态和位置有较大差异，而中层未得到可靠反射资料。钻探资料证实，地层破碎严重，产状甚陡，勘查工作难以顺利进行。

1980 年初，石油局决定把工作重点逐步向塔北沙雅斜坡地区转移，三指将地震队、钻井队部署在该区进行勘探。

1980 年 9 月 6 日，三指在乌鲁木齐延安宾馆召开塔里木盆地规划部署论证会，与会的石油海洋地质局和各地区石油局、队的专家反复讨论，原先提出的许多方案都因各种具体问题和困难被推翻。最后，大家提出将工区转移到塔北坳陷的建议。经过对资料的研究分析，大家一致认为，库车坳陷以南、满加尔坳陷以北这一地区值得深摸。于是会议决定，将塔北作为塔里木盆地油气勘查的主攻战场是最佳方案。

06
寻找突破口

任何一项重要抉择都是慎之又慎的。为了能使1980年跃进1号重力高钻井施工顺利进行，三指决定组织踏勘组，分为空中投标组和地面作业线，完成任务后，到阿克苏会合。

为了慎重决策，三指邀请了中国地质、石油、地球物理三个学会联合举办了规模较大的塔里木盆地石油资源座谈会，充分听取了专家们的意见，最后决定了勘探方向。

塔东北地区的远景评价在逐步提高，但缺乏详细物探工作，尚未掌握地下圈闭构造。勘探工作离不开大地测量，准确的地理坐标和海拔高程是野外工作的前提和基础，“勘查未动、测量先行”。因此，三指决定在开展地震工作的同时，在跃进1号重力高带上布置一口参数井，设计井深5000米。但是，跃进1号重力高地面是一片沙漠和连绵起伏的沙丘，由于没有明显的地物标志，在地面上标定井位比较困难。为了准确快速地勘定井位，三指决定采用飞机投标、地面寻找目标的方式开展工作。

按照计划，在工区内空投了4块2米多长、60多公斤重的三角形钢筋水泥标石。

李奔指挥长与驻疆空军某飞行部队联系，经上级批准，空军派出小型直升机执行投标运输任务。

与此同时，三指组织了两批30多人次的地面寻标测绘勘察小分队，利用冬季枯水期穿越塔里木河，长途跋涉，搜寻空投标石，建立测量三角点。

在一个晴朗的早晨，小型直升机载着4块水泥标石和投标人员，向着预定目标飞去。

飞机直线飞行，气流不稳，颠簸得厉害。而且飞机螺旋桨的噪声很大，震耳欲聋，根本听不清楚说话的声音。导航员看着地图，飞行员按照导航员的指令，不断调整着飞行速度和高度。

从飞机上往下看，塔里木盆地到处是茫茫戈壁和荒凉的沙漠，沙漠中的绿洲星罗棋布，有绿洲的地方就有城市、村庄和农田。戈壁、沙漠里沟壑纵横，极其震撼。纵横交错的干涸河床有水流过的痕迹，却很少能看到水。有些地面上全是白花花的盐碱，好像罩着一层硬硬的壳，自然环境十分恶劣。

飞机飞临塔里木河的上空时，才可以看到河流、湖泊和树林，让人心旷神怡。

很快，目的地到了。飞机在空中盘旋、下降，寻找投标位置。

飞抵工区时，飞机的高度降到了离地面30米。盘旋飞行，使机上原本谈笑风生的人们开始晕眩呕吐。当飞机到达预定投标点时，他们从半休克状态中强打起精神，机组人员打开了舱门，投标人员小心翼翼地将水泥标石吊出了舱外。

“投标!”机长下令。

投标人员什么也听不到，只见机长做了个往下放的动作，五个人同时松开了手中的绳子。标石摇晃着、翻滚着落向地面，溅起的沙灰如一股黄色的烟雾冲升而起。

还不知道投得准不准确，飞机就又升高了，飞向了另外一个投标点……

第一踏勘小组成员陆青、马哲、何希云、张文献、赵衍环、刘光泽等17人，冒着零下20多度的严寒“飘大厢”。人多，驾驶室坐不下，多数人只能站在颠簸的卡车车厢上，工友们把这种乘车方式叫作“飘大厢”。

风吹车晃，人站在大厢上左右摇摆，头发被风吹得全都竖起来，像个刺猬似的，衣服被风吹得呼呼直响，如同风展旗帜。可不就是“飘”吗？

到了夜晚，大伙燃起了一堆篝火，围着篝火取暖，前半夜乘着热乎劲儿，一行人和衣蜷缩在野外过夜。沙漠的夜晚非常寒冷，到了后半夜，一个个全被冻醒了，缩成一团浑身打战。关节炎也就成了地质工作者的职业病。

大伙在沙漠里转悠了十多天，怎么也找不到标石。

后来在一个名叫吐尔逊的维吾尔族牧民的帮助下找到了1号标，而且幸运地在附近发现了一处沙漠中的淡水源。1号标最终成为西北石油人在塔河以南开展勘探工作的第一个测绘原点。

投标组完成任务后，飞抵阿克苏与地面组联系。几天后，他们又出现在寻找标石的沙漠中。沙漠、沙丘、石河床，几十公里的路途，耗费了近两天的时间。估计快到4号标的范围了，大家下了车，拖着酸麻僵硬的双腿，分头寻找标石。然而，几个小时过去了，始终不见标石的踪影。大家带着沮丧的心情又上了车，继续前进。

相比第一踏勘小组，他们要幸运多了。经过几个小时的苦苦寻觅，突然，有人发现正前方出现了一面随风飘扬的小红旗。他们欢呼着奔过去一看，果然就是4号标。天色已晚，无法找到回去的路，于是就地宿营，架天线、支帐篷、架锅做饭，并把找到4号标的消息通过电台传向乌鲁木齐。

由于空投选定的井位附近到处是起伏的沙丘和连绵的红柳包，设备和物资运输十分困难。

一普大队进驻喀什后，按照上级下达的任务，先后在喀什明尧勒木什构造、疏附县吾泊尔高点、喀什构造、巴楚县色里比亚断层下盘打了五口井。

一物大队在疏勒县、英吉沙县、巴楚县境内开展了物探工作。当时提出的口号是“奋战三五年，拿下喀什大油田”，这句口号用红色油漆写在了指挥部大门两侧。

具有讽刺意味的是，这个区域基本上就是早先中苏石油联合勘探队曾经探索过的区块，可谓“今不虑前事之失，复循覆车之轨”。

但“一普一物”大队，只是命令的执行者。现在回眸当时的情景，有点盲目乐观。

一普大队先是在塔里木盆地西北喀什至麦盖提地区进行了一年多的地质侦察。

骞振斌同志说，由于地层倾角大，西域砾岩组沉积较厚，地表构造比较复杂，含油目的层埋藏较深，当时的钻机无法钻达目的层，只好中途完钻。在巴楚县打的两口井，只见到一点儿油气显示，原先提出的奋斗目标未能实现。新疆石油普查勘探指挥部经过认真研究，调整部署，转战塔北。塔北自然条件极其恶劣，到处是盐碱地，红柳遍布，气候炎热，交通不便，工作全靠国产30越野车。物探队的同志一天要在野外工作10多个小时，在人迹罕至的荒野风餐露宿、披星戴月。最让人难以忍受的是蚊虫叮咬。红柳丛里蚊子多得简直无法想象，成千上万只蚊子如同妖魔鬼怪派出的奇异兵团，这些不怕死的小恶魔笼罩在人身周围，落在胳膊上的蚊子就像胳膊上长出的一层绒毛，挥之不去，防不胜防，一巴掌下去就是一团血印。勘探队员天当被子地当床，戈壁滩昼夜温差大，而且经常刮风，沙尘暴袭来风沙弥漫，难以入眠。工作又苦又累，还休息不好，但是没有一个人叫苦。

1980年5月30日，李奔、徐生道、康玉柱等同志赶到实地进行踏勘，又到塔里木河南岸重新勘定了跃参 1 井井位。

跃参 1 井井位确定以后，李奔决定让一普 5012 井队施工。

1980 年夏天，在乌鲁木齐机场宾馆召开了检阅塔北成果评价会。会上，张文献汇报了地震工作部署和取得的资料。他第一次否定了沙雅斜坡的构造概念。根据新资料分析，沙雅实际为一个隆起，在东西地震剖面测线上，可以清楚地看到有起伏现象。这说明在隆起上有形成局部圈闭或断层封闭的可能。

地矿部石油海洋地质局副局长苏云山看到地震资料后，兴奋地说："有褶皱，有构造，有各种各样的封闭，大有搞头。"

1980 年 7 月 28 日开钻。1981 年 7 月 9 日，钻进到 4747 米二叠系地层时，发生严重井漏。此时塔里木河河水上涨，运输中断，黏土粉及油料告罄，被迫停机完井。

跃参 1 井首次在塔东北满加尔坳陷带北部发现三叠系。该系中夹有 325 米暗色泥质烃源岩，根据有机质丰度、烃类转化系数、成熟度、干酪根等确定其为中等生油岩。这口井取得的成果有着重要意义：

首先，证实了三叠系在塔东坳陷区有较广泛的分布，具有生油远景，为寻找中生界油气田增强了信心；其次，首次揭示了一定厚度的二叠系，证实和田河以东仍有二叠系分布，而且火山岩不局限于和田河以西；最后，发现第三系角度不整合在中生界之上，为了解燕山运动对该区的影响提供了依据。

跃参 1 井所取得的成果是转移到塔北后的首战成果，为进一步认识塔里木盆地东北部的地质构造特征、开展油气勘查提供了宝贵的依据。

跃参 1 井的成果给塔北油气勘探工作带来了曙光。国家地质总局决定加强塔北的力量。首先进行物探会战和参数井钻探工作，其次加强地质综合研究工作。

1980 年 10 月 9 日，地质部部长孙大光视察新疆，看望了在塔里木盆地石油勘查第一线工作的广大职工，先后到一普勘探大队、地质大队、试油队和麦参1井井队慰问，并作了重要指示。孙大光再次肯定了向塔北转移的部署和前景；严肃批评了在塔里木找油的悲观情绪，要求把麦参1井试油搞好。

孙大光指出：“过去石油部去过的地方，我们也可以去嘛！地质队显微镜不够用要买，哪能没有显微镜呢?”

他还说：“我们的职工在野外工作很辛苦，我们要设法改善大家的工作和生活条件。”

部长的关切、关怀，使西北石油地质局的广大干部职工备受鼓舞，增强了大家找油的决心和信心。

其实，孙部长何尝不想尽快解决职工的困难呢？可他也有难处啊！

地矿部的地质勘探队属于事业单位，每年由国家拨款。且不说改善职工工作和生活条件，就连设备都无钱更新。堂堂一个国家地质部门的物探队，那会儿仅有三台钻井机。

第二章 大漠绝响

07
转战塔北

1980 年 12 月初，第一物探大队生产会议在库尔勒召开。

三指委派康玉柱、陆青、赵衍环及地质大队陈飞鹏参加会议，会议由队长何希云、技术负责人彭诚主持。

会上，各分队汇报了当前完成任务情况和取得的成果，张文献作会议总结。

143 队赵奎德汇报时说，TB－80－2 线获得 TS 波组，证实了雅克拉重力高存在，有隆起显示。

1980 年 12 月，康玉柱在其编写的地质部第三石油普查勘探指挥部《1981 年石油普查勘探工作总体设计》中写道，在阿瓦提断陷内阿拉尔电法高设计了阿参 1 井，在沙雅隆起西端柯吐尔构造上设计了沙参 1 井，要求在雅克拉重力高上加新地震测线，尽快落实构造圈闭。

师玉生回忆说，一普打阿参 1 井，井位在一片旷野上，及肩高的芦苇和茅草在夏日热风的吹拂下起伏不定，像绿色的波涛涌动。七月的骄阳在毫无遮拦的旷野里晒得人头晕目眩。井队职工住在简易的单帐篷里。热得受不了，他们便把帐篷下摆卷起半米高，让它四下透风以减暑热。由于这里杂草丛生、河沟又多，蚊虫滋生。这些可恶的小东西无处不在，咬得人心烦意乱快要发疯。在平台上忙碌的钻工们，顾不上驱赶这些不速之客，只能任其叮咬。这里蚊虫的密度无法统计，反正随手一抓，绝不落空。

师玉生到阿参1井收集资料时，一天中午，他热得满头大汗，汗水流进了眼里，实在受不了，就跑到院子中间的水龙头下面用冷水一顿猛冲。当天晚上，他的脸上和身上就起了大片的风疹块。几天后返回乌鲁木齐时脸已肿得变了形，别人都认不出他来。同事们把师玉生送到阿克苏农一师医院，在那里住院治疗了14天也没痊愈。从此落下病根，一用冷水洗头就犯病。

人生总是有得有失。阿参1井固井时，师玉生爬上钻塔47米高处，用120黑白胶卷拍了几幅照片，后来获得了地矿部系统摄影比赛二等奖，成为他职业生涯中一段十分荣耀的记忆，也成就了他之后的新闻宣传梦。

有一次，师玉生在井队看到了暴风雨来临时大自然的奇特景象：天上浓云密布、远处电闪雷鸣。此伏彼起的枝状闪电，如金蛇狂舞钻天入地，雷声如天崩地裂，惊心动魄。大雨下了一夜，井队如遭浩劫。迎风的几顶帐篷已被狂风撕扯得七零八落；集体的、个人的物品，凡是风能刮动的，全都没了踪影。砖砌的烟囱被风刮倒，被砸塌的房顶上的泥巴落进大铁锅里，炉倒锅破，一片狼藉。炊事员望着厨房里这副惨象，目瞪口呆。整个井队职工一天没吃上饭，还得在稀泥浆里收拾残局。

下班休息的几位职工，顾不上收拾自己被雨淋湿的东西，不约而同地来到一个兼做库房的地窝子里，这里有一窝出世不久的小燕子。旷野无树，燕子把窝做在了地窝子的房梁间。一夜大雨，四处漏水，燕子窝垮了半边，一只小燕子掉在地上摔伤了翅膀。老燕子急得飞来飞去吱吱叫。几个青年人轻轻捧起小燕子，给它受伤的地方抹上药，把毁了半边的燕子窝收拾好，然后把小燕子放回窝里。他们动情地说："在这荒郊野外，只有这一窝燕子陪着我们，真让我们感动，我们一定要好好保护它们。"自从发现燕子在这里做了窝，职工们天天下了班就钻进地窝子悄悄地瞧一瞧，生怕惊扰了它们。前一天晚上下大雨，大伙上班离不开，就担心燕子出事，一下班就都跑过来了。

夏季偶有暴雨，荒漠一时成了沼泽，道路泥泞，交通断绝。在南疆施工的井队普遍离城镇很遥远。那时井队还没有冷藏车，采购的肉、菜即便是用最快的速度送，也是非干即臭。买回来的肉和蔬菜没有冰箱存放，海带便成了耐运、耐储、耐吃的菜肴。许多职工至今见了海带就没胃口。

即使在这样的条件下，井场上的柴油机照样轰鸣，钻井进尺一米没少。

“一普一物”在塔西南的前几个年头，虽然走过了一条艰苦卓绝的探索道路，但基本上没有取得较大发现。

历史是多么相似啊，“一普一物”走的几乎是中苏石油联合勘探队的老路。当时，干部职工都感到十分焦急和迷茫。苦和累大伙都不怕，但是这么艰辛地干，却得不到结果，无法向国家交代，也无颜面对“地质劲旅”“王牌军”这些称号啊。

这是一段非常煎熬的过程。

人在科学探索的道路上，由于认识上的谬误、判断指挥上的失误，难免会走一些弯路，这并不是坏事，更不是什么耻辱，在实践中勇于承认和改正错误才是最关键的。必须承认的一个客观事实是，当时地质找矿有理论局限性，多数为陆相，国内在海相上少有发现；技术上也有局限性，物探资料的处理水平达不到。但是在冥冥之中，大家都有强烈的愿望，有坚定的理想，有坚强的信念，相信塔里木盆地是能够有所作为的地方。

失败有时也是需要的，它和成功一样有价值。只有在不断的探索中经历了失败，才会找到解决问题的办法。

地质调查是一个很有趣的过程，有时候进去越深，前进越困难，而所遇到的景象也越奇妙。

当时，地矿部找矿的愿望很强烈，大庆、中原都已找到油气，趋势是向四川盆地、塔里木盆地找。地矿部有“三光荣”精神，那一代人不管条件多么艰苦，义无反顾地到西北来，都有“先工作后生活”的精神。大队人马聚焦塔西南，有一些小型的发现。雾气弥漫的清晨，并不意味着是一个阴霾的白天。幸运中并非没有恐惧和烦恼；厄运中并非没有安慰与希望。上天给人一份困难的同时，也给人一份智慧。每一次挫折都标示着向前迈进的动力，这种动力隐藏在困难的事业中，只有敢于尽力从困难中不断总结经验教训的人，才能意识到这种魅力。上天完全是为了坚强你的意志，才在道路上设下重重的障碍。

地质矿产部第三石油普查勘探指挥部急待选择新的勘探区。多少次面红耳赤、剑拔弩张的争论，多少个不分昼夜的研究与思索，专家们忽然发现了一丝曙光。

经过物探工作，在对全盆地综合研究的基础上，专家们认为塔里木北部沙雅隆起在早古生代时期可能西与柯坪隆起、东与库普克塔格隆起形成了一个东西向构造带。但从中生代开始，沙雅隆起下沉而与柯坪隆起和库普克塔格隆起分离，具备了油气生成的条件。研究发现，塔北不是一个斜坡，而是长 400 公里、宽 700 公里的隆起带，在这个隆起带上发现了许多有利于油气聚集的构造，尤其是发现了雅克拉超调点。当时立即将物探资料送往南京物探研究所进行处理，处理出来的资料非常清晰地表明，含油气显示。据此认为，沙雅隆起上不但有古生界，也应有中生代地层，油气前景好，而且目的层埋藏浅。于是，三指向上级部门提出了向沙雅隆起转移的建议。

1981 年是三指在塔东北工作的第二年。通过对出露地区的地质调查和地震工作资料的综合整理、分析、研究，对沙雅隆起的性质、形态区域构造、沉积特征有了进一步的了解。同时，地震还圈出了三个圈闭构造，跃参 1 井又钻遇 700 米中生代地层。这一发现引起了地质界的重视。一代地质老前辈余伯良、孟尔威等同志千里迢迢从北京赶到工地查看岩心岩屑，大大提高了这一区域的找油气前景。

1981 年，因区域工作和普查阿拉尔构造的需要，雅克拉只安排了 143 队一个队工作。当时的生产装备不适应塔北的地质条件，两年内只完成三条测线，但仍表明构造是圈闭的。一物综合研究队 161 队提出了沙参 2 井的初步建议。

为加快找油工作，三指决定加强物探工作，从五物、十二普各调三个地震队，揭露潜伏地层，了解其厚度岩相岩性的变化以及圈闭构造的含油气情况等。原计划打三口参数井，但 6000 米钻机只有两台，因此只能打两口。初步讨论时，同志们主张先打雅克拉，因为在地震工作过程中，发现了超调记录现象。

张文献认为，这一现象可能是油气引起的。后来定井位时，张文献认为测线密度不够，还不能正确选出高点，再辅两条测线准确选出高点后，就有把握了。这样，阿拉尔被定为沙参 1 井，雅克拉被定为沙参 2 井。

1981 年 11 月，地质部石油普查工作会议在湖南韶山召开。会议上进一步明确：塔里木盆地是我国陆地部分可以发现大油气田的重要地区。要求三指在着眼全盆地的前提下，近期以塔北地区的沙雅隆起带、阿瓦提断陷区及满加尔坳陷北部为重点，进行区域地震剖面测制，并在重点部位适当打些井，结合周边地质进行综合研究，基本搞清大的构造格局和一批可供钻探的圈闭，进一步探索巴楚隆起和麦盖提斜坡上古生界的含油气远景，并建议从内地抽调物探队伍，加强塔里木盆地的油气勘查。石油局在权衡全国部署的基础上，决定从五物抽调三个地震队，从十二普查大队抽调两个地震队（1983 年又增加一个队），地质部物探局抽调第一综合物探大队的一个重力队（三台组）、新疆地质局的一个重力队到塔北与第一物探大队共同进行物探会战。

三指成立物探会战指挥部，由张文献负责，开展石油物探会战，11 个地震队、4 个重力队参加。另外，钻机增加到了 3 台，其中 2 台 6000 米钻机、1 台 5000 米钻机。

消息传开，所有参加会战的单位和个人都欢欣鼓舞，士气大振。

困难与折磨对于人来说，是一把打向坯料的锤，打掉的应是脆弱的铁屑，锻成的将是锋利的钢刀。

1982 年春，地质矿产部第三石油普查勘探指挥部结束了在喀什、巴楚、阿克苏的勘探工作，挥师塔里木河北岸，并在雅克拉安排了 145 队、143 队两个地震队落实构造，着手利用 1980—1982 年取得的 10 条测线资料对比解释。王还珠等同志制作了构造草图，提出井位意见。1982 年底，在石油地质工作会议期间，向石油局作了专题汇报。

3 月，康玉柱将全家从湖北荆州迁往乌鲁木齐，下定决心扎根边疆，为国家寻找大油田。

4 月，康玉柱和蒋炳南等同志圈定了古潜山构造，并定下了沙参 2 井井位。

据一普大队已故原总工程师刘国栋生前回忆，沙参 2 井井位勘定进行了两次。当时，三指李奔指挥长、吕华副指挥长等领导研究决定，由地质矿产部第三石油普查勘探指挥部徐生道书记组织指挥地物处、地质大队、一物、一普等有关领导以及技术人员在一物驻地库尔勒，对雅克拉构造布井的必要性、可行性进行综合性论证。这是一次非常民主的论证会，与以前召开的论证会的不同之处是涉及面广，多单位同堂计议。领导已知意见分歧很大，但再次公开表示，对于学术问题和技术问题，不定调子、不戴帽子，希望大家广开言路、各抒己见、畅所欲言。大家积极性很高，都为国家着想，敢于担当，讨论十分热烈。

会议开了整整一天。在实干探索、敢挑重担的精神指引下，第二天上午，对一物在雅克拉构造上初步拟定的三个井位进行了勘察。仍由徐生道书记带队、一物测绘组带路，从东往西初步勘定了三个井位。后来按照上钻次序分别将这三个井位命名为沙 4 井、沙 7 井和沙参 2 井。

1982 年 9 月 6 日至 14 日，地矿部副部长塞风、石油局总工程师杨朴带领油气勘探工作调研组来到新疆地质局第三石油普查勘探指挥部调研，调研组成员有关士聪、吕华、韩显行、杨兆宇、万有林、郭正吾、闫秀刚、孙肇才、陈沪生。康玉柱、贾润胥代表指挥部，向调研组作了全面系统的汇报。在选区评价方面，提出以塔里木盆地为重点，塔里木盆地则以沙雅隆起为重点，建议在准噶尔地区开展油气普查工作。调研组听了汇报后，认真研究，塞风副部长对油气勘探工作作了重要指示。

塞风说："听了你们的介绍，看来对塔里木盆地的油气前景看法不统一啊！我们要立足于找，不要立足于否。立足于全盆地分区评价，立足于找大油田。要集中优势搞塔里木，从战略、长远、全局考虑，还是塔里木，要认定塔里木！"

杨朴同志说："上塔里木是对的，塔里木找油前景是好的，肯定能找到大油田，要坚定信心，坚持下去，悲观和否定是无根据的，从塔东北入手，立足于全盆地加强综合研究。"

中国科学院学部委员关士聪讲："上塔里木是正确的，是找大油田的盆地。原则上同意三指的部署，但西南坳陷不能丢，找油也较好实现。"

最后李奔指挥长、徐生道副指挥长表示："各位领导的指示我们一定认真贯彻落实，对我们的批评是正确的。我们找油心切，综合研究重视不够，特别是基础工作较差，今后尽快纠正，按各位领导讲话精神，搞好下一步油气勘探部署。"

1983 年 1 月，张文献、潘炳铨、张南硕携带 TB－82－11 线资料到上海第一海洋地质大队计算站进行特殊处理。林中柏、潘乃德等立即进行了亮点和碳烃检测处理。T3 剖面上反射层显示了极好的异常信息，认为可能是烃类反应。

万有林也指出，T3 波波组的亮点具有区域性，可能与岩性有关，而中层 T4 和深层 T5 可能与油气有关，应特别注意。

1983 年初，地质矿产部第三石油普查勘探指挥部又改名为“地质矿产部西北石油地质局”，由骞振斌同志担任局长、徐生道担任党委书记。

1983 年 4 月初，赵洪生、雷春三等同志编制了雅克拉构造图，由西北石油地质局副总工程师康玉柱主持，地质处、地质大队、一物主要技术骨干参与，审查讨论了沙参 2 井井位，随即责成黄有元、王还珠专程去北京向石油局领导汇报。4 月 11 日，上级批准井位，设计井深 5800 米。

同年 5 月，康玉柱、李金跃和一普生产科科长徐昌学到现场勘定了井位。

6 月，以石油局副局长苏云山为首的石油局工作组到西北石油地质局检查工作，听取了局各方面汇报后，又到第一物探大队、第一普查勘探大队等单位调研和听取汇报。7 月 21 日，在西北石油地质局干部会议上，苏云山作了重要讲话：“全新疆和塔里木盆地找油是有远景的，专家看法一致，不能因为打了几口井未见油就怀疑它的前景。不能泄气，必须坚定信心、长期打算，决心找出大油田。我们每个人要做主战派，不能做观潮派，当然，更不能轻易否定。塔北要注意几个大的不整合面及大断裂。”

这些话对当时坚定大家的信心起了重要作用。

1983 年 7 月中旬，地质设计经地矿部石油地质海洋地质局审批通过后，一普生产科、地质科、6008 井队及钻前施工队工作人员共 10 人，分乘一辆北京 212 和一辆解放 130 卡车去雅克拉构造选井场，将设计井位落地。那个年代，没有 GPS 卫星定位器，在荒无人烟的沙漠上定井位十分困难。因为在地形图上，设计井位附近既没有三角点，也没有明显的标志物。构造图上仅有假想层等高线、地震测线及桩号。现场定井位全靠地震测线。

夏季，天山积雪融化，塔里木河水位不断上涨，河水像挣脱束缚的野鹿群在大漠里横冲直撞。塔里木河没有固定的堤岸，水往低处流，到处一片汪洋，人在大自然面前极其渺小，根本看不到被水围困的彼岸在哪儿。

徐生道带领刘国栋等一行依靠地形图，从轮台出发，沿 314 国道西行，在库车县大涝坝村西约 500 米，即 314 国道 705 公里路程碑处下公路，沿塔里木河南行，边走边找地震测线。由于地震工作已经过去了一年多，测线的木桩有的缺失，有的定迹不清，好在地震时放的炮坑多数还比较明显，于是他们先找炮坑，后找木桩。初步确认了井位所在的南北向测线后，再用邻近交叉的东西向测线进行验证。设计井位找到了。但这里地势比较低洼，还有小水坑、小水沟，钻井必备的柴油机房、泥浆池不好设置。根据构造圈，徐生道征求专家们的意见，现场决定将原设计井位顺测线北移 80 米，回去后立即向地质矿产部汇报，待批准后再进行钻前施工。

在寻找井位时，遇到了一个令人沮丧的小插曲。井队开来的解放 130 汽车不小心陷入泥坑中，驾驶员几次加足马力试图往外冲，然而汽车越陷越深，大伙轮流挖了好半天也无济于事，只能把车扔在那里，等到第二天用拖拉机来拖。北京 212 车里只能坐 8 个人，大伙提议挤一挤，可是司机却坚持不能超载。剩下的两个人只能步行。大伙眼巴巴地看着徐书记，希望他说句话，但徐书记却不表态。刘国栋理解徐书记的难处，主动提出走路，徐书记这才说："卫怀忠最年轻，让他陪你走吧，等汽车把我们送到国道上再返回来接你们。"

卫怀忠是当时 6008 井队大班司钻。这里距离国道约 21 公里，其他人乘车走后，刘国栋与卫怀忠边走边聊，一个多小时后，小车才返回来把他们接了回去。

沙参 2 井井位北移 80 米的方案得到了上级批准，6008 井队接到了进驻沙参 2 井的命令。因井队缺少最基本的生活设施，指挥部紧急调拨两套野营房，要求李西水和王师傅负责把野营房送过去。

这是一项艰巨的任务。因为有找井位时陷车的前车之鉴，车队与一普约好时间，调一台推土机等候在 314 国道 705 公里路程碑处，护送运输两台野营房的平板车进入井场。

李西水和王师傅在乌鲁木齐西站基地仓库装好车，铆足了劲朝着目的地飞奔。经过20多个小时的日夜兼程，第二天上午他们提前赶到314国道705公里路程碑处时，却看不到推土机的影子。两人停下车简单地观察了一下地形。公路下面是一片茫茫戈壁，放眼望去，光秃秃的沙丘一个接着一个，重车压上去不陷进去才怪。忽然，他们听到柴油机的轰鸣声和吱吱咯咯的履带声，原来是推土机到了。推土机司机满身的尘土，脸上显得十分疲惫。他对李西水和王师傅说："这段戈壁滩坑坑洼洼，沙窝子多，很不好走。我是为接你们连夜专程从沙参2井过来的。你们就照着我履带压出的印子慢慢往前走，不要走错了方向。要是陷了车，不要动，等我去拖。你们先走吧。小心点!"

李西水和王师傅发动车，照着推土机压过的路线朝沙参2井驶去。

在戈壁滩上，平板车的速度不比推土机快多少，没走多远，李西水就感觉汽车后轮"嘣嘣嘣"地跳了起来，这是后轮遇阻后发出的特殊声音。他立即持上差速锁，想让左右后轮同时发力驶出沙窝。但是他的想法落空了，加足马力不仅没能冲出沙窝，反而越陷越深，只有等推土机来拖了。

好不容易总算平安地把野营房送到了沙参2井井场，下车后，李西水和王师傅只见到一个光头汉子在挖炊灶台。那个光头汉子似乎对他们的到来无动于衷，等到把最后几锹土清除后，光头汉子才从灶坑里上来，带着沙哑的声音说："你们来了，休息一会儿，等推土机到了，推个卸车坑卸车。"

李西水认出了他就是6008井队队长王守忠。

王守忠中等身材，脸色黝黑，身上闪烁着淳朴、坚毅、忠厚、奉献的光芒。

"王队长，井场就你一个人吗?"李西水疑惑地问。

"嗯，人来多了没吃没住怎么办，不能吃盐碱地吧!"王守忠说。

李西水注意到，王守忠的嘴唇已经干裂，便问道：“那你吃饭怎么办?”

王守忠平淡地回答：“进来时带了些馕，先凑合几天。这下好了，野营房到了，晚上不用看星星喽。”

“你一个人在戈壁滩上露宿不害怕吗?”

“这里连个鸟都没有，有什么可怕的，怕也没用!”

王守忠的语气非常自信、淡定。

人在身处逆境时，适应环境的能力实在惊人。

不大会儿，推土机带着滚滚沙尘开进了井场。王守忠环视了一下场地，选好了摆放野营房的位置，指挥推土机司机推坑卸车。

卸完车，已到中午了。王守忠对李西水和王师傅说：“你们抓紧时间走吧！推土机下午平井场，就不护送你们了。”

李西水和王师傅觉得这个王队长怎么这样，太不近人情了。但是他们一想王队长一个人在旷野里的情景，觉得人家更艰辛。

告别了王守忠和推土机司机，李西水和王师傅开着车返回。当他们行驶到第一次陷车的地方，那个大沙窝就像一个无法逾越的鸿沟横亘在眼前。他们尝试着找一条绕行路线，结果却令人失望。两人商量着加足马力冲过去。李西水把车向后倒出一定距离，挂挡，加油。车像公牛一样吼叫着向前冲去，眼看就要冲到胜利的彼岸时，却不听使唤了。一阵强烈的颤动，趴窝了。

这次陷车非常严重，底盘几乎托到地面上。每挖一次，车只能前进一米。经过几个小时的挖掘，两个人体力严重透支，精疲力竭的李西水和王师傅实在干不动了。这时，太阳已经偏西，残阳如血，逐渐昏暗的戈壁滩上只有几丝惨淡的光线，更增添了悲凉的气氛。稍稍休息了一下，李西水踉跄着站起来，想找一些能垫轮胎的东西。但是四下里除了戈壁砂土，什么也没有。

这时，他突然想起车上有垫油桶的木板、千斤垫木和捆车绳，何不拿来一试？李西水把自己的想法向王师傅一说，两人合力，把能垫车的东西集中起来，把木板垫中间，把大绳垫向后桥。上车一试，还真有效，车向前行驶了两三米。于是，两个人就不断重复着这个办法，硬是把车驶出了沙窝子。

李西水和王师傅的这段经历，使笔者联想到了美国著名畅销书作家阿尔伯特·哈伯德的小说《把信送给加西亚》。在1898年4月至12月美国与西班牙之间发生的争夺殖民地的战争中，美国总统麦金莱必须立即与古巴岛的起义军首领加西亚将军取得联系，急需一名合适的特使去完成这项重要任务。美国军事情报局推荐了年轻的陆军中尉安德鲁·罗文。

安德鲁·罗文没有推诿，不讲任何条件，历尽艰险，徒步三周，走过危机四伏的国家，以其绝对的忠诚、责任感和创造奇迹的主动性完成了这件“不可能的任务”，把信交给了加西亚。

艰苦奋斗造就了地质勘探队员钢铁般的意志、倔强沉默的韧性。

1983年8月12日，王守忠一声令下，第一普查勘探大队6008井队施工的沙参2井正式开钻。

08
黎明前的黑暗

1984 年 8 月 21 日，经过一年的钻井，当井深进尺 5365. 5 米时，见到了白云岩古风化壳，却并未发现人们期待已久的油气显示，而且开始出现井漏现象。

失望，又一次的失望，一层淡淡的忧郁笼罩在人们心头。

此时，工程方面领导提出停钻完井，还要不要往下钻进成了焦点。

这可怎么办呢？西北石油地质局副总工程师康玉柱心急如焚。他向骞振斌局长建议，不能就这样息鼓收兵，这样太草率了，应当开会研究。

骞振斌立即召开紧急会议进行讨论。徐生道、康玉柱、贾润胥、蒋炳南、张文献、曹永茂、赵元哲等同志参加会议。

6008 井队指导员张学道向与会领导汇报了沙参 2 井情况。

康玉柱首先提出，不能停钻，必须再往下打 100 米左右。理由有三点：一是见一点白云岩还确定不了地质时代，地质任务还没有完成。二是这口井在 3800 多米处发现中新统有良好的油浸砂岩，这油可能是从深部移运上来的。三是根据我国东部古潜山油藏的经验，油气不一定在风化面上，而往往富集在距风化面一定深度的风化淋滤带内。所以，必须再往下打 100

米左右。

会上，贾润胥、蒋炳南、曹永茂等技术骨干和局领导都支持继续钻进的意见，并向地矿部石油地质海洋地质局领导作了汇报。

与此同时，西北石油地质局领导决定先下尾管，做好继续钻进的准备。

地矿部石油地质海洋地质局领导也很慎重，为了科学决策，很快就于9月6日，组织了第三次塔里木盆地油气资源座谈会，中国地质学会、中国石油学会、中国地球物理学会的180多名知名专家、学者、教授参加了会议。

为期一周的会议，紧紧围绕着塔里木盆地油气前景进行探讨。会场里弥漫着悲观的气氛。然而，西北石油地质局的领导和专家却凭借大量第一手资料和科学的判断，指出塔里木盆地和沙雅隆起油气前景广阔，对寻找大油田依然满怀信心。

康玉柱坚持认为，塔里木盆地发育含4套烃源岩的多套油气成藏组合，是寻找大油气田的有利地区。

有的专家对塔里木盆地地质构造并不熟悉，持反对意见。

会议陷入僵局。

在激烈的争论中，康玉柱坚决反对立刻停钻完井的决定。而另一种观点则认为："设计深度是你们专家设计的，既然没有出油，就应当停钻完井，不能白白浪费国家资产。"

康玉柱强调："现在不是还没有钻到预定的设计深度吗?"

更有甚者，说话非常难听："你们太不负责了，怎么能拿国家的钱财不当回事，谁给你们权利在这里盲目地试验。要是再钻100米还没有油，这个责任由谁来承担?"

两种截然不同的观点僵持不下。

但黄汲清和关士聪老先生一直对塔里木盆地予以很高的评价。

9 月 13 日，石油地质海洋地质局总工程师杨朴召集了参加这次会议的石油地质海洋地质局系统代表们开会，详细听取了康玉柱的意见，认为塔里木盆地，特别是沙雅隆起是寻找古生界古潜山油藏的有利地区。

康玉柱等西北石油地质局专家的观点得到了西北石油地质局领导的支持。持反对意见的同志提出了一个折中的方案：向地质矿产部领导汇报，听从上级决策。

这下康玉柱更着急了。他抱着背水一战的态度，拨通了地矿部石油地质海洋地质局副局长的电话，详细汇报了沙参 2 井的情况。副局长当机立断："既然是这样，同意你们接着打!"并强调："现在才打到 5363 米，离原设计深度 5800 米还差 500 米左右，接着打！100 米不行的话，打 200 米!"

康玉柱得到了副局长的支持，激动得眼泪夺眶而出。他擦了一把眼泪，带着发红的眼睛冲进会场说："我刚刚请示了部领导，领导同意我们再打 200 米!"

一切的困难都是黎明前的黑暗，开弓没有回头箭，西北石油地质局的领导和康玉柱等专家坚信，没有熬不过的黑暗，没有等不来的黎明。那一次次刻骨铭心的坚持，也是一次次颇具风险的抉择。

深夜，笼罩在苍穹上的黑暗总是给人以希望。夜风吹来一阵阵笼罩在人们心头的渺茫的寒意，虽然天空若隐若现点点星光，却也不足以驱散弥漫心头的忐忑与焦虑。即使是在太阳射出第一束光芒前的最后一秒，那漫漫黑暗也不会消失。

在那些日子，牵挂着沙参 2 井的未来的每个人的内心活动都极其复杂，许多人在默默地祈祷。

康玉柱提醒 6008 井队队长王守忠，为了防止井喷和漏失，采取必要措施，做好试油准备。

9 月 22 日凌晨 1 时许，和往常一样，6008 井队四个生产班和技术小组的有关人员在施工井场交接班。钻机不停地在夜幕中发出隆隆的声音，钻塔上几盏照明灯的灯光随风晃动，仿佛是想挥舞手臂把被它吸引来的千万只蚊子驱赶开。

杨怀瑞和殷占财、莫辉邦等人换完班，到食堂吃了夜班饭就回宿舍睡觉了。每个人的身体都很疲劳，钻机发出的噪声也影响不了他们的睡眠。身心俱疲的钻井工人一躺下就鼾声如雷。

09
28 米奠定第一个里程碑

嘭——哗——！

1984 年 9 月 22 日凌晨 3 时 30 分，沙参 2 井在钻至井深 5391.18 米奥陶系的白云岩时，提钻瞬间，一股强大的气流冲天而起，蓄积亿万年的油龙顺着钻孔钢管喷射而出。

一声狂吼，打破了塔克拉玛干沙漠的沉寂，响彻静谧而高远的夜空。

这声巨响，震撼了昆仑，震动了神州大地。

中国石油勘探开发史上，将永远记下这个令人难忘的日子。

“出油了！出油了！”

正在井上作业的地矿部西北石油地质局 6008 钻井队的工人们惊喜地高呼。

这是值得被历史铭记的时刻，也是西北石油人最为骄傲的时刻！

油气流喷射的巨大吼声，惊心动魄，气流如柱，势不可当，脚下的大地都在颤动。

直冲九霄的油雨“刺破星空”，扩散到周围 1000 多平方米的范围内。

塔里木盆地是中国最大的沉积盆地，也是古、中、新生界地层最全，海相、陆相石油并储以海相为主的盆地。塔里木盆地找油的重大突破，不仅为中国在21世纪提供了可靠的石油基地，也使闭塞的南疆走向了繁荣昌盛。

黄沙无情人有情，荒凉寂苦人自强。这正是塔里木盆地几代地质找油人的写照。

谁也没有料到，井喷这一刻离第三次塔里木盆地油气资源座谈会结束仅仅10天。仅仅再钻了28米，逶迤卧盘长达亿万年的蓄积了巨大能量的油龙，终于找到了喘口气的通道。沙参2井日产原油1000立方米、天然气200万立方米。

沙参2井喜获高产油流，它涌动着石油人的热情，喷洒着石油人的自豪，吞吐着石油人壮怀激烈的石油之梦。

这是我国第二轮油气勘查向新地区、新领域、新类型、新深度进军所取得的巨大收获和我国古生界海相油气勘探取得的突出成果。它以无可辩驳的事实证实了中国古生界海相油气田的存在，使塔里木盆地油气勘探发生了历史性的转折。

这28米的距离，具有重要的理论指导意义，标志着我国石油地质理论翻开了崭新的一页。

这28米的距离，浓缩了绵延万里的征程，正式揭开了塔里木盆地石油大会战的序幕。

这艰苦卓绝的28米，实现了具有战略意义的重大突破，奠定了塔里木盆地油气勘探史上辉煌的里程碑!

9月24日，在喀什采访的人民日报资深记者肖体焕听到沙参2井出油的消息，立即赶到现场进行采访报道。他写的消息经新华社播发，各大新闻媒体争相转载，消息传遍全国，也引起了国际社会的高度关注，美联社、法新社等20多个国家的新闻媒体相继报道:“中国塔里木盆地发现了大油田!”

第一物探大队重力队的潘明空工程师和该队其他同志，听说沙参 2 井出油了，高兴得喜极而泣。为了大局，也为了自己。潘明空说："过去，重力队不太受重视。现在，我们扬眉吐气了。像古生代风化层、古潜山这类的构造，地震方式无法解决，只有重力才可以处理。哈哈，我们是英雄有了用武之地，太让人高兴了！别说谁重要谁次要，联合作战才出成果。"

9 月 28 日，在沙参 2 井附近施工的一物 145 队，打破常规，全队停工一天，到沙参 2 井现场参观，分享油气重大突破的喜悦。之后，凡有条件的物探分队，都来井场参观。

物探队的同志历尽千辛万苦，克服难以计数的困难，承受着巨大的生理、心理压力，跋涉在荒漠戈壁、高山险谷、沼泽林间，布线、勘测，探寻地下深处油气资源。今天，眼见自己艰辛的劳动和付出有了成果，他们怎能不激动？军功章上也有他们的一份啊！

没有黑暗中的等待，就不会迎来黎明；没有挫折中的坚守，就不会迎来辉煌。西北石油地质局的广大干部职工面对的挫折，不也是这样吗？

9 月 22 日凌晨 2 时 30 分左右，当班司钻李汉祖提升钻具时，发现井内泥浆明显上涌。井队长王守忠闻讯赶到现场立即采取措施。因防喷器闸板失灵，关闭失败，故采取防火措施。但井喷还是很快发生了。

凌晨 3 时 40 分左右，随着井口和两侧放喷管线一声巨响，强大的油气流汹涌而出，直上云霄。放喷管线口被油气流带起的石子撞击产生了火花，"轰"的一声巨响，像点燃了数十米高的火炬，严重威胁着井场的安全。

熟睡的杨怀瑞被震耳欲聋的响声惊醒。他伸手拉了一下电灯开关，灯泡没亮。杨怀瑞心想，坏了，该不是出什么事了吧。他立即下床透过窗户朝井架望去，井队施工场被熊熊烈火照得通明。躺在他身边的妻子也被惊醒了，大声问："发生什么事了？"

"可能是井喷了。"杨怀瑞急忙嘱咐妻子，"你快给两个孩子穿衣服，我得去救火。”话音未落，老杨就冲出房门，顿时闻到空气中有一股异味，吸到鼻孔里十分难受。在他往井场跑的时候，看到井队新提拔起来的年轻副队长卫怀忠几乎与自己并排往井场跑。卫怀忠一边跑一边上气不接下气地问杨怀瑞：“老杨，嫂子和两个女儿撤走了没有？”

杨怀瑞急切地问卫怀忠：“井队怎么办？”

卫怀忠说：“除了井队领导，其他职工一律撤走，这是党支部一班人和王队长下的命令，井队有我们管，你们快往二钻方向撤退。”

对于杨怀瑞来说，那是他这人生中最刻骨铭心的一天。

王守忠临危不惧，立即带领十多名职工奋勇抢险。

但是井场四周的油气自燃，瞬间大火冲天，猛烈的火焰高达五六十米，井场随即淹没在一片火海中，烟雾仿佛核武器爆炸后形成的蘑菇云。

情急之下，王守忠立即命令职工迅速撤离。

井队工人奉命疏散，奔赴石油部所属南疆石油指挥部钻井二处（简称“二钻”）。几十里外都能听到井喷的狂啸。

师玉生说，从沙参2井到二钻，直线距离约27公里，到处是高低不平的坚硬的盐碱壳。在沉沉的黑夜撤离时，大家以依稀可见的二钻灯光为基本方向，深一脚浅一脚地摸索前进。9月下旬的瀚海戈壁气温很低，由于是紧急撤退，大多数人都穿得很少，个个冷得发抖。

危难时刻见真情。井队职工发扬团结一致、互相帮助的高尚品格，互相照料着走完这崎岖的20多公里的撤离之路。行进途中，王希全把自己的毛衣脱下来给一位衣着单簿的女职工穿，这位女职工又把它让给另一位小妹。寒夜中，一件带有体温的毛衣，在几个人手中传递。王希全还把自己穿的大头鞋让给一位未来得及穿鞋就跑出来的女工，自己只穿着袜子在遍布坚硬盐碱壳的荒漠地里走到了二钻。

大家互相关照着：不要走散了，不要摔伤了，不要崴了脚。井队职工鲁继跃、许发明、高俊良三人，护送黄小红、胡玉梅、韩秀英、周凤琴、王春蓉等几位女职工到二钻后又打算走回井队，幸而半道遇到急驰来援的消防车，把他们带回了井队。

井场上只剩下队长王守忠、副队长卫怀忠和指导员王世荣等人。

王守忠突然想到该向大队报告井喷的情况，他大声呼喊报务员李晓春的名字，但是他的声音被油气喷射声所覆盖，根本听不清。于是，他用口型对着李晓春“呐喊”：“快向大队报告!”

李晓春步行到二钻后给大队发电报：“井喷起火。”

9 月 22 日凌晨，大队领导接到紧急电报，立即与井队联系，但是井队的电台怎么也联系不上。

大队领导向西北石油地质局报告，局领导接到消息后，研究决定，派骞振斌、康玉柱、汪开荣、赵元哲、刘金带领相关人员赶赴沙参 2 井。在确定“相关人员”的人选时，刘金向师玉生交代：“带上照相机，马上跟我去沙参 2 井!”

师玉生是大队的宣传干事，但他没有照相机，于是就向保卫科科长李文玉借来了大队机关唯一一台“海鸥 120A 型”双镜头相机和几个黑白胶卷，于 9 月 22 日下午 4 时从米泉基地办公室出发，直奔沙参 2 井。

9 月 23 日凌晨 2 时左右，车子行驶到距井队约 50 公里的地方。一行人几乎同时看到，远处夜空下、茫茫戈壁滩深处，橘黄色的火光在暗夜里特别耀眼夺目。

车子开下了 314 国道，在离井场约 20 公里处就听到了井喷震天的吼声。看到火光、听到声响时，骞振斌、赵元哲二位领导都让司机停车，记下看到、听到的第一手资料，再继续出发。

23 日凌晨 4 时，在沙参 2 井井喷起火 24 小时后，大队领导赶到了井场。只见西侧放喷口喷出白色气流，震耳欲聋，放喷池里烈火熊熊，映红了夜空和远处的钻塔，放喷池边上放着大大小小的干粉灭火器。看得出，井队职工为了扑灭大火，用光了所有储备的灭火器材。生活区一片黑暗，只能借助放喷池里的火光辨别方向。

大队领导见到王守忠等同志，第一句话就急切地问："人呢？人没出事吧？"

"我们让职工撤到二钻了。"王守忠说。

20多个小时没合过眼的极度疲劳的6008井队队长王守忠和副队长卫怀忠等同志，简要地向骞振斌副局长和赵元哲等领导汇报了情况。

得知井队同志都平安，局、队领导决定去二钻看望撤离到那儿的同志们。他们赶到二钻时，天刚亮。撤到这里的职工全都睡在一个较大的会议室的地上。听到局、队领导连夜从米泉赶来看望他们，大家十分激动，纷纷站起来要求立即赶回井队，和留守在井场的同志一道参与灭火保井工作。

井队职工杨洪山说："昨天晚上我就不该听队长的话撤到这里来。其他同志留下抢险，我却稀里糊涂当了'逃兵'。这一晚上哪里睡得着，想一想，肠子都悔青了。今天无论如何都要回井队。没有车，我就顺来路走回去。"

骞振斌当机立断：第一，组织局机关和一普有关人员立即赶赴井场，参加抢险；第二，保证局与井队的通信联系昼夜畅通；第三，弄清情况，及时向地矿部领导汇报。

局、队领导从二钻返回井队后立即召开了会议。会上，6008井队队长王守忠决定将全队职工分为三大组，即刻投入抢险保井的战斗中去。第一组为抢险组，承担危、难、险、重的抢险任务，组长由王守忠担任。成员有卫怀忠、曹常辉、陈涛、杨洪山、闫得宝、鲁继跃、李刚、殷辉江、李建明、李振有、戴洪华、李山海、李中华、雷涛。第二组为设备搬运组，主要负责将井场、生活区内人力所能及的物资、设备、帐篷、生活用品等搬到新的营区，以防火势扩大殃及设施，将损失减至最低。这个组由副队长李占方、卫怀忠负责。考虑到卫怀忠还是抢险组成员，李占方同志要挑起重担，带领井队一班、二班、三班、四班完成这个任务。第三组为生活组，负责井队及全部来井队人员的生活、接待等工作，由井队指导员王世荣带领五班、六班、七班、八班、九班组成。会后，沙参2井抢险工作正式有序展开。

在领导的指挥下，王守忠带着抢险组突击队冒着生命的危险，带火清除井口障碍物，接放喷管线。火焰随风起舞，飘浮不定，一会儿歪向这边，一会儿又歪向那边。

为了防止负责接放喷管线的抢险组突击队队员们被烧伤，每名队员都穿上了雨衣，还专门安排消防队员用水枪朝冲进火海的队员们身上喷水。

此时此刻，王守忠、卫怀忠带领的突击队队员们，个个都和当年大庆油田的“铁人”王进喜一样，是人们心目中的英雄！是新时代地质物探行业的“铁人”！他们的心中只有国家，完全不顾个人生死。

王守忠带领抢险队员冲进火海，冲向钻井平台。

他们的首要任务是立即用液压防喷器关井，井内有1074米钻具。由于防喷器关闭不严，除油气向上喷外，两侧放喷管线在离井场60米处不时引起大火，情况十分危急。

抢险队员李中华在接放喷管线时烧伤了腿，被送往轮台县医院治疗。

放喷口情况有点异常，放喷管温度很高，原油一落到上面就起泡，不久油池就起火爆燃，声响如雷。

平时风风火火的王守忠，遇到如此险情，突然变得十分沉着冷静。

他凭着多年的工作经验，不假思索地对抢险队员们说：“大家不要怕，赶快将两侧放喷管线加长至200米以外。快，抓紧时间接管线！”

时间就是生命，刻不容缓！

队员们个个猛如雄狮，使出九牛二虎之力，争时间、拼速度，奋不顾身，顶着熊熊烈火，争分夺秒地抬着放喷管线在火海里奔跑、接管子。

那气概，那气氛，激烈，悲壮！

卫怀忠和李占方同时组织设备搬运组的同志将大部分钻机设备往 500 米外的安全地带转移。

望着井场方向的熊熊火光，暂时留在二钻工作的 6008 井队的胡玉梅、尚凤英、韩秀英、于京芳、李梅志、黄俊青、赵燕、李桂林、黄晓红、韩秀珍、曾宪莲等几位女同志心急如焚，挂念着井场上的同志。

抢险工作开始以后，她们每天三更半夜起床做饭，因为包括炊事员在内的所有男职工全部被调到井场上参加抢险去了。

各方面人员齐集沙参 2 井，吃饭成了大问题。二钻便成了临时基地，这里分大、小两个食堂，留在大食堂工作的女同志也相当辛苦。她们每天要蒸两次馒头，每次最少 1000 个，还要洗菜、炒菜并负责往沙参 2 井抢险现场送饭。一天下来，浑身累得像散了架。

抢险队员和井队职工冒着极大的风险成功抢接西侧放喷管线，减少了油气自燃对油井形成的威胁。

库车驻军某部 200 多名指战员在沙参 2 井钻塔南侧挖排油沟、修防火道。泥浆油污湿透了他们的军装。哪里有困难，哪里有危险，人民子弟兵就出现在哪里。他们承担起急、难、险、重的任务，奋不顾身，令人肃然起敬。

9 月 24 日上午，西北石油地质局党委书记徐生道给在现场指挥抢险的骞振斌副局长发来电报，建议给参加抢险保井的部队指战员每人每天补助 2 元伙食费，保证他们吃饱、吃好。徐书记的这一指示迅速得到落实，相关的劳保用品也送到抢险队员手中。

9 月 25 日，地质矿产部给西北石油地质局发来贺电：

> 你局在塔北地区施工的沙参 2 井打出高产油气流，开拓了塔里木盆地找油新领域、新类型的广阔前景，是西北石油勘探的重要转折。这是你局全体职工和参加塔北会战的职工坚持党的十二

大路线，贯彻落实中央领导同志关于开发大西北指示共同努力的重大成果。对于你们在国庆35周年前夕做出的这一重要贡献，部特向你们，并通过你们向6008井队及其它战斗在第一线的全体同志表示热烈祝贺，顺致亲切问候。希望你们在自治区党委领导下和新疆石油管理局的大力支持下，发扬艰苦奋斗精神，保证安全生产千方百计采取一切措施保住这口井，并立即调整部署，调集力量全力以赴，进行塔北隆起区的普查勘探工作，乘胜前进、扩大战果，力争尽快探明这块地区的油气资源，求出储量，为四化做出更大贡献。

10
火海之战

沙参 2 井井场烈火肆虐，无法靠近。

油井在燃烧时排放出大量二氧化碳，还有二氧化硫和三氧化硫的溶解物，产生的浓烟遮天蔽日，空气中弥漫着一股刺鼻的酸味。

井喷着火的消息很快传开，自治区党委和自治区人民政府高度重视，指示南疆地区各地州市县和驻军部队尽全力支援抢险保井工作。

从 1984 年 9 月 23 日起，巴州、阿克苏、喀什地区的消防救援车、部队官兵日夜兼程，陆续赶到井场。

井喷吼声超过 200 分贝。大家站在井场周围，用棉球堵住耳朵，靠打手势和在地上写字交流。

西北石油地质局领导亲临现场，忙得顾不上吃饭睡觉。

9 月 25 日，新疆维吾尔自治区人民政府副主席宋汉良、地矿部副部长夏国治赶到沙参 2 井现场视察工作并指挥抢险保井工作。

当时，沙参 2 井抢险保井工作正在如火如荼地推进，由于井下油气压力过大，火势异常凶猛，完全处于失控的状态。

宋汉良同志是一位资深的地质专家。中等身材，额头光洁，下巴方正，红润的脸庞始终带着慈祥的表情。淳厚的男中音，语速较缓，带着一点儿南方口音。1954 年 6 月，他从西北大学地质系毕业后，抱着为祖国石油工业献身的精神，毅然来到新疆。长期从事石油地质勘探研究和领导工作，积累了丰富的经验。

夏国治是河北唐山人。高高的个子，体格匀称，脸色偏黄，处乱而不惊，临危而不惧，紧蹙眉头，却泰然自若。1952 年 7 月毕业于清华大学物理系。曾任地矿部地球物理探矿局教授级高级工程师。

宋汉良和夏国治会同专家，现场商量，提出多项抢险保井技术方案。

在两位领导同志的主持下，确定了“割断钻具、开上防喷器、关下防喷器、装新井口、测试采油，然后炼制”的总方针，为治理沙参 2 井确定了方向。

在随后召开的会议上，宋汉良同志以石油专家的敏锐眼光高度评价了沙参 2 井取得重大突破的现实和历史意义。他说：“我分管石油工作以来，从 1971 年起，咬咬牙，定下自治区年产原油 30 万吨的目标。10 多年过去了，到现在也没有实现。现在可好了，我们有了这口沙参 2 井打开局面，目标就能实现了。”

宋汉良指示：“第一，沙参 2 井肯定和别的油井不一样，有其特殊性及代表性。因此，要不惜一切把油样、水样、气样取准、取全、取好，否则将是极大的遗憾。第二，中央人民广播电台播发沙参 2 井出油的消息，那是记者的事。我们要统一现在和今后的宣传口径，一是一，二是二，做到评价严谨、数据准确，经得起历史考验，切不可信口开河。这一点，要给来采访的媒体记者讲清楚，要他们严守宣传纪律。第三，沙参 2 井制服井喷情况复杂。因此，要查地质资料以及这口井的固井质量。第四，地质上一定要把这口井的年代等相关情况搞清楚，要有准确的根据，不要一口咬定就是古生界。第五，要对这口井近日出水量猛增说出个道理来。第六，要从地质、物探等资料入手，查清这口井的岩芯，把储油层、水层等相关资料搞清楚，是古潜山还是别的什么，要有个明确的说法。第七，再强调一遍，明天或后天，一定要把这口井的油样、气样、水样取全。我要驻疆部队派飞机把样品送到乌鲁木齐。”

会议一结束，宋汉良同志一行又来到井场视察。自从井内水量增加以来，放喷口的火势时大时小、时起时灭，灭而复燃，毫无规律可言。在抢险队员安装的一个管口处，地质专业毕业的宋汉良同志驻足观察良久。他发现管口出现了油、气、水自然三分离的奇特现象。

宋汉良见状激动得对师玉生大喊：“小伙子，赶快用照相机把这个拍下来！我干了一辈子石油，今天第一次见到不用人工提炼而出现的油、气、水自然三分离现象！太难得了！照片洗出来给我留一份做资料。”

在场的人都感到不可思议。世上真有如此奇巧的事，仿佛那一幕是老天爷专门给宋汉良这位石油专家看的。

师玉生就在离宋汉良同志不足三米处，那一幕自然看得十分清楚。他忐忑不安地对宋汉良说：“宋副主席，照是可以，但恐怕分辨不清。”

“为什么?”宋汉良问。

“我用的是黑白胶卷。”

“什么？你们现在还在用黑白胶卷？这么重大的场合……”宋汉良看到师玉生窘迫的样子，知道责任不在师玉生，就停下了话头，但脸上和眼神中流露出明显的不悦。

师玉生心想，黑白的还是找人借的，全大队机关就这么一台破玩意儿。

油、气、水自然三分离的奇特现象持续了约两分钟便消失了，而且再也没有出现过。好在师玉生及时地把那一幕永远定格在了黑白胶片上。

9 月 26 日，住在二钻的宋汉良放心不下抢险灭火工作，上午又早早地到井队视察，大声向参加抢险的同志们强调：“大家一定要严防死守，确保井架和人员安全。”

宋汉良心里清楚，井口不能着火。一旦井口着火，40 多米高的井架禁不住火烧，会在火海中变软、坍塌，后果不堪设想。

9 月下旬的南疆，秋高气爽，天气晴朗。参与抢险的所有人员，都根据指挥部的明确分工，在各自的岗位上忙碌着。

9 月 26 日下午 3 时 20 分，突然起风了。自 22 日井喷起火以来，放喷口火势时强时弱、时起时灭。停息了几小时的火势，随着放喷口喷势的加大，油池内又自燃起火。火势猛烈，加上卷向井场的西南风助推，井场周围几百平方米内从未着火的地方都烧起了大火。

大家正吃午饭时，突然听到安全保卫处副处长李万恩惊呼：“井场着火了！大家快去救火!”

险情就是命令，大家全部丢下碗筷，闻声而动，手拿铁锹，直奔井场。

接着又给正在二钻开会的宋汉良副主席和夏国治副部长发了一份急电：“井场着火，告急!”

正在二钻召开抢险压井工作会议的宋汉良副主席当机立断宣布休会，带上相关人员乘车直奔井场。

这时，井场南边一片火海，熊熊烈火烧得红柳噼里啪啦响。火势凶猛，浓烟滚滚，大火眼看就要烧到柴油机组了。柴油机组旁边有两个油罐，罐里装着十几吨柴油和汽油，三台柴油发电机并列放着，南边放喷管线还在放喷，不巧这天又刮起东南风。形势非常严峻，大火一旦烧到柴油机组，油罐就会爆炸。

沙参 2 井处在井喷以来最危险的时刻。这时，所有的井队职工、消防战士、部队官兵一齐冲向井场。据悉，当时抢险现场累计有 597 人参加了这场灭火战斗。其中，井队职工 121 人、大队部 20 人、局机关 9 人、解放军指战员 265 人、消防官兵 27 人、固井队 45 人、车队 30 人、新疆石油管理局 80 人。

火借风势，风助火威，火焰高达30多米，所有参加抢险的同志全都奋不顾身，与大火争速度、抢时间，拼死保卫沙参2井。

在这千钧一发之际，前线生产指挥部（简称“前指”）作出决定：人在油井在，人在设备在，兵分三路投入战斗。南边由解放军同志把守，控制大火。推土机手和柴油机工立即拆卸拖油罐设备。

在到处起火、烧成一片的情况下，抢险队员直接从刚刚过火的油里、水里冲过去。滚烫的油污灌进高腰防水靴里顾不上倒出来，烫得钻心地疼，许多人被烫伤，但是强忍着伤痛，不下火线。

最勇敢、冲在最前面的当数井队抢险队员。王守忠冷不防掉进了一个蓄水池里。油污淹得这个个头不是很高的队长差点没了顶，要不是手中有把灭火用的铁锨在池底撑了一下，可能当时就以身殉职了。

危急关头，远处的卫怀忠看到这个场面，跑过来把他拉了上来。

指挥员身先士卒，具有巨大的感召力和凝聚力！

在他的带领下，十几名突击队员、100多名职工和200多名解放军冲锋陷阵。

立时，一道道用血肉之躯和意志铸就的人墙，一层层地包围了油海火势。他们用铁锹扑灭油面的火苗，铲起油下水样的污泥灭火、压火。人墙像收口袋一样步步勒紧，卡住了火神的咽喉。

王守忠的帽子、衣服、眉毛都烧着了，油灌进嘴里、流进内衣，原油和汗水浸湿了烤焦的衣帽，灼得皮肤疼痛难忍。但是此时此刻，他只有一个信念：保井！保护国家财产安全！保护这来之不易的勘探成果！

卫怀忠和王守忠一样，始终冲在最前面。

卫怀忠当时只有24岁。这位河南汉子说话铿锵有力，圆脸，浓眉，眼睛不大，眉宇间透着一股侠气。他于1976年12月参加工作，原来在6008井队任二班班长。1984年4月任井队副队长。他有股石油人特有的“天不怕、地不怕，风雪雷电任随它”的豪迈气概。

抢险突击队成立那天，他让师玉生给大家合影留念。他说：“抢险工作风险大，说不定会有什么意外发生。如果我们谁牺牲了，你就在合影照片上他的位置作个记号，给别人说这家伙为石油献身了。”

现在这张照片成了西北石油局705教育基地展览馆中重要的历史见证。

王守忠是个乐天派，嘻嘻哈哈的，从不把艰难困苦当回事。这会儿从蓄水池里爬上来，懊恼自己忙中出错，差点刚上阵就献了身；死虽不足惜，但这样走也有点太窝囊了。

最急迫的事情，莫过于必须立即把南边放喷管线的阀门关住。由于管线长时间放喷，阀门处形成了一个深坑，坑里集满了原油，而且温度极高，要关住阀门很困难。正在领导考虑谁去执行这个艰巨任务时，平时有些吊儿郎当的青年工人李刚自告奋勇，他指着脚上穿的靴子说：“来，往这里面灌凉水！我去关阀门!”

机智敏捷的李刚在靴子灌满水后，迅速跳进了油坑，冲向阀门，孤身一人奋力把阀门关上。这时，南边的火势逐渐减弱，西北两边由井队组成了防线，严防起火。东边由卫怀忠、王世荣两位同志带领部分钻工，抢装一条放喷管线，减轻井口压力。防喷器处由王守忠、李万恩两位同志把守，密切关注井口压力的变化，发现问题及时处理。

回想起当时的情形，退休多年的骞振斌副局长仍然十分感慨：“危急时刻方显英雄本色。经过这件事情，我深刻地感到我们不能戴着‘有色眼镜’看待同志。”

看到井队职工冲进了火海，解放军指战员们也争先恐后地往上冲。不一会儿，他们身上的衣服就被溅起的油污浸透了。许多同志从过火油池中通过时，脚上的解放鞋被烫得变了形，脚被烫伤。他们和井队职工一道，加宽防火墙、修筑防火隔离带、拼命灭火。

油池的大火有几十米高，浓烟直窜云天。在风势夹裹下，烈焰呼啸着扑向人群和他们身后的井场设备。30米外，大火就烤得脸上生疼，职工头上戴的安全帽被火烤得像软壳鸡蛋。烈火逼得抢险人员步步后退，当退到井场旁的最后一道防火土坝时，抢险队伍发现已无路可退了。此时，大火距钻塔发电机房只有三四米的距离。烈焰烤得机房被落油浸透的帐篷顶冒起了白烟，起火只是瞬间的事。现场已有人落下绝望的泪水：眼看着沙参2井没救了！

站在灭火队伍最前端的骞振斌副局长，头发眉毛都被火燎了，但是他不管不顾，岿然不动地站在原地大声呼喊，指挥抢险。

许多同志抬臂遮脸以防灼伤。防火坝上，军中有民，民中有军，如同在战场上坚守阵地的将士，死死守着最后一道防线。与骞振斌、赵元哲、刘金、谭庆兴、王守忠一同指挥灭火的驻军政委胡宝泉、参谋长赵秀群、政治副教导员马和平都已负伤。另有22名战士不同程度地受伤，他们中有18人在参加抢险前已经宣布退伍复员，却坚决要求参加抢险保井战斗，支援新疆石油开发。

宋汉良和夏国治赶到了抢险现场，看到奋战在抢险保井一线的广大职工和解放军指战员正在紧张地战斗，大声给大家鼓劲。

宋汉良说："同志们辛苦了！同志们干得很好，指挥有方、组织有序、措施有力、决策果断。为保住油井和设备，你们为国家作出了重大贡献，向同志们致敬！"

这时的灭火现场，战斗已达白热化。一些同志铲土、灭火的动作已经疯狂到近乎机械，全体军民心中只有一个顽强的信念：只要大火烧不死我，我就决不后退！

西北石油局的许多老同志至今还记得抢险场面的惊心动魄、壮怀激烈，突击队队员冒着熊熊烈火向井场逼近。

井场周围的火浪被吹得四散弥漫，风卷着火，火裹着烟，吹得人在油水泥浆里站不住脚，烤得人睁不开眼，呛得人喘不上气。

抢险队员每前进一步，都要付出极大的艰辛。抢险队员就像战场上的英雄一样，在消防队员水枪的掩护下，一次又一次抬起放喷管线冲进火海，刺向空中的油柱朝抢险队员兜头泼下，顺着脖子直往衣服里灌，顺着脊梁直往脚下流。

突然，井队临时工雷军因为受伤过重倒下了，医护人员立即将他抬了下去。

正当大家拼命灭火保钻塔、保机房、保井场设备时，在井场东面灭火的部分官兵被大火和浓烟包围了。抢险形势急剧紧张。

看不见、喊不应，而且大火即刻就会漫过防火坝，火势大、火苗高，他们又处在有毒有害的烟雾气体的包围之中，形势十分严峻。

只要风势再大一点，井场就绝无幸免的可能。尽管数百名抢险人员已付出了很大代价和近乎疯狂的努力，也无济于事。

也许是军民并肩奋战、舍生忘死的动人场面感动了上天，在沙参2井千钧一发的最危急的时刻，奇迹发生了。

戈壁滩上风向多变，催着火焰逼向井场的南风在最关键时刻转向了。而那不可一世的熊熊大火，也被风吹得调转了方位。已烧过的原油结了焦，无可燃物补充，火势立即小了许多。

大家精神为之一振，乘胜追击，将残火一片片歼灭。着过火以后的落地油，有效成分在大面积着火时已近燃净，浮在水面上的尚在燃烧的焦油，只要扔去一锹土，就会打滚翻转，火焰顷刻熄灭。掌握了这一方法，大家如法炮制，很快就将一平方千米内的残火全部扑灭。

经过两个多小时的战斗，大火被熄灭了。井场一片沸腾，大家挥帽高呼：“我们胜利了！”

全体参战人员永远不会忘记，1984年9月27日，他们取得了灭火保井战斗的胜利。

但是战斗并未就此结束。为了防止大火复燃危及井场，扑灭大火后已十分疲劳的井队职工，顾不上休息，又投入抢接放喷管线的战斗之中。

灭火战斗中，他们已经是遍身油污，此刻还要从沾满落地油的井场管材储放处抬着沉重的钻杆去接放喷管线。他们像一尊尊雕塑，身上泛着油光，不顾油污下埋藏的荆棘杂物伤脚剐腿，昂首挺胸肩负重物向目的地迈进。

接放喷管线接口时出现了最危险、最紧张的一幕。

飞溅的原油带着十几个兆帕的压力，一次次把抢险队员从管线旁边推开。

抢险队员们个个浑身上下、里里外外都是油，嘴巴、鼻子和耳朵里也是油，就像是从油罐里捞出来的一样。

卫怀忠眯着眼睛往上对管口，王守忠用身体扛住卡具，一点一点地往接口处靠，浑身上下被原油浸了个透。热油灌进他的脖子里、衣服里，浑身被灼得火辣辣地痛。

王守忠顶着六七十度原油的喷射，两手飞快地操作着，对卡具、穿螺栓、紧螺丝……

经过两个多小时顽强拼搏，放喷管线对接成功，一条200米长的放喷管线安装完毕，把再次发生火灾的可能性降到了最低。人们顾不得欢呼胜利，全用敬仰的目光看着被原油和泥水塑造得像个泥胎一样的突击队队员。

突击队队员疲惫得如霜雪重压下的枯枝，躺在沙地上。

他们用身躯与火焰进行了一场生死搏斗，用血肉谱写了一曲战井喷、保油井的英雄赞歌。

生死关头，没有一个人畏惧，没有一个人退缩。

他们用一不怕苦、二不怕死的实际行动诠释了“铁人”精神！

许多人感动得热泪盈眶。

从最紧张的灭火工作结束到放喷管线接通的近两个小时里，谭庆兴、王悦坚、杨怀瑞、林挺立、李永水、全文庆、严杰、张平和、李汉祖、王新安、杨明清、杨树生、郭英强、王钦君、王忠、何明山等井队的同志和抢险队员一样，油污湿遍全身，哪里需要往哪里跑，没有丝毫怨言。他们经历了血与火的考验，体现了地质地矿行业“以献身地质事业为荣、以找矿立功为荣、以艰苦奋斗为荣”的“三光荣”精神。

面对这些可亲可爱的同行，宋汉良与现场井队职工亲切合影留念。

在随后召开的现场会议上，宋汉良说：“今天下午的这场恶仗，大家打得非常漂亮，事情处理得非常果断。我向同志们表示慰问、敬意和谢意！今天的灭火保井战斗值得总结，对表现突出的人员要表彰授奖、大力宣传。正好明天有一批记者要来，要对这些可歌可泣的事迹进行报道，把先进人物宣传好。这批记者是专程来沙参2井采访的。只可惜，今天这场灭火战斗他们赶不上也看不到了。”

在这次会议上，宋汉良和指挥部领导确定：“十一”前做好挖沟排油、清理场地、调集消防车、准备劳保用品等工作，为国庆节后第一次压井做好准备。

有专家评价了这次灭火保井的意义：“从经济角度上讲，目前一套6000米罗马尼亚钻机所有成套设备约值1500万元，你们把它保住了。否则，大火一旦烧到井口，只需8分钟，近50米高的钻塔就会垮掉。因为钻塔下部遇火变软，必倒无疑。那样的话，钻塔及设备就成了一堆废铁，沙参2井也就完了。除了是一场惨重的事故外，它将没有任何价值。从政治层面上讲，这口井的突破，其重大的现实意义是毋庸置疑的，怎么评价它都不过分。保住这口井，和它取得的突破一样，可喜可贺。”

9月28日，西北石油地质局党委发来贺电：

前指并转参加抢险保井战斗的全体同志：

27日下午放喷管线着火危及井场安全。在局面十分紧急的情况下，井队全体职工和解放军指战员不顾个人安危跳入油泥池中奋起抢险灭火；特别是井队长王守忠同志果敢有方；大家表现出了高度的觉悟，发扬了大无畏的革命精神，经过几个小时的战斗，保证了井场安全。我们高度赞扬同志们的好思想好作风，我们向大家表示亲切的慰问和衷心的感谢，向同志们学习、致敬！

宋汉良副主席的讲话和西北石油地质局党委的慰问电，鼓舞着抢险人员。

新华社新疆分社记者李升旗和摄影记者夏力哈尔、《新疆日报》记者鲍淑琴先后来到井队，稍后，其他媒体记者也陆续赶来，开展采访和报道工作。

9 月 29 日，夏国治、苏云山、王建安、杨长城、陈树洪等领导和专家抵达沙参 2 井，协助指挥抢险工作。在他们尚未到达井场之前，先给前指发来电报：

前指并全体同志：

我们到乌后听了徐生道同志介绍的情况，对 27 日井口南侧放喷管线着火、火势特猛的情况下井队职工和解放军同志在前指的领导下奋不顾身进行抢险保井，特别是井队长王守忠表现果敢得力，打了个漂亮仗，我们给予高度评价。向同志们表示最大敬意，向同志们学习！

夏国治　苏云山

同日，遵照自治区人民政府指示，自治区电信局为抢险指挥部配备了两台通信车，一台在井场，一台在乌鲁木齐西北石油地质局机关所在地，以加强前后方联系。凌晨零时，乌鲁木齐电信局无线科为抢险指挥部配备的两台通信车和五名工作人员赶赴抢险现场展开工作。解放军驻疆某部 273 医院、14 医院、17 医院全力做好抢险战斗的医疗救护准备工作，为抢险人员准备了近百张病床、大量救护药品及庞大的献血队伍。新疆军区驻库尔勒飞行团直升机大队派出两架“运 5”直升机，担负现场伤员救护运送工作。医疗救护总指挥由解放军17医院院长张明忠担任。

自治区党委和人民政府为确保抢险保井成功、确保抢险人员安全，做了最完善、最充分的安排。党和政府的关怀，极大地鼓舞着参与抢险的部队指战员和干部职工的斗志，是抢险保井战斗取得最终胜利的先决条件。南疆各地、州、市、县和兄弟单位贯彻自治区人民政府指示，在给予人力物力上的大力支持的同时，派出慰问团前往抢险一线慰问。各地各单位纷纷发来慰问信、慰问电；前来参观、访问、祝贺的单位和个人更是络绎不绝。

宋汉良同志动情地说："这样的动人场面我都很少遇到过。"

10月1日，中共新疆维吾尔自治区党委和人民政府以特急电报的形式发来贺电：

> 战斗在沙参2井抢险前线西北石油地质局、新疆石油管理局、巴音郭楞蒙古自治州、阿克苏地区、阿克苏军分区、36101部队及工人干部同志：
>
> 欣悉由地质矿产部西北石油地质局6008钻井队在南疆钻探的沙参2井，在井深5391米处获得高产油气流。这是塔里木盆地石油勘探又一重大突破，它必将对加快南疆找油步伐起到重大作用。为此特向地矿部西北石油地质局的同志们表示热烈祝贺。现在你们正以顽强的战斗姿态紧张地组织沙参2井的抢险工作。短短几天来，已经取得了很大进展，出现了许多动人的事迹，为最后制服井喷创造了有利条件。这是全体参战的工人、干部协同作战共同奋斗的结果，特向你们表示敬意和感谢。希望你们再接再厉，精心找好制服井喷抢险的技术方案（包括设备器材、人员的各种抢险准备工作），在确保安全的前提下，争取抢险一次成功，使沙参2井尽快恢复正常。这是一场极其重要的而又十分艰巨的战斗。希望全体同志团结一致、协同作战，都要为这次抢险作出

贡献！

沙参2井油气流的发现，已经揭开了加快塔里木盆地腹部找油的序幕，应乘胜前进，快速形成较大局面，促进南疆的建设，改善南疆各族人民的生活。在当前，希望地质矿产部和石油部迅速拟定查明塔北隆起带油气情况的勘探部署，为尽快拿下新的油气田而奋斗！最后祝同志们抢险成功！

中共新疆维吾尔自治区委员会　自治区人民政府

1984年10月1日

时势造英雄。

人这一生当中，能参与几次为国争光的重大事件？也许，有些人一辈子都遇不上一回。

作为奋斗一生的找油人，亲手打出一口高产油井，更是千载难逢。王守忠、卫怀忠他们做梦都没有想过，有一天自己能成为人们心目中的英雄，成为新闻人物。

各大媒体记者云集，骞振斌嘱咐西北石油地质局宣传处处长赵尊秀安排联合采访6008井队队长王守忠。

王守忠哪里见过这阵势，他不知道该怎么说。

赵尊秀告诉他别紧张，记者问什么，如实回答就行。

绝大多数记者最关心的是井喷时的情景和当时采取的处置措施，王守忠一五一十地作了回答。

还有些记者想了解6008井队的历史、现状和每个人此时的心情。王守忠说："我们这个井队也算是一支老队伍了。从东北到山东德州，后来到青海，又到新疆。人员构成以原3004井队的为主，又抽调了3201、3205、3203钻井队人员，从两个试油队各抽了两个班长作为骨干搭起了架构，组成了井队。井队番号从山东进青海时的3004开始，到1969年改为3213，1977年改成5012。1981年接上6000米钻机，改为6008井队，直到今天。

这也反映了我们设备改换、进步的过程。”

赵尊秀以宣传工作者的职业敏感性，在现场拍摄了一批有意义的经典照片，保留下许多珍贵的第一手资料。

在抢险指挥部统一部署下，大量压井物资重晶石粉运抵井场。在乌鲁木齐火车西站局供应站仓库里，装卸转运重晶石粉的人员、车辆川流不息。副局长陈云华带领后勤工作人员，昼夜坚守在工作现场，顾不上吃饭喝水、顾不上休息。陈云华、王洪军等许多同志嗓子喊哑了，发不出声，打手势指挥人员和车辆装运抢险物资。职工和家属组成装卸队，数千吨重晶石粉和其他物资源源不断地运往沙参 2 井。

据统计，9 月 28 日，固井队 45 名职工，卸下了 37 车、306 吨的重晶石粉。29 日，卸下了 76 车、726. 9 吨的重晶石粉，6 车、98 吨的水泥。如此大的工作量，使许多同志直不起腰、磨破了手。然而，遵照抢险指挥部“确保‘十一’前各类抢险物资到位”的指示，30 日，他们又卸下了 90 车、828 吨的重晶石粉，7 车、62 吨的黏土粉，2 车、30 吨的水泥。

井场西侧成了大货场和物资集散地。各种吨位、各种形状的运货车排成长龙，浩浩荡荡等候卸货。指挥部组织 5012 井队支援抢险人员和局机关、测井队部分人员卸车，许多解放军战士和前来慰问的地方成员也主动加入卸车工作中，场面非常令人激动。

师玉生说，得知塔里木盆地打出了一口高产油气井，一位卖桃子的维吾尔族老乡赶着毛驴车来到井场，把一筐桃子无偿地送给了抢险队员。

二钻的几位医护人员到沙参 2 井现场送医送药，她们站在放喷口不远处久久凝视着滚滚飞溅的油气流，飘落的油珠将白大褂染上一个个黄褐色油斑。她们说，回去后要把这件工作服保存起来留作纪念。“我们也在石油单位工作，第一次见到的石油是你们打出来的，应该给你们请功！国家怎么奖励你们都是应该的。”

二钻一位姓田的女职工，自己掏钱买了几盒月饼送给 6008 井队的同志们。她流着眼泪说："你们是功臣啊！在这里打出石油是我们全体石油人的骄傲和荣誉！谢谢你们了，让我们大家都有了盼头。我带的钱不多，买这点月饼只是表达一下我对你们的敬意。"

兄弟单位的一位固井工程师，在工作中不慎灼伤眼睛。养伤期间，听说沙参 2 井出了油，执意要到井场看看。单位同事和家属怎么劝也劝不住，家属说："你的眼睛包着纱布呢，怎么看？"

他说："我眼睛看不见，可耳朵还好使。只要听听井喷的声音，亲手摸摸原油，也就死而无憾了"。

为满足他的心愿，单位派车让家属陪他。在井场，他面朝井喷的方向站定，如同朝圣一般，庄严肃穆，一动不动地倾听着井喷的动人乐章。他肯定地说："不是石油人，就没有这种深入骨髓的真切感受。"

在放喷管线改线时流出的一汪原油前，他的家人拉着他的手沾了些原油，他的指头捻动着，然后把沾有原油的手放在鼻子下面长久地闻着，嘴里喃喃地说："石油，这就是石油，我找了你一辈子，今天终于摸到你了……"说着，他的声音哽咽了。

多么可敬的石油人，他们毕生追求的，不就是眼前这番景象吗？他们能不激动吗？沙参 2 井就是在前人不断探索的基础上取得的重大突破。这一成果，凝聚了多少石油人的心血和期待，自然也包括这位可爱的固井工程师。

每当回想起当时那壮观的情景，骞振斌都会感叹："人民群众是真正的英雄，有着无穷的力量！每个人都一心为国家着想，充分体现了我们是一个伟大的民族，万众一心，众志成城。"

真让人骄傲啊，我们的石化人！

11
压井攻坚

压井准备工作基本就绪。

如今已 88 岁高龄的固井专家王宜民先生回忆："压井任务迫在眉睫。上级领导定的原则是：'压而不死，活而不喷！'"

王宜民是陕西汉中人。1951 年应征入伍，被派到陕北革命圣地延安枣园参加训练班，学习石油开采知识，然后到延长油矿实习。1957 年转业到新疆石油地质局工作，一门心思钻研技术。从来不过问政治的他，稀里糊涂地被打成了"右派"分子。戴上了"右派"的帽子就成了另类，成了无产阶级专政的对象。本来就胆小怕事的王宜民处处遭受打压，压得他喘不过气来。工作中只许他规规矩矩，不许他乱说乱动。回忆往事，老人内心的苦楚涌上心头，不禁潸然泪下。

笔者不知道王宜民老先生在那段人间炼狱般的岁月里受了多少委屈，笔者的采访无意中触碰到了老人至今仍然没有愈合的伤痕。他抽噎着、哽咽着说不出话来。面对这种情景，笔者的心和笔尖一起战栗……

笔者赶紧中止采访，让人把老先生送回家去。

往事不堪回首。1966 年 5 月至 1976 年 10 月，持续十年之久的"文化大革命”是中国发展史上的一场浩劫，使党、国家和人民遭到了中华人民共和国成立以来最严重的挫折和损失。那场灾难给人们心灵带来的伤害难以记述，那些荒唐而悲惨的政治迫害让人欲哭无泪。对于现在的人来讲，恍如隔世，更难以想象。

1984 年 10 月 9 日上午，夏国治一声令下，王宜民和卫怀忠带领抢险队员顶着瓢泼的油雨，在水炮的掩护下，迎着令人窒息的油烟，又一次冲进火海……

井口烈焰熊熊，井场灼热难耐。

水炮不停地对着长臂桅杆吊猛射。

这哪里是抢险？这分明是一支“敢死队”啊！

他们冒着生命危险，经过 20 多分钟的顽强奋战，顺利地用水力割断了方钻杆。

大火挣脱油焦的束缚从四面八方呼啸而出，直冲云天，火柱高达 50 多米！

打开了上防喷器，但下防喷器全封闭闸板未能关住，还不能实现重新安装井口有效放喷。

由于井口钻具已被割断，井口喷势较之前更加猛烈，喷高超过二层平台。宋汉良等同志果断决定，采用引火筒罩将四散的火苗归集到一起，加大水炮供水量猛攻井口。

如此一来，两侧放喷管线的喷出物相应减少。

根据这一情况，当时绝大多数同志认为原防喷器已不可用，也难以修复。因此，拟定了以更换防喷器为主要目标的新方案，提出了“拖开井架、换装井口”的方案，并制定了详细的实施办法。

与此同时，石油工业部、地质矿产部有关专家也提出了一个“不拖井架，拆除旧防喷器，从钻台上通过一个加长短节，整装一个新防喷器”的设想，这样即可实现第一方案中“关”“装”的要求。当时考虑到只要装上新防喷器，井口不再狂喷，就可以强行下钻压井或空井压井。

这两个方案均有可取之处。但相比之下，要拖开井架和4300米的钻具，其工程难度和风险都十分巨大。

为了使抢险保井工作更有保障，地质矿产部党组同意邀请美国得克萨斯州失控井控制公司的鲍登先生前来提供咨询。11月1日，鲍登带着他的助手和儿子，一行三人到达北京，3日赶到乌鲁木齐，5日到达井场。

鲍登先生是一位世界知名的压井控井专家，经验极其丰富。他到井场后，一句话也不说，先从地上捡了一根细长的木棒试探喷口的压力，目测喷射流柱部直径大小以及井口压力，很快得出“这是一口产量很高的油气井，属于常压范围，并不是高压井”的结论。

鲍登认为，这口井石油总产量应该在6000桶（约900立方米），天然气量在1亿立方英尺（200万立方米左右）。除气量估计偏高外，基本与中国专家的测算数据相符。

听到中国现场专家提出的“拖开井架、换装井口”的方案，鲍登把眼睛瞪得大大的，耸着肩膀说：“拖罗马尼亚F－320钻机的井架比较困难。虽然井口喷势大，但防喷器可以进行修理。”

鲍登先生对防喷器、液压设备十分熟悉，尽管他没用过罗马尼亚生产的防喷器，但是他凭着自己的经验，提出了修理方案，使所有在场的工程技术人员大开眼界。他主张采用关井后及时泵入高比重泥浆的措施，使空井压力不至于产生过高的井口压力。这个方案在我国是比较新颖的。一旦井口不再狂喷，就可以实行空井压井，泵入高比重泥浆注入水泥塞，就有可能一举实现井控。显然这个方案比拖开井架、换装井口简便得多。

7日晚，鲍登提出的方案经地质部石油局系统技术专家论证同意，并得到了自治区宋汉良副主席及地质部领导的批准。

8日开始着手进行各项准备工作。主要是将原有西侧放喷管线改造成能耐压250气压的压井管线。

为了实现安全压井，南疆指挥部及时地支援了液压阀。11 日、12 日两天顺利换好了防喷器的上闸板，首次将井口关闭。但是在 13 日的压井过程中，因井口压力很快升到 240 兆帕时，原防喷器法兰处泥浆大量刺漏，只得中止压井。开启井口时，由于操作不当，损坏了换好的上闸板。随后经过研究，鲍登决定在井口畅喷的情况下，更换死法兰及上闸板。

这项操作危险性很大，高度负责任的鲍登先生提出，尽量用最少的人员在危险岗位上操作，每项操作都要保障人身安全，绝对不搞无把握的冒险作业。他提议，只有他带着助手前去操作，其他人全部留在安全地带，不许靠近。

王守忠一听就急了："井是我打的，怎么能不让我们的人上去呢！"他坚决要求和鲍登一起去执行任务。

鲍登也十分固执，坚决不同意。他反复强调："安全！"两个人差点儿打起来。

在场的领导们都知道王守忠的心意，他对这口井有着深厚的感情，为之付出了许多心血，也不想错过这次学习的机会。领导就请翻译向鲍登说明情况，告诉他这口井就像王守忠的命一样。

鲍登瞪着眼睛问王守忠："你不怕死吗？"

王守忠吼道："油井是国家的，命算什么？我不怕死，就是豁出命，也要保住它！"

鲍登被王守忠的敬业精神打动了，他把头一扭说："OK，王先生，跟我走吧。"

鲍登在进入井口区域时，从容不迫，既不需要特殊面具，也不匆忙慌张。他的个人装备非常实用，比如衣服是防火的，耳塞性能良好，头盔和披肩都很实用，防护眼镜看着很普通，但与眼眶靠得很近，既保护眼球又便于操作。走到井口以后，鲍登和他的助手胆大心细，观察着每一个要害部位，然后相互打手势，心照不宣，开始操作。

在王守忠、鲍登及其助手的不懈努力下，经过几个小时的顽强拼搏，法兰及上闸板更换成功。

从井口撤下来后，鲍登不顾满身的油泥，与王守忠紧紧地拥抱。既为了胜利，也为了同甘共苦凝结的友谊。

鲍登在现场看到中国工人用人力去开关高压闸门时，非常反对，认为这是不必要的冒险。事实证明，过去在开关高压闸门时确实发生过多次事故。这些经验教训看起来平常，但确实得来不易，而由于我们缺乏专业队伍，这些经验教训难以被系统化地总结起来而形成有条不紊的处理程序。

若干年后，鲍登先生在中东地区一次控井作业中不幸遇难。王守忠等中国同行听到消息后非常痛心，深切缅怀了他。

11 月 16 日再次压井。由于井口自 14 日下午开始一直畅喷，16 日下午压井时，井口压力最高不超过 140 兆帕，最低时只有 30～40 兆帕，193 立方米泥浆在两个半小时内就顺利泵入井内。狂喷了 50 多天的沙参 2 井顿时安静下来，证实了空井压井方案的可行。但是这次压井时，由于水泥浆比重过高，水泥车无法吸动，打入井内的水泥浆不够，井内未能形成水泥塞，泵入的泥浆很快被地层水及气体稀释，井口压力又逐渐上升，并且上升得越来越快。

17 日清晨 4 时，井口压力已达到 240 兆帕，现场指挥被迫决定重新开启西侧放喷管线实行有效放喷。井口压力逐渐降至 100 兆帕。19 日又启动东侧放喷管线，井口压力降至 75 兆帕左右。虽未能全部实现鲍登的方案，但原定的第一方案却已经基本实现。

11 月 22 日，在原防喷器上加装了新防喷器及两条 4 寸放喷管线。至此，第一方案中的抢险控井部分已经圆满达到预期目标。

压井需要大量水泥和重晶石粉。全体参加抢险保井的职工和部队指战员，人不卸甲，马不停蹄，从几米外的货场把山一样的压井材料一袋袋地扛到泥浆池前，女职工用钢锯条划开泥浆袋。一天干下来，所有人都累得腰酸背痛，但是没有一个人叫苦叫累。开饭时，领导催大家轮流吃饭，倒班休息，可是谁也不肯休息，都要坚持干活。30 多年过去了，当人们回想起当时壮怀激烈的场面，连自己都被当时自己的行为感动了。

沙参 2 井从出油到制服井喷结束战斗，共经历了 56 个日日夜夜。全体职工在上级的领导下，奋力抢险保井，保住了钻机设备，避免了人员伤亡，取得了重要胜利。

12
历史不会忘记

沙参2井是塔里木盆地油气勘探史上一次具有里程碑意义的重大突破。

这口井从出油到最终封井，共生产原油超过1.78万吨。

在抢险保井过程中，涌现了无数感人至深的英雄事迹，在中国石油工业发展史上写下了浓墨重彩的一笔，也留下了一份宝贵的精神财富。

时任地质矿产部部长孙大光指出，沙参2井喷出大油气，实现了塔里木盆地找油气的重大转折。

时任中共新疆维吾尔自治区党委书记王恩茂说，沙参2井出油气，是塔里木盆地储有丰富石油的新讯号。西北石油地质局的广大职工，群情激昂。但大家也知道，任重而道远，纷纷表示要继续努力扩大战果。

这来之不易的战果，源于西北石油地质局广大干部职工艰苦卓绝的不懈努力，源于科研工作者通过不断深化研究、深化认识，创新勘探理论，把勘探重点从前陆盆地转向克拉通盆地，再向塔北沙雅隆起战略转移，最终在塔里木盆地沙雅隆起部署的沙参2井实现重大油气突破，发现了中国第一个海相古生界碳酸盐岩油气田，正式拉开了塔里木盆地大规模油气勘探的序幕！

1985年，地质矿产部党组决定成立塔北油气勘查联合指挥部，并调集由华北、华东、西南、中南、广东等5个石油地质局6000多人组成的石油勘探队伍到塔北参加油气勘探。联合勘探队伍按照“扩大雅克拉，东西展开，扩大战果”的指导思想，在绵延千里的戈壁大漠展开了规模空前的塔北联合勘探会战。与此同时，中石油以及各高等院校、科研院所接踵而来，将科研重点转向油气前景利好的塔里木盆地。

为了认真贯彻落实中央关于开发建设新疆的战略决策，实现自治区党委提出的到20世纪末国民经济总产值翻两番半的宏伟目标，西北石油地质局根据地质矿产部关于“第二轮石油普查勘探向新地区、新领域、新类型、新深度进军”的方针，按照地质矿产部关于“要乘胜前进，扩大战果，力争尽快探明塔北地区的油气资源，求出储量”和自治区党委、人民政府关于“迅速拟定查明塔北隆起带油气情况的勘探部署，为尽快拿下新的油气田而奋斗”的指示，调整部署，集中相对优势的力量进行普、详查和储量探明。

研究商定，以沙雅隆起的雅克拉构造和与之相邻的轮台构造约251平方公里的范围为重点，集中5~6台探钻，打8~9口深井，圈出一块含油面积，求取10亿~20亿吨的地质储量。同时，在整个隆起带上及其南侧继续开展地震普、详查，进一步寻找、查证各种圈闭条件。在此基础上，择优选出一批圈闭，打5~6口普查井，力争有新的发现。

塔里木盆地油气普查勘探工作进入了一个新阶段。随着普查勘探研究工作的逐步深入，西北石油地质局专家认为：位于沙雅隆起中段南部边缘的雅克拉构造，其南侧是轮台断裂。构造位置处于断块高部位，有三个高点。西南高点构造圈闭面积为29平方公里，闭合高度为70米；中高点圈闭面积为36平方公里，闭合高度为220米；北高点圈闭面积为50平方公里，闭合高度为170米。由此判断，雅克拉构造不仅占据了有利的构造部位，而且具有良好的圈闭条件。结合沙参2井的产油层特点及其产量高、压力稳定等因素分析，其含油面积可能超出雅克拉构造范围，控油条件很可能受构造控制，油藏类型可能是与风化剥蚀面有关的断块气藏。

但是由于资料不足，目前尚难得出准确认识。塔里木东部地区分阶段发育有三套生油岩系，即寒武—奥陶系海相沉积、石炭—二叠系海陆过渡相及三叠—侏罗系陆相沉积。根据对沙参2井原油的初步分析，认为其来自海相层，同时，一般认为，石炭—二叠系在沙雅隆起及其两侧分布较局限，沉积较薄，因此，专家们认为雅克拉油气藏的油源可能主要来自寒武—奥陶系，也不排除来自石炭系、二叠系、三叠系、侏罗系的可能性。基于这些认识，专家们从雅克拉圈闭构造出获得了高产油气流这一点推论出沙雅隆起、巴楚隆起及且末隆起的油气前景，提出在巴楚隆起和且末隆起上开展地震和综合研究工作，除了解区域地质构造外，寻找各种类型的圈闭，在条件具备时，打2～3口普查井，以寻找新的油区。

1984年12月底，地质矿产部石油局在北京召开了塔里木盆地油气勘探工作部署会议，决定把塔北列为1985年全国石油勘探的重点区域之一。以沙参2井为突破点，围绕沙雅隆起的勘探工作由点到面全面展开。

正确的指导思想，科学的勘查方法，为油气取得连续突破奠定了基础。

沙参2井的重大突破，功莫大焉!

1985年1月29日下午，全国地质矿产系统第二次评功授奖大会在中南海怀仁堂隆重举行。会上，西北石油地质局获地矿部颁发的地质找矿特等奖，奖金10万元；副总工程师康玉柱荣获地矿部塔里木盆地沙雅隆起沙参2井高产油气流找矿特等奖并记一等功；6008井队队长王守忠获地矿部系统劳动模范称号。

在集体荣誉和个人荣誉的激发下，西北石油地质局的每名成员都产生了强烈的荣誉感、责任感和归属感，铆足了劲头，准备为再创业绩作贡献。

1985 年 11 月 1 日，为了进一步加强塔北油气勘探的领导，经地质矿产部党组和自治区党委研究决定，成立塔北油气联合勘探指挥所（简称“联指”），指挥所设在库车县境内的 314 国道距乌鲁木齐 705 公里南侧，后来被人们习惯地称为“705 基地”。不知道的人还以为 705 基地是什么保密单位或者军事禁区，实则非也。

从此以后，塔北油气联合勘探指挥所在原来不断探索形成的良好基础上，在这里制定了许多重要决策。

1986 年 3 月 28 日，塔北油气联合勘探指挥所召开建设精神文明大会，提出“讲文明，促联合，抓效益，比贡献，夺取塔北新胜利”的战斗任务。

这次会议意义深远。此后，西北石油地质局第一个全国劳动模范在这里涌现，一大批人才在这里得到锻炼和培养，为后来的快速发展打下了良好基础。

3 月 31 日至 4 月 1 日，塔北油气联合勘探指挥所在库车召开领导成员会议，共商塔北油气开发大计。这次会议是指挥所成立以来的第一次全体成员会议。会议期间，康玉柱介绍了塔北油气开发的远景、“七五”期间的规划及当前的形势。与会人员针对搞好联合勘探以及沙参 2 井油气资源的利用问题，进行了热烈讨论。

4 月 6 日，沙 4 井试出日产原油 13.3 立方米，天然气 12 万立方米。

4 月 14 日，沙 7 井试出日产原油 76 立方米，天然气 13.8 万立方米。

塔北继沙参 2 井出油之后，捷报频传，引起了地矿部领导的高度重视。5 月 21 日，地矿部部长朱训到塔北探区视察，深入沙 4 井、沙 7 井 、沙 2 井及 145 地震队调研。

1987 年 6 月 5 日至 15 日，以干旱著称的塔里木盆地气候反常，塔北地区连降暴雨，塔里木河河水上涨 50 厘米。沙 4 井井场被淹，沙 5 井职工住房坍塌，沙 7 井、沙 9 井、沙 10 井、沙 14 井等井场的多处路面被洪水冲断，给生产作业带来许多困难。

张旭同志至今还记得：6 月中旬一天晚 10 时左右，一股洪水冲破了堤岸，向职工驻地袭来。当时，张旭工作的技术组驻扎在 705 基地一普大队测井站的小院里，地势较低。“上半年采集的数据成果带和监视记录就在我们技术组，如果被淹，后果不堪设想。前功尽弃不说，还会给国家造成较大损失。”时任技术负责的漆立新反应很快，立即指挥同屋的三名技术人员，将 40 多箱成果磁带搬到办公桌上。也就几分钟的时间，水就涌进了屋。随后，胡晓林队长带人从帐篷营房区赶了过来，看到成果磁带箱箱无损，脸上露出了笑容。

当时，房间里积水已有半米深，形势危急，队上的车辆已无法发动。如果水势不退，房间将有被浸倒的危险。危急时刻，看到技术组门前停着测井站的测井车，胡队长急中生智，立即安排大家将 40 多箱磁带转移到测井车车顶上。测井车有 3 米多高，顶部平坦，可谓一个安全地带。随后，又用两层帐篷布盖严，以防下雨。

最关键的资产脱险了。与此同时，副队长毛瑞平在另一处带人将上百个接收终端、电缆、检波器转移到了院内的车厢上，尽可能把损失减少到最低限度。

一个小时后，水势开始减弱。大家清点各班人数，一个都不少。设备虽然大部分遭水浸，但都没被洪水冲走。许多人只顾抢救集体设备，自己的床泡进水里，成了一堆稀泥。还有的人的手表、收音机、收录机都泡在了水里。

12 时左右，物探大队前线指挥部（简称“前指”）的领导踩着一路泥泞赶了过来，了解救灾情况后，向大家给予了表扬和鼓励。

前指的领导以大局为重，抽调人员和车辆投入塔北抗洪救灾工作，给受围困的井队、地震队运送去了大量食品和救灾物资。

张旭说：“这场洪水耽误了我们半个多月的时间，也影响了随后的生产。生产设备中终端、电缆和检波器的故障率开始增加。工区内形成的局部沼泽也影响着车辆的通行，生产进度开始下降。设备问题成为当时的一大拦路虎。一方有难，八方支援。南京物研所立即调计算机专家周坤生前来支援。第一物探大队也从仪修室抽调技术人员进驻分队。石海局系统另一支可控震源队也大力支援了部分紧缺配件。修复好的设备源源不断地送上工地，生产进度逐渐恢复。8 月中旬我们按时完成了任务。”

联指针对 145 三维地震队在这场抗洪救灾中的卓越表现，为其记了集体三等功。

“七五”期间国家重点科技攻关项目——塔里木盆地东北部控油地质条件和盆地远景研究实施一年来进展顺利。1987 年 10 月，承担 67 个科研专题的地矿部、国家教委所属的 23 个有关单位，已完成野外任务，取得了一批新成果。至 10 月 15 日，各专题组按设计，测制地层剖面 7800 多米，采集样品 5000 多件，已转入室内分析和研究阶段。科研人员在塔里木首次开展垂直地震剖面测井技术研究获得成功，并且开展了使用物化探和重力等方法直接找油的实验，发现塔东北地区至少有三套生油岩系，验证了下古生界是重要的油源层之一的假设。

塔北探区首次投入高精度重力详查。由西北石油地质局第一物探大队立项、被列入国家重点科技攻关项目之一的塔北高精度重力详查项目，在雅克拉野外进行数据采集工作。这个项目共设计 9 条测线、500 剖面千米，1987 年内完成工作区 200 剖面千米、2000 个点的任务。

沙参 2 井井喷被制服后，由于井内未下油管，井口未安装正规采油树，难以进行测井、试油等作业，事故隐患严重。

1987 年 10 月，经过 20 多天的艰苦治理，井内下了 3000 多米油管，井口换上了可以承受 600 个大气压的采油树，为试采作业及合理开采奠定了基础。

阿克库木构造上的沙 9 井在白垩系实现普查重大突破，其勘探成果进一步证实沙雅隆起乃至塔里木盆地是一个前景可观的油气富集区。

十年奋斗不寻常，十年探索出成果。

从1978年进疆到1987年，西北石油地质局用了整整十年的时间，终于摸清了塔里木盆地的石油地质脉搏，把勘探重点从陆相转为海相。

雅克拉三维地震勘探项目成功实施后，地矿部授予145地震队“地矿部红旗进口设备管理先进单位”荣誉称号。1989年3月11日，在新疆维吾尔自治区人民政府、地矿部联合奖励塔北油气勘查工作实现重大突破的庆功会上，西北石油地质局第一物探大队145地震队记一等功；1991年，雅克拉三维地震勘探项目荣获“新疆维吾尔自治区科技进步三等奖”。

1988年1月10日至15日，地矿部石油局在乌鲁木齐召开新疆油气地质成果及部署汇报会，确定了1988年塔北油气勘查总体部署的指导思想：“以新的油气突破为中心，以测试工作为重点，重视科技攻关，强化综合研究工作，严格按设计施工，确保1~2口发现井的实现。”

为搞好测试工作，1988年4月15日至21日，石油局总工程师朱大绥在北京主持召开了塔北测井资料解释专业会议，特邀王笑连、陈中原、吴岳仙、卞乃千、李宝华等对塔北测井资料中的新生界井段进行复审。专家们一致同意西北石油地质局测井站1986年的解释结果和西北石油地质局下达的测试层。在测试力量方面，石油局决定抽调人员予以加强。1988年初，派华东石油地质局井下作业队到塔北参加测试工作，1989年又增派西南石油地质局井下作业队、华北石油地质局井下作业队。在设备方面，引进了地层测试器，与哈利伯顿泵气举联合使用，以提高效率。同时，采用了油管、钻杆射孔，裸眼跨隔中测等新工艺，为实现连续突破创造了条件。

1994年9月22日，在举世瞩目的沙参2井实现重大突破10周年纪念活动上，地矿部和新疆维吾尔自治区领导题词祝贺。

原地矿部部长孙大光题词：“光荣属于为油气勘查事业作出重大贡献

的人们。”

自治区人大常委会主任阿木冬·尼牙孜题词：“艰苦勘探数十载，一朝油涌气冲天。”

原地矿部副部长塞风题词：“先行有功，先行光荣。”

原地矿部副部长夏国治题词：“开拓攀登立新功。”

为了铭记沙参2井的历史意义，1991年9月3日，西北石油地质局在沙参2井井场竖起了一座纪念碑，地矿部和新疆维吾尔自治区人民政府联合举行了纪念碑落成仪式。原地矿部副部长宋瑞祥、张文岳，自治区原副主席毛德华等参加了纪念碑落成典礼。

纪念碑高1.9米、宽3米，碑体为钢筋水泥结构，镶嵌黑色花岗岩大理石，正面的金色碑文是：“献给塔里木盆地石油天然气资源的开拓者。”

沙参2井纪念碑碑文简明扼要地记述了沙参2井发现情况和抢险保井成果，落款是“中华人民共和国地质矿产部、新疆维吾尔自治区人民政府”。

刘新平说，现在看到的这个沙参2井主体雕塑和主体雕塑背面的浮雕墙，是2014年春天重新制作的。西北石油局党委决定启动沙参2井企业文化教育基地建设项目，并且确定了教育基地建设的总体思路、定位、时间节点等相关事宜。

主体雕塑背面的浮雕墙用“挺进西域”“转战塔北”“重大突破”“现场抢险”“重大意义”五幅主题浮雕，展示了西北石油地质局在进疆第一个十年里走过的历史足迹和创造的伟大功绩。

第三章 再接再厉

13
激情燃烧的岁月

沙参2井勘探取得重大突破后，夏国治和苏云山致函地矿部党组《关于塔里木油气勘查部署问题初步建议》，内容是沙雅隆起及盆地腹地前景乐观，如能尽早再打出两三口高产油气井，将会形成大庆规模的油气基地。建议将塔里木作为地矿部两大重点之一，恳请地矿部从速调整部署并加快勘探步伐。

朱训部长将该建议批转石油局研究实施。

与此同时，西北石油地质局提出了“扩大雅克拉，东西展开，向沙雅隆起整体推进”的工作思路。

当时，沙参2井附近什么都没有，就是一片戈壁滩，迫切需要设立一个指挥点。局党委研究决定，指挥所就选在314国道705公里路程碑南侧，以沙参2井为基点，建立西北石油地质局前线指挥基地。

那是一段激情燃烧的岁月。

按照当时的规划，在一个占地十多亩的支撑点上，紧锣密鼓地盖起了简易平房，像四合院似的。705基地面积虽然不算大，但每天进出基地的车辆、人员熙熙攘攘，比南疆的“巴扎”还要热闹。

地矿部决策层厉兵秣马，搞大兵团作战，从全国各地调集精兵强将，夏国治副部长坐镇指挥。

为了方便开展工作，基地协设地方银行、邮政局入驻，基地内部也设立了医务室、招待所等服务设施。

沙参2井灭火保井战斗一结束，夏国治就组织杨朴、苏云山、徐生道、康玉柱、蒋炳南、赵衍环、刘国栋、徐昌学等同志在二钻招待所里开会，研究扩大雅克拉成果和区域展开的大事。很快就在雅克拉圈闭构造上部署了5口井。

最辛苦的要数地矿部石油局总工杨朴同志了。他连续一周挑灯夜战，熬红了眼睛，后来部署的那些井多数喷出了大油气。此外，在阿克库勒、阿克库木、沙雅约4000平方公里的范围内发现了油气流。一个大油气田雏形初现。

当时，经济条件薄弱的西北石油地质局要把有限的资金投入勘探开发中，党委一班人统一思想，本着艰苦创业、艰苦奋斗的态度，勒紧腰带，干事创业。

40年后，当年的塔北油气联合勘探指挥所，已经被改造成了西北石油局的705企业文化教育基地。

那是一片极其简陋的院落。现在依然能够感受到他们“以艰苦奋斗为荣”的务实作风。

从1985年塔北油气联合勘探指挥所成立，到1991年联指撤销，这个院子一直是西北油田在南疆生产的指挥枢纽。2003年，发展壮大了的西北石油局搬到轮台县城，2017年，西北石油局决定把保留下来的这个院子修旧如旧，还原当初西北石油局艰苦创业的光辉历程，发挥纪念西北石油局艰苦创业的窗口、对企业员工传统教育的窗口、展示西北油田精神风貌的窗口“三个窗口”的作用。

目前，705企业文化教育基地已基本建成，项目建设总面积18868平方米，目前已完成的项目包括整体改造的序厅和展厅，加固修复的五排平房复原展示区，以文化故事雕塑群、纪念碑、帐篷为主要内容的四块外景场地，一块门前广场和围墙道路等建筑。一期工程接近收尾，即将开展的二期建设主要包括基地的美化、绿化、亮化工程，主题雕塑，外景区井架等内容。

其中的一号展厅，是曾经的职工食堂，门还是过去食堂的门。当时吃饭的时候，好几百号人，每个人拿着个碗到窗口排队打饭吃。

进入展厅以后，首先映入眼帘的是一个浮雕墙，展现了早期西北石油人坚毅果敢的精神状态。浮雕墙右侧是一个裸眼3D展示区，着重展示西北油田进疆前转战各地的场景。直到1978年第一普查大队整建制从青海调入新疆，最先展示的就是在喀什坳陷工作的老照片。

刘新平说："当时的技术条件有限，野外生活工作十分艰辛，也没有什么发现。然后经过反复论证，把勘探队伍迁到了塔北。在沙参2井实现了重大突破。当时还发生了井喷，特别危险。你看，这是'敢死队'在上阵前的合影照片。沙参2井取得突破以后，1985年决定在塔北进行石油勘探，成立了塔北油气联合勘探指挥所，陆陆续续发现了几个油气田。这整个是塔里木盆地，中间是沙漠，外面是戈壁滩。西北石油地质局在塔里木盆地勘探的全过程在此一一展示出来。这个是联合会战时的参战队伍。当时地矿部集中了六个石油地质局的精英队伍，到塔里木盆地来开展石油会战。"

刘新平指着当年的一些黑白照片介绍道："这就是当时物探队有名的'卷席筒'，走到哪儿干到哪儿，吃住在哪儿。这是在野外埋锅做饭，吃饭的时候上面一层沙子。这边的半景画在重新制作……"

刘新平将笔者带到当年的菜窖前："这是后来翻修的，以前的菜窖比这个简陋。"

菜窖里摆放着咸菜缸、泡菜坛子，还有土豆、皮牙子、莲花白等蔬菜模型。模型制作得非常逼真。

刘新平说，那时候没有冰箱，蔬菜全靠这个菜窖储存。

刘新平把笔者领到院子里，指着前面的一组大型雕塑说："这边是1号标。1980年初西北石油地质局转战到塔北来了，咱们是搞野外勘探的，第一步就是测量，要确定自己的位置。为了给测量打基础，空投了几个标识在工区里面，派了两三队人到现场去找标识，都在沙漠里面。当时投了四块标，只找到了一块，那块标就成了之后塔北这个工区的原点。没有住的地方，队员们就住在维吾尔族同胞的羊圈里面。后来碰到了一个放羊人，他看到了一个标识，就给我们当向导，帮我们找到了坐标。

"另外一个雕塑讲的是在联合会战的时候，西北石油地质局141队要到塔里木河对岸去工作，但塔里木河上没有船，队员们只能在水浅的时候涉水过河。一旦遇到洪水期，队伍就回不来了。所以，我们为了抢在洪水到来之前，抢工期，物探地震队一天突击了100炮，克服了很多困难。

"还有一个雕塑，讲的是'三个馒头一壶水'的故事。有一次，勘探队伍在野外工作时只剩下三个馒头一壶水。负责接应他们的汽车坏在了半路。班长把仅有的一壶水让给其他同志喝，别人叫他喝水时，他掂着沉甸甸的水壶说：'我这有水。'其实他的水壶里装的是沙子。面对绝境，他们相互鼓励，相互搀扶着艰难地走了15个小时，才走到了有水的地方。"

为了发挥教育作用，在布置教育基地时，西北石油局把这几个感人的故事做成了雕塑。

在一排翻修过的平房前，刘新平说："这两间是以前的招待所，这个是医务室，这个是财务室。我们把这些旧房子全都利用上了。它们是40年前西北石油局艰苦创业的历史见证。"

刘新平介绍："我们到了轮台二八台，打了井却没有显示。但是在1989年发现了阿克库勒S18井和S10井。在1990年发现了西达利亚、艾谢克、桑塔木等十大区块。"

西北石油地质局后来在塔北地区取得了许多丰硕的地质成果，发现的一些构造打出了许多高产油气井，控制了面积和产量。

在705企业文化教育基地，西北石油局历年的物探成果、钻井成果、开发成果被充分展示出来，令人感慨万千。油气产量从1991年的5.2万吨增长到1998年的57.46万吨。这一进步来之不易。

刘新平自豪地指着荣誉室的陈列品说："这个是1998年以前省部级以上的劳动模范。这个是全国劳动模范、全国五一劳动奖章获得者、6008井队队长王守忠。这个是6008井队的副队长卫怀忠。沙参2井就是他们井队打的，他们也是沙参2井抢险'敢死队'的带头人。可惜的是'铁人'王守忠已经去世了。但是，老一辈地质工作者的精神在西北石油局很好地传承下来了，我们这支队伍有'三光荣'精神。"

现任西北石油局有限公司执行董事、党委书记，西北油田分公司副总经理刘宝增说："沙参2井的突破拉开了塔里木盆地的经济源，促进了国家的整个战略转移。以前我国主要在东部找油，塔里木盆地发现以后，战略转移。但是整体来说，开发也面对了很多问题。"

自1985年开始，依据二维地震资料在轮台断裂上开展油气普查和评价工作，首先甩开部署S3井、S4井，均未获油气突破。之后将范围收缩到雅克拉构造，在沙参2井的西南、西北、东北分别部署S5井、S6井、S7井，基本落实了雅克拉古生界构造格局和含油气性。其中S5井在1989年6月测试白垩系卡普沙良群第一段（亚格列木组，T34反射面）获高产工业油气流，日产凝析油105.6立方米、天然气50.1万立方米，进而发现了雅克拉白垩系凝析气田。

雅克拉是西北石油地质局发现的第一块凝析油气田。

1985年，西北石油地质局决定筹建一个小型炼油厂——雅克拉炼油厂，利用沙参2井自喷的原油解决部分自用油。筹建工作由试采队负责，厂址就选在地矿部塔北油气联合勘探指挥所西南七八百米处。

雅克拉炼油厂于1985年开始筹建，于1986年8月建成并进行试生产。主要生产设备为5个单独炼油釜、1个加热炉、6座贮油罐，贮油能力为3000立方米，有1000立方米水池1座，安装2吨蒸气锅炉2台，5个炼油釜均为间断生产。每年加工原油能力为4700吨。1988年，由于工作任务调整及安全等诸多方面因素，雅克拉炼油厂停产。

随着雅克拉油气勘探作业的增加，原油产量也逐步上升。为了加快油气勘探延伸产业的发展，1991年，西北石油地质局正式批准组建华疆石油天然气开发公司（1993年更名为西部油气开发公司，处级单位），负责全局油气加工利用任务，并将雅克拉炼油厂并为该公司下属科级单位。1992年，雅克拉炼油厂经过整改，重新恢复生产，年加工原油能力达5000吨。1994年，雅克拉炼油厂新增1个炼油车间，增加5个单独炼油釜，年加工能力达1万吨。

雅克拉油气田出产的原油属低硫、低胶、低蜡石油，原油比重、黏度都较低，轻质油含量极高，直馏轻组分产品收率在80%以上。当时的成品油市场尚属卖方市场，雅克拉炼油厂经济效益较好。

釜式炼油装置日益落后于原油生产发展的需要，特别是其难以控制油品质量、安全隐患多。1996年，经西北石油地质局批准，在充分利用炼油厂现有配套辅助设施条件下，投资265.5万元对雅克拉炼油厂进行正规炼油装置建设，包括常压塔、自控间、泵房、仪表风、冷却罐、供排水、热力管网等。这套装置于1996年12月5日试车成功并投入运行。油品产量和质量均获很大提高。1997年加工原油2.47万吨，其中汽油9400吨、柴油1800吨，实现税后销售收入3818.2万元。同时，安全生产系数也大大提高。原釜式炼油装置随之停工拆除。

1997年，西部油气开发公司根据西北石油局对雅克拉炼油厂扩建方案的批复意见，又投资166.7万元对雅克拉炼油厂配套设施进行升级改造和完善，新增化验室、变电室、消防泵房、消防水池，完善生产装置及贮油区，扩建预留装置区的消防系统管网，修筑厂区道路，进行装置区地平和电缆铺设等工作，使雅克拉炼油厂成为较规范的炼油厂，为以后的发展和扩建奠定了基础。

1998 年，西北石油局多种经营企业组建为新星实业集团公司，雅克拉炼油厂作为一个独立核算单位成为集团公司的核心企业之一。该厂的产品有 0 号柴油、70 号汽油、常压渣油。日加工原油 80 ~ 85 吨，日产成品油 70 吨左右。截至 1998 年底，累计加工原油 6 万多吨，原油贮油能力 2000 立方米，成品油贮油能力 2600 立方米。

只缘沧桑又一度，大漠出现不夜城。

一座现代化的炼油企业，巍然矗立在大漠戈壁。

随着雅克拉油气田油气资源的不断开发，20 世纪 80 年代末至 90 年代初，在雅克拉相继建起了塔里木油气化工厂、西北石油局联合液化气厂和新疆塔北联合炭黑厂等几个油气生产企业。与此同时，催生了西北石油局的油气销售经营管理部。雅克拉油气田的产品销售到新疆内外。区内主要销往乌鲁木齐石油化工总厂、新疆八一钢铁有限责任公司、独山子炼油化工总厂；区外主要销往兰州炼油化工总厂、兰州化学工业公司、河南洛阳石油化工总厂等国内石油化工骨干企业。

雅克拉产油气田的产品自投放市场以来，以优质的服务、良好的信誉、优惠的价格，深受新疆内外客户的欢迎。

14 金钥匙到底在哪里

1989 年 10 月 15 日，西北石油地质局局长李奔、西北石油地质局副总工程师康玉柱和地质大队副队长黄有元等去北京向地矿部领导汇报沙参 2 井出油情况和下一步工作安排。参加汇报的有朱训、张国钰、塞风、程裕琪、刘广志等领导，还有著名地质学家黄汲清、孙殿卿等。

12 月底，石油局在北京召开了塔里木盆地工作部署论证会，由总工程师杨朴主持，关士聪、朱大绥、韩景行等专家参加，西北石油地质局李奔、康玉柱、赵衍环、蒋炳南、陆青等作了汇报，最后确定了塔北近期工作任务和目标。与此同时，地矿部 1985 年计划会议明确把塔北列为地矿部石油勘探两大重点之一。

会议结束后，西北石油地质局李奔、康玉柱、赵衍环、蒋炳南、陆青等一行匆忙赶回新疆，传达地矿部工作会议精神，并且研究贯彻执行安排。

1985 年初，地矿部为了迅速扩大战果，决定在塔北进行联合勘探，调集华北石油地质局 5 个地震队和 1 个钻井队、华东石油地质局 3 个地震队、西南石油地质局 2 个钻井队、中南石油地质局 2 个地震队、广东海洋地质调查局2个地震队等15个队，以及另外2个重力队、1个化探队、9个钻井队的精兵强将集结塔北，举行空前规模的联合勘探大会战。

塔北摆开了战场。塔北油气联合勘探指挥所提出了“扩大雅克拉，东西展开，向沙雅隆起整体推进”的工作部署。这个工作思路与地矿部的部署基本上是一致的。

为了加强联合勘探的领导，1985年初，西北石油地质局成立物探前线指挥部，由张文献同志负责。为了地震解释快出成果，从广州局、华北局抽调技术骨干与西北石油地质局一物综合研究队共同组建了地震解译队，负责人是康玉柱。

这一年，专家们依据二维地震资料，在轮台断裂上开展油气普查和评价工作，首先甩开部署S3井、S4井。仅在沙雅隆起就上了12个地震队，重点在阿克库勒和沙西开展大面积普查工作，相继发现了一批构造，为实现新的突破提供了科学依据。

“七五”期间，《塔里木盆地北部油气普查勘探及主要油气评价总体设计》强调，为初步查清沙雅隆起控油地质条件、油气富集规律及主要油气藏类型，圈定含油气面积200～400平方千米，发现6～10个油气田（藏）的任务目标，需要完成1:200000重力普查5万平方千米、地震3.25万立方米、钻井32口。“七五”前期（1986—1988年）拿下雅克拉油气田，发现东西厢，寻找中浅层油气，圈定含油气面积100～200平方千米，同时兼顾沙雅隆起南北两侧的侦察。“七五”后期（1989—1990年）拿下1～2个油气田，圈定含油气面积100～200平方千米含油气面积，兼顾塔里木河南等地区的普查。

1986年，国家计委将“塔里木盆地北部油气普查勘探及主要油气田评价”列为国家重点勘探项目；把“塔里木盆地东北地区控油地质条件和盆地远景评价”列入国家重点科研项目，由贾润胥和蒋炳南等负责，该科研项目共有6个一级专题、30个二级专题、25个三级专题，26家院校、科研及生产单位约500多人参加了攻关工作。

1985年11月1日，组建地质矿产部塔北油气联合勘探指挥所，主任岳振恒，副主任骞振斌，成员赵复兴、钱志奇、康玉柱、杨振华、木沙克里木。其中，杨振华是阿克苏地区副专员，木沙克里木是巴音郭楞蒙古自治州副州长。

1987年1月9日，地矿部批复西北石油地质局基地扩建计划，同意库尔勒等5片基地建设总面积83495平方米，总投资2800万元。

1987年，根据地矿部工作部署，西北石油地质局党委研究决定，组建第一普查勘探大队委员会，刘金任第一普查勘探大队大队长，魏开谈任党委书记，窦汝玉任工会主席。批复第一普查勘探大队在米泉基地建设办公室及集体宿舍，总面积不超过6818平方米，投资控制在175万元以内。

组建地质大队委员会，陈飞鹏任地质大队大队长，刘鹏生任副大队长兼总工程师，李春才任党委副书记，王宜民任井下作业队队长，蔡达成任井下作业队党委书记，王守忠任井下作业队副队长，任风文任总工程师，石昌海任井下作业队工会主席。

1987年，地矿部从美国进口了一台具有可控硅整流电驱动装置和电子控制系统的E－3000型电动钻井机，这台电动钻井机是当时自动化程度很高的先进设备，地矿部将这台钻井机拨给了西北石油地质局。

4月5日，这台9000米的电动钻井机在塔北开钻。

这一年，西北石油地质局第一普查勘探大队不断完善设备、大胆创新，创塔里木钻探3项纪录：利用FD－320台机设备钻达5808米，创深度纪录；在奥陶系灰岩5398.97～5415.97米井段，利用83长筒取芯工具4次进尺17米，获取率100%，创岩芯获取新生纪录；利用直径149毫米钻头在5337～5808米裸眼进尺471米，创裸眼进尺纪录。

然而，通向成功的路途并非一帆风顺，人们认识客观世界的道路总是充满了曲折和坎坷。

当用错误的认识指导实践时，就会对实践产生消极的影响乃至破坏性的作用。当时，中国一些石油方面的专家坚持认为塔里木盆地的油气勘探重点是中新生界。受其影响，一段时间内，西北石油地质局将勘探重点从古生界转向了中新生界，致使其偏离方向，油气勘探举步维艰。

时间一天天过去，人们眼巴巴地等待着结果。然而事与愿违，梦想很快破灭。

1987 年的油气勘探工作并不乐观。用地矿部石油地质海洋地质局局长杨朴的话说，“出现了一个焦急状态”。

领导和钻井队的工友们面面相觑。

专家们个个心急如焚，沉默不语。

塔北油气联合勘探指挥所的领导面对的困难和压力都很大。

质疑的声音慢慢卷土重来。一些学者、专家又断言塔里木盆地不可能找到大型油气田，甚至有人提出再这样干下去就是浪费时间、浪费国家的金钱！

学术研究中难免会有一些不同的声音。

与此同时，随着市场经济的快速发展，按计划经济模式运行的“石油大会战”逐渐不能适应塔里木盆地的油气勘探形势。地矿部决定，以“有利于塔里木的油气勘探、有利于西北石油地质局的发展”为指导思想，以“少人高效”为原则，以“市场”为纽带，优化联合勘探队伍的组织结构和投资方向，提高油气勘探的效益。

当时，地矿部对塔北油气勘查联合指挥所的勘探投入大幅压缩，联合勘探队伍大量撤离，油气勘探工作一度陷入困境。

美国学者摩尔根曾说，世界文化奥秘的“金钥匙”埋藏于塔里木河流域，若能找出这把“金钥匙”，世界文化的奥秘也就打开了。

在地质矿产部西北石油地质局干部职工心中，塔里木河流域何止有一把打开世界文化奥秘的“金钥匙”，还有一把他们正孜孜不倦、千辛万苦地寻找着的，打开地下石油天然气资源的“金钥匙”。

一次次失利之后，勘探工作者不禁自问：是被地质理论“误导”了，还是主攻方向偏了？

当时西北石油地质局的形势确实十分困难，但是，西北石油地质局地质物探处处长蒋炳南等专家，面对各方面的困难，没有放弃，没有气馁，坚信在塔里木盆地、在沙雅隆起的海相领域上还会有重大油气发现，尤其看好海相碳酸盐岩的前景。

然而，寻找深埋地下五六千米的石油，光有信心和决心是远远不够的。

面对勘探认识上的困境和市场经济发展的大趋势，西北石油地质局领导结合实际情况，作出了两个重要的决策：第一，继续加大基础理论研究，为实现大突破作准备；第二，走勘探与开发相结合的道路，以采油收益反哺勘探投资。

塔里木盆地的油气勘探被称为地质界的“哥德巴赫猜想”。对于它的复杂程度，地质家们这样形容：“深度像弹簧，高点带轱辘，圈闭捉迷藏。”

那时，向国内学，海相碳酸盐岩油气勘探，塔里木盆地是第一例；向国外学，又没有太多机会。面对这一世界级难题，从不服输的西北石油人秉承“宁肯少活二十年，拼命也要拿下大油田”的“大庆精神”，走上了自主创新之路！

前人没有遇到过，他们敢于探索、敢于拼搏、敢于超越；没有任何经验借鉴，他们创新实践、创新理论、创新发展。通过不断的实践—认识—再实践—再认识，一步一步逼近了真理！

压力就是动力。面对困难和压力，塔北油气联合勘探指挥所立即调整工作思路，组织专家“会诊”。

那段时间，联指天天组织开会。

党委班子成员冷静思考，沉着应对，鼓励专家广开言路："谁有什么想法统统说出来，不要憋在心里。"

虽然有的专家情绪悲观，打了退堂鼓，但是大多数专家依然满怀信心，认为应当平复烦躁心情，及时调整工作思路，制定切实可行的工作方案。

人们在工作中遇到困难时往往会很烦躁，有时会对身边的同事出气、发牢骚、抱怨，把心中的不满、烦闷、看不惯的事情统统发泄出来，以致引起争执。

有人说，塔里木盆地构造和成藏条件太复杂，难以形成大油田。但是以康玉柱、蒋炳南为首的一批勘探专家还是坚信，在塔里木盆地，特别是在沙雅隆起，在海相碳酸盐岩领域肯定会有大油、大气。

他们认为：第一，塔里木在几个不同构造单元打出沙参 2 井、柯参 1 井、沙 22 井、沙 18 井、塔中 1 井等几个超千吨井。特别是沙 18 井，产油气达 5000 吨当量。第二，古生界发育的寒武—奥陶系和石炭—二叠系两套生油岩，厚度大、分布广、油气资源潜力大。第三，盆地内具有多时代成油组合和几个大型隆起和斜坡，具备形成大油气田的地质条件。

最后，大多数同志同意了"坚持古隆起，坚持奥陶系，寻找大油田"的意见。

联指决定，将勘探范围收缩到雅克拉构造，在沙参 2 井的西南、西北、东北分别部署 S5 井、S6 井、S7 井。

1988 年的油气普查勘探总体设计强调，以油气新的突破为中心，以测试工作为重点，重视科技攻关，强化综合研究工作，严格按设计施工。部署的总体设想是"拿下和扩大一块"——雅克拉及其外围，"突破两块"——沙西断褶带和阿克库勒地区，"准备三块"——巴楚—沙参 2 井地区、塔里木河南和库尔勒鼻隆。

地矿部海洋地质局总工程师张瑞翔在工作部署会议上作了讲话，原则上同意西北石油地质局的工作安排和部署。

张瑞翔要求，提高对塔里木前景认识，精心部署，抓好各项工作的质量，搞好测试工作。“总的前景是光明的，道路是曲折的，祝今年有大的突破。”

1988年7月28日，阿克库勒构造上由十一普6004井队施工的沙14井，在奥陶系灰岩中途测试获高产油气流，日喷原油191立方米、天然气1万立方米，实现了阿克库勒地区油气田的首次重大突破。

1988年9月17日，沙4井侏罗系又试获高产油气流，日产原油135立方米，天然气26.5万立方米、实现了侏罗系首次突破。

1988年11月11日，沙5井在下白垩统卡普沙良群中试获高产油气流，日产原油500立方米、天然气320万立方米。这是塔里木盆地下白垩统首次重大突破。自治区党委、人民政府和地矿部分别发电祝贺。随后，自治区和新疆建设兵团领导宋汉良、铁木尔·达瓦买提、张思学、郭刚等到塔北沙参5井视察。

1989年4月1日，地矿部为加强塔里木北部油气勘查工作，成立了地矿部塔北油气勘查联合指挥部，总指挥夏国治，副总指挥杨朴、岳振恒，成员有杨长城、骞振斌、陈云华、张泽祥、赵元哲、康玉柱、李正玉、张爱东、钱治奇、孙万禄、刘庆民、黄德清、王庭斌、万有林、毛克伟、何庆志、孙肇才和巴州一名副州长、阿克苏地区一名副专员，共22人。

1989年6月，塔北联合会战正在如火如荼地进行。承担着塔里木河南地震物探测线任务的141队为了加快施工进度，决定“小搬家”到塔河南岸，除了施工必需的设备器材，生活用品尽可能精简。为了赶在河水上涨之前把穿越塔里木河的测线完成，他们仅带了十天的给养。炎热的天气加上每天高强度的工作，大家都很困乏，但他们清楚，一旦河水上涨，就无法开展野外作业，就会拖累整个塔北工区的物探解释工作。大家每天采取“卷席筒”的方式向前推进，钻机班、爆炸班、技工班和仪器组起早贪黑、紧密配合，于6月1日完成66炮，6月2日完成68炮，6月3日下雨完成58炮，6月4日完成67炮，6月5日完成72炮，6月6日完成84炮（创该队日完成纪录）。距离全部完成只剩141炮了。

正当大家松了一口气准备一边休整一边轻松完工的时候，6月7日一大早，电报话务员传来消息，塔里木河的洪水可能提前几天到来，原定四天的工作量必须在两天内完成。

无须动员，小伙子们的神经又紧绷起来。早饭还没吃，钻机班已经打了10口井了，仪器组有的开机作日检，有的检查线路和接收器状况，有的与技工班、爆炸班联络。等做好所有放炮准备工作，炊事班送来的馒头稀饭都凉了。

当太阳快要落山时，他们已完成了85炮。又一个纪录！

这时，仪器操作员陆江南通过对讲机询问各班组："今天放够100炮再收工，干不干？"

工友们干脆地回答"干！"

造化弄人。就在还剩最后5炮的时候，突然刮起了四五级的间歇风。由于测线当时正穿过灌木丛，灌木的振动会严重干扰地震信号的接收，大家只好暂停放炮，等待风停下来。这是考验仪器操作员观察判断力的关键时刻。只见他们全神贯注地观测着线上的动静，一旦发现风小下来，对信号接收器（检波器）的干扰减弱了，就马上发出通知："爆炸班准备放炮，技工班加强警戒。"

"轰！""轰！"一炮又一炮连续响起。终于在23:55，传来了第100声炮响。现场检查合格。

"成功啦！"整个工地都沸腾起来。"100炮"创造了当时会战地震队日工作量的纪录。

为了庆祝胜利，回到驻地，队长请同志们喝酒。队长说："今天只有一道菜，'白龙过江'！"

“什么是‘白龙过江’?”年轻队友从来没有听说过。

勘探队员在野外喝酒没有酒杯，全是用嘴对着瓶子“吹喇叭”。讲究一点的人就拿自己的刷牙缸当酒杯。

队长从厨房里拿来一捆大葱，每人发一根。还有人不明白，心想：“菜呢？没菜怎么喝酒。”

队长对着酒瓶喝了一口，把瓶子递给旁边的人笑着说：“喝!”然后咬了一口大葱。

大伙这才恍然大悟，原来“白龙”就是大葱啊!

勘探队在野外哪儿有什么下酒菜，一点花生米或者四川榨菜，就是最好的美味了。

1989年8月16日，由卫怀忠带领的一普6015队在阿克库勒构造上的沙18井施工，地质组组长张万广和井下作业队试油队的同志们在石炭系砂岩中试获工业油气流，日产凝析油1400立方米、天然气420立方米，创国内初喷井纪录。

这是继沙参2井、沙5井之后，第三口双千吨的高产井，也是塔里木盆地石炭系的首次重大突破，打开了一个找油气的新领域。

1989年8月22日，国务委员邹家华等领导在库尔勒听取了康玉柱和赵元哲的汇报后，到现场视察。

邹家华看到沙18井蔚为壮观的放喷场面时，询问现场工作人员，能不能把它回收利用，“白白地燃烧掉有点太可惜了”。

当他得到工作人员肯定的回答后，开怀大笑道：“那就看你们的了!”

至此，已经基本上控制雅克拉油气田的含气面积，为评价这个油气田提供了较为充分的科学依据。这让西北石油地质局决心将勘探重心重新锁定在雅克拉构造带。他们隐隐约约有一种预感，“地宫密码”的“金钥匙”似乎被找到了。

大家一致认为，应当瞄准沙雅隆起奥陶系灰岩和白垩系、寒武系深层，明确了沙雅隆起的勘探思路，寻找整装、规模油气田。

中央领导对塔里木盆地油气勘查工作接连取得的重大突破极为满意。1988 年 10 月 10 日，国务院总理李鹏在地矿部《关于塔北油气勘探连获突破的情况汇报》上批示：“很好，请继续努力。”国务委员邹家华批示：“两支力量组织起来，开发这个塔里木大油田。”

又一场硬仗即将打响。

张旭同志回忆说：“按照整体设计要求，我们必须在 1989 年年底完成 2000 个物理点的工作量。这在当时可是一个常规地震队半年的工作量，任务十分艰巨。当时，队伍已经完成全年任务，人员都已回家休假。休假职工分散在全国各地，集结队伍十分不便。在当时的条件下，队上只好给每位职工发加急电报。一封封加急电报飞向全国各地，飞向喀什、哈密，飞向河北、青海、安徽、河南、江苏……”

才休假半个月的职工接到电报后都立即返队。家在外地的职工才在家待了不到一个星期，也在说服了家人后毅然返队。有位准备在国庆节结婚的职工毅然推迟了婚期。张旭也从石河子家中返回了塔北。西北石油地质局第一物探大队，用最短的时间在 145 地震队的基础上组建了当时塔里木最大的野外地震分队，达 300 多人。这在当时是个奇迹。至 1989 年 10 月上旬，工前准备工作全部完成。其间，还完成了沙 6 井的垂直地震剖面工作。

为保证此次三维地震勘探项目成功实施，西北石油地质局物探处总工赵衍环挂帅担任采集项目负责人。地矿部石油地质海洋地质局调集了南京石油物探研究所一个室的 12 名技术骨干投入该项目。

三维地震勘探就相当于医学中的 CT 技术，是比较先进的地震勘探手段。

新疆的冬季来得特别早。1989 年 9 月中旬，乌鲁木齐就下了第一场雪，南疆也比往年冷。为了赶在下大雪之前完成 2000 个物理点的工作量，队伍每天早晨6点起床，7点准时出工，8点之前就在20多公里外的工区就位了。第一天出工已在10月下旬。队上6点吹了起床哨。6时40分，全队集合在帐篷前的广场上点名。

张旭清楚地记得，出工那天一大早，300多人聚集在广场上，大队领导作战前动员："我们在从事着前人没有干过的事情，我们第一物探大队有信心、有能力干好这件事……此次三维地震勘探项目的成功，必将在塔里木地震勘探史上留下光辉的一页。大家有没有信心？"

"有！"300多人齐声吼道，响声冲破天空。

出工第一天是做实验。那天，领导和专家都上了工地。小车不够坐，年轻的技术人员都坐大车。当时，局物探处的宋国梁是一位刚毕业一年的年轻大学生，和张旭一起站在一辆解放牌汽车的车厢里。由于缺乏经验，张旭仅加了件羊毛衫，嫌发的羊皮大衣太重就没穿。张旭心想，昨天中午还穿衬衣呢。

但车一开起来，情况就不一样了。石子路上，车的颠簸还能克服，但是车开起来后嗖嗖的寒风，一会儿就把身上的热气吹光了。张旭这才后悔没穿皮大衣。戴着单手套的手抓在车厢上，一会儿就被冻得生疼，身上也开始发抖。那真叫冷啊！

张旭看看小宋，情况和自己差不多。周围的职工大都是从内地招来的合同工，比他们还惨，冻得发抖，冻得牙齿直打战。到了工地，车停了好几分钟后，大家才能慢慢下车。司机赶紧找了一些干红柳点了一堆火，大伙围着火堆才慢慢缓过来。

第一次出工，张旭的感觉就是真冷。从那以后，张旭再也没觉得羊皮大衣重过。

随着冬季一天天来临，天气也一天比一天寒冷，夜里已到了零下十几度。司机为保护水箱不被冻坏，每天晚上要将水箱的水放干净，第二天再加上。车也越来越难发动了。由于工期紧，没有足够的时间保养设备，司机就在工地上保养维修车辆。

在大家的努力下，分队赶在1989年12月初的第一场大雪来临之前完成了设计规定的冬季生产目标。36个纯生产日完成2000个物理点的高效率，创造了塔北地震生产的纪录。

事实证明，调整勘探思路是正确的。

在中生界取得连续突破后，西北石油地质局测井站对轮台构造上的沙3井测井资料重新计算整理，提出5047～5051米的下第三系井段为可能含油水层，经局技术会议决定测试。果然在第三系砂岩中试获工业油气流，日产凝析油130立方米、天然气30万立方米，成为塔里木北部新层位的首次突破。

15 塔里木“铁人”

人们称王守忠为塔里木“铁人”。因为他有铁的意志，烈火高温检验过他的筋骨；他有铁的品格，千难万险铸造了他的内心；他有磁铁般的吸引力，能把群众凝聚在他的周围。

1991 年 5 月 18 日，地矿部在北京人民大会堂召开表彰大会，号召全地矿系统广泛开展“向王守忠学习”活动。部长朱训宣读地矿部《关于授予王守忠同志特等劳动模范称号的决定》，国家副主席王震亲手把特等劳动模范荣誉证书授予王守忠同志。

1966 年，年仅 19 岁的王守忠从山东老家招工进入地质矿产部油气勘探大队。

他从参加工作之日起，心里就有一个偶像，“铁人”王进喜，那是他崇拜的英雄。

王守忠跨进地质行业的第二年就有惊人之举。1967 年严冬，他所在的钻井队在柴达木德令哈地区零下 20 多度的荒漠里作业。他当班打到 2000 多米时，钻遇高压水层，高压水在钻台猛烈喷射。人们一看这阵势，都直往后躲，谁也不敢靠近。

有经验的老师傅着急地说："这可怎么办呢？如果不立即把井内钻杆上的钻头提出来，一旦高压水层把井壁冲垮，有可能会把钻头埋住，会造成无法挽救的事故。"

王守忠看到师傅心急如焚，说："师傅，我上！"

话音未落，他就冲到了水花四溅的钻台前。接着，师傅带领另外三名队员也跟了上去。瞬间，他们的衣服就全冻成了冰盔甲，冷得浑身发抖。

王守忠鼓励大伙："抓紧干活，身上就不会冷了。"

大伙一鼓作气，用了 4 个多小时，硬是把钻具全部提出井外，避免了一场恶性事故。

人们注意到，这个中等身材、看似瘦弱的王守忠真是一条硬汉。

师傅夸他："守忠，刚才水喷得那么高，你怎么不害怕呢？"

王守忠回答："钻头是咱们的宝贝疙瘩，我总不能眼睁睁地看着它被埋在井里吧。只要能甩掉咱们国家贫油的帽子，我也像'铁人'王进喜一样，宁愿少活二十年……"

"住嘴，年纪轻轻的胡说啥呢。我看出来了，你小子有出息，好好活着，有你这样的石油工人，咱们国家就大有希望！"师傅说。

从此以后，师傅对王守忠格外器重，着意培养他。有一次，师傅让他去操作一台 6000 米进口大钻机，王守忠面对自动化装置上的注码字傻眼了。休息的时候他就向队上有文化的技术员请教，很快就对进口钻机的操作方法和性能了如指掌。

1972 年，在一个简陋的干打垒会议室里，王守忠面向党旗举起右手庄严宣誓："我志愿加入中国共产党，拥护党的纲领，遵守党的章程，履行党员义务，执行党的决定，严守党的纪律，保守党的秘密，对党忠诚，积极工作，为共产主义奋斗终身，随时准备为党和人民牺牲一切，永不叛党。"

从那以后，王守忠几十年如一日，忠心耿耿地为党工作，严格按照共产党员的标准要求自己，认真履行党员职责和义务，处处发挥先锋模范带头作用。在事业面前，他高度负责，严于律己；在危机时刻，他敢于踩着死神的脊背前进；在平凡的日常工作中，他虚心好学，刻苦实践；在利益面前，他关心大家胜过自家。他用实际行动兑现了入党誓词。

1978 年底，王守忠所在的地质部第一普查勘探大队奉命从青海转战新疆，到塔里木寻找油气。

1980 年，王守忠所在的井队到塔里木河南岸打井。那里的地层岩性适用什么泥浆，王守忠一点儿也不知道。他沿用先前的方法采用高比重泥浆，结果那口井在井深 4000 米处漏失了 100 多立方米泥浆。这对于王守忠来说是一次非常深刻的教训。从那以后，他下定决心学习，虚心向专家请教。两年以后，刻苦钻研的王守忠成长为石油钻井的行家，无论遇到什么样的问题，他总能判断个八九不离十，连工程技术人员都对他刮目相看。

1981 年，王守忠所在的井队搬到沙参 1 井施工。一晚，王守忠梦见妻子拉着报警器说，泥浆漏失了上千吨，吓得王守忠从床上蹦起来就往井上跑，跑到半路才醒过来。大伙都笑他“一朝被蛇咬，十年怕井绳”。

跃参 1 井中发现了中生代生油岩，为认识塔里木盆地油气远景提供了重要信息。施工中，河水暴涨，交通阻断，百余人断菜缺粮。他和一名工人携一只汽车内胎，冒着生命危险跳进激流，强渡过河，为井队运回几麻袋蔬菜和肉食。

1990 年元宵节，家家户户都在热热闹闹过节，王守忠的妻子李向荣邀请队上的几个朋友到家里来坐坐。朋友们以为王守忠请他们喝酒，就赶到王守忠家。进门以后，觉得气氛不对，桌子上什么都没有，不像是请客的样子。夫妻俩绷着脸相对无言，王守忠埋头抽烟，没有招呼人的意思。

李向荣面带愠色，气呼呼地说：“今天是叫你们来评评理。我与他结婚 20 年了，从来没有让他为家里操过心。他一心扑在工作上，我放弃了民办教师转正的机会，在家伺候老人、抚养孩子，我没说过他一个不字。我生了三个娃，他没在家帮过我一次，生老二、老三的时候他都在队上，头三天我还得自己去食堂背煤、背粮，坐月子都是婶婶、大娘过来帮我一把。他倒干净，天天上食堂吃饭，回家对他来说就像走亲戚或者住旅社。我也没跟他吵过嘴。我有胃病、肾炎、心脏病，他没为我拿过一次药，没陪我看过一次病。1988 年我胃病严重，怕是癌症，叫他陪我去做胃镜，他答应了。车子路过局里时，他说他有事，下了车就到办公室去了。我想他为的是公家，我们女人家不能拖他的后腿……”

说到伤心处，李向荣流下了眼泪。她继续说道：“我前半辈子伺候他，苦一点也就过去了，可下半辈子苦的不是我，是孩子。孩子学习、工作、娶媳妇你不管，叫我咋办？伟伟今年 20 岁了，读书不使劲，考不上大学，待业都 3 年了，你不着急，可我火急火燎啊。别人当官有这方便那照顾，可我这个劳模、队长的妻子沾过啥光？只有吃苦受难……你再不管家，你去你的塔里木，俺回俺山东老家，伟伟留给你自己看着办吧……”

伟伟是王守忠的长子。1975 年，王守忠在青海民和县工作，有一天他歇班，伟伟缠着他，要他带着上沟坎去玩儿。快要走出单位大门时，他发现放在墙角的柴油罐嘀嗒嘀嗒地漏油，就停住了脚步，让伟伟自己在一边玩耍。他径直到修理班拿了工具，待他把油罐阀门修好以后，孩子已经在路边睡着了。

高原夏日的太阳火辣辣的，晒得孩子一身臭汗。更叫王守忠难受的是，黑头蚂蚁爬了孩子满身。王守忠一把将儿子抱起来，儿子睁开眼，边哭边蹬腿，哭喊着：“我要去沟坎抓蝴蝶……”

王守忠拭去儿子脸上的汗渍和泪水，捏死一只爬到孩子身上的蚂蚁，说：“伟伟不哭，爸爸忘性大，今天太晚了，等我下次回来带你去。”

下次休假还要等很久，到那时王守忠真的又忘记了他对儿子的承诺。

沙参 2 井出油前半个月，组织上安排王守忠把家从轮台搬到米泉新居。卸车时，王守忠对妻子说：“这回咱就把家安在这儿，哪儿也不去了。井队这些天正较劲，这是一口深井，钻进到关键井段了，俺明早就走。”

李向荣瞧着屋子里摆得像个杂货摊似的，嗔怪道：“你就没把这个家放在心上，整天惦记你那井！”

“油井比俺的命贵，不惦记不行啊。”王守忠说。

朋友们劝李向荣：“嫂子，大哥真的把油井看得比自己的命还宝贵，你就多担待……”“咱井队谁家不是女主内、男主外？家家都一样！”

李向荣没想到，被她叫来评理的朋友，个个都向着王守忠，最后好像自己理亏似的。其中，还有两个人拉上王守忠就走，说到他们家喝酒去。

王守忠确实是一个大公无私的人，一心想着国家、想着集体，从来不为自己着想。

1988 年，伟伟初中毕业。由于随父亲频繁搬迁，耽误了学业，初中毕业后，考学和就业都和他沾不上边。老二和老三的学习成绩也一般。李向荣在家里带孩子真不容易，但是她心肠好，刀子嘴，豆腐心，嘴上唠叨唠叨就没事了。

1987 年，组织上把一直坚持在勘探第一线、勤勤恳恳、埋头苦干的王守忠调到井下作业队并提拔为副队长，分管固井、试油、中测等工程作业。这些工程与他原先熟悉的钻井工程在某些方面有共通之处，但毕竟不是同一专业技术。他自己说：“咱从地上钻井转入搞地下工作啦。”

地下工程比地上的更复杂、更艰难，看不见、摸不着，全凭现代科学仪器、设备来间接判断井内的情况，而判断的准确与否又往往与人的理论知识和实践经验的多少紧密相连。这对于初小学历的王守忠来说，不是一桩轻松的事。好在他是一个肯下功夫钻研的人，有一股韧劲。他坚持边学边干，在干中学，在学中干，不断摸索、实践，很快就对固井专业技术驾轻就熟。

井下作业队那几年引进了许多国内外新设备，大家见了都皱眉头。但是王守忠一点也不发怵，他认为井下作业瞄准先进水平是好事，带头学习和应用新技术。他说："我这个人没啥文化，讲不出多少道理，但我懂得身教重于言教。首先自己要弄懂，自己都不懂，怎么要求别人。"

局里从美国引进了油、气、水三项分离器和哈利伯顿固平装置。美国人在传授操作和维修技术时，王守忠面对那个庞然大物和复杂构件，真有点眼花缭乱。外语他听不懂、记不下，但是他有"蚂蚁啃骨头"的笨办法，边听、边记、边画，遇到不明白的问题随时提问，非要把每一项内容都搞清楚。

美国人验收安装和传授技术后，担心中国人不敢独立工作，提出现场提供生产井实验性技术服务，劳务费每天一万五千美元。王守忠立即表示反对："让他们走吧。他们能干的，中国人也一定行！"

在场谈判的美方非常吃惊地看着他。现场试机那天，王守忠亲手操作进口设备，美国人不停地点头，最后还指着王守忠对翻译说："这个中国人了不起！"

沙参 2 井是我国油气发现史上的重要里程碑。王守忠带领十几名敢死队员灭火抢险，立下了汗马功劳。在井喷最危险的时候，他让大伙撤退，把生的希望留给战友，自己奋不顾身地冲进烟雾弥漫的地质资料房，抢救地质图件……

沙参 2 井的纪念碑上，留下了王守忠及其英雄伙伴的名字。

王守忠不仅在油气钻探中是能征善战的硬汉，在科技王国也是勤钻善探的能手。他仅有初小学历，但在工作中爱学习、勤动脑、善巧干，打钻，固井，试油，开汽车，车、钳、铆、焊等技术，样样精通。调入井下作业大队后，面临更复杂的技术和设备，他虚心求教、善于探索，较快地驾驭了现代设备。1989 年，井队从美国引进了一台现代化固井水泥混合装置。美方来人传授操作、维修技术时，他勤问细察，很快带出了一批操作手，并对该设备主管线中跳动剧烈、刺漏泥浆的问题进行了改进，设计制造了泥浆罐和振动筛，有效地提高了固井速度和质量。

历经33年的风风雨雨，王守忠被誉为“在地质队伍中熏陶成长起来的具有时代精神的‘铁人’”。

2007年8月，国务院总理温家宝在新疆考察工作期间，曾专程来到西北石油局家属院，亲切看望了这位“铁人”，对他充分发扬石油行业“以献身地质事业为荣，以艰苦奋斗为荣，以找矿立功为荣”的“三光荣”和“舍小家，顾大家”的崇高精神，对他为祖国石油事业作出的贡献给予了高度赞扬，并一再叮嘱他要好好养病，把身体照顾好，安度晚年。

16 沸腾的生活苦不堪言

塔里木盆地，常年干燥，降水稀少，夏热冬冷，春季多风。

春季每月至少要刮上五六次大风，狂风怒吼，飞沙走石，声音凄厉可怕。

沙尘暴袭来，遮天蔽日。漫天的滚滚黄沙吹得人不敢睁眼。

师玉生回忆，“一普一物”和地质大队等单位接到新疆石油普查勘探指挥部通知，让他们派人到西站仓库接收分配给各单位的北京 212 八座越野车。部队驾驶员复员的师玉生、赵增义、王志寿、李三则、邢金亮、包维中等几位同志如约按时来到西站基地临时仓库。仓库内外人来人往，熙熙攘攘，非常繁忙。从青海运来的原有设备和新调运来的各种新材料、新设备，全部在此集中然后调拨分发。

师玉生等人先后办理了六辆北京 212 越野车的手续，库管员带他们来到在空地上一字排开的汽车前，他们把各单位要接走的车仔细检查了一遍，商定了第二天一起返回喀什的时间。他们来的时候，各单位领导明确要求，此次所接车辆是开展工作、指挥生产所用，一定要确保安全，一定要万无一失地将车开回单位。

从乌鲁木齐到喀什前线大本营骑兵三团约1400多公里，全是砂石路，大坑连小坑，形成“搓板路”，颠得驾驶员和乘客浑身乱颤，腮帮子抖得如同打摆子，牙齿上下碰撞，说不出一句完整的话。路况最差的路段就数翻越天山的从托克逊到库米什的那段甘沟路。上坡50公里，下坡51公里，全是七弯八绕的傍山路，道路窄，汇车多，事故频发。托克逊又是全疆风沙最大的地区之一，每年开春三月到五月，十级以上的大风隔三岔五地就要来光顾一次。几乎每天都有抛锚的车辆停在路边等待救援。大风袭来，飞沙走石，经常出现挡风玻璃被飞起来的石头打碎的情况，迎风一面的车身油漆像是被砂轮打磨过似的，全是白花花的金属本色。

除了甘沟、榆树沟，还有焉耆、新和、阿克苏的泛浆路和巴楚三岔口东西走向的长距离“搓板路”。一天车开下来，身体再好的人也会被颠得腰酸背疼腿抽筋，双臂麻木头发晕。

无风时，若有车队驶过，谁在后面谁倒霉。每辆车扬起的灰尘长龙般久久不散，行驶在后面的司机根本看不清前面的路况。那时的国产车密封也不严，车厢里的灰尘呛得人喘不过气来。

进入夏季，漫漫黄沙卷着蒸腾的热气，伴着烈日的炙烤，磨炼着地质勘探人员的意志。

7月的塔里木盆地简直像个烤馕坑。阳光从万里无云的天空垂直射下，大地被烈日灼得火烧火燎，直冒青烟。70℃～80℃的地表温度，把戈壁荒漠上的红柳和骆驼刺烤蔫了，就连蚊蝇也只能痛苦地呻吟。沙子烫得能把胶皮鞋底熔化，地面烫得站不住，施工的地质队员只能不停抬脚。如果每一个脚印都是一个音符的话，他们留下的足迹，便是一首悲壮的旋律。

这哪里是人待的地方。难怪外国探险家会把这里叫作“死亡之海”。由于降水稀少、蒸发强烈、空气干燥，不用一点儿星火，易燃物就会燃烧起来。

物探队的第一项任务就是在戈壁滩上打眼放炮。每个炮坑长1米，宽

60 厘米，深 2 米多。每公里测线需要挖数百个这样的炮坑。几百公里的测线上，日复一日地重复着单调、枯燥且原始的重体力劳动。遇到盐碱壳或砾石坚硬的戈壁，铁镐砸下去火星飞溅，震得虎口生疼。雇来的工人几天就受不了，全跑光了。但是物探队员不可能当逃兵，再苦再累也只能坚持下去。

“一普一物”虽然有着丰富的野外勘探经验，但也没有领教过塔里木盆地自然环境的残酷。在这里与在别的地方搞勘探截然不同。

队员们刚来的时候，个个都是一腔热血、两手准备。个个吃苦耐劳，只要能为国家找到大油田，苦点累点算不了什么。

然而，当他们走进荒无人烟的塔里木盆地后，经常会遇到令人无法想象的艰难险阻。

漠风之大，难以形容。队员们野外作业时全都住在帐篷里。漠风有时候会把帐篷撕烂，有时候甚至会直接把帐篷刮跑。

有一位年轻队友，刚结婚没多久，新婚妻子到工区来看望丈夫。是夜，两人正在被窝里亲热，突然一阵大风把工区所有的帐篷都掀翻了。丈夫赶紧起来和工友们一齐扎帐篷，妻子光着身子蜷缩在被子里哭泣。

最惨的就要数女同志了。

有一天，一位女队员到沙丘后面去解手，另外一位女同志站在沙丘前给她“放哨”。

突然，“放哨”的女队员听到沙丘后面的队友一声惊叫，她赶紧跑过去看怎么了。

解手的女队员提着裤子哭着说：“四脚蛇，吓死我了。”

一只 30 多厘米长的蜥蜴，趴在不远处的沙漠上吐着信子，令人毛骨悚然。队友也觉得不寒而栗。

还有一次，有一位女队员实在太过劳累，中午躲在大卡车下休息的时候就睡着了。而开大卡车的司机没看到车底下有人，快收工的时候就把车开走了。

女队员被炎炎烈日晒醒了，发现车子不见了，荒凉的沙漠里只剩下她一个人，顿时大惊失色，急得直掉眼泪。

她强忍难过，在孤立无援的困境中，顺着汽车印慌张地追赶。

班组同志收工时发现少了一个人，赶紧开车返回去寻找。这位女队员半路看到卡车的那一刹那，“哇”的一声号啕大哭。

她还算幸运，那天是沙漠里少有的无风天气。

要是遇上刮大风就惨了，因为流沙很快就会把车辙覆盖掉。茫茫沙漠，没有一草一木作参照，很容易迷失方向。

有一回，一个班组在沙漠里作业。由于天气晴朗，吃过午餐，大家商量后决定稍作休息，等恢复一些体力后，再多干一些，万一哪天再刮起大风就可以驻在营地不出来了。

那是一片枯死的胡杨林区，塔里木河多次改道，南东北西排列的古河道在塔里木河南岸彰显着沙漠北侵的沧桑。

就在大伙干得正起劲儿的时候，沙尘暴忽然像一道屏幕从天而降，遮天蔽日的黑风暴以极快的速度横向袭来。等到队员们发现的时候，为时已晚。大伙立即收拾设备，迅速撤离，可是眨眼之间，他们就被彻底包围在沙尘之中。浓重的沙尘透过墨镜的镜框，直往人眼睛里钻。大伙眯着眼睛跌跌撞撞迎着风沙往停在路边的车跟前集中，一清点人数，发现班长没有回来。

大伙立即用对讲机联系。但是风太大听不清楚。没过多久，对讲机没电了。天越来越暗，班长失联，大伙心急如焚，但又不敢散开去找，怕再有人走失。

那是一个特别难熬的夜晚。大伙挤在驾驶室里彻夜难眠，都为班长的安危担忧。

第二天黎明时分，沙尘暴还没停息。大伙两人一组分头去寻找班长，但是找不到任何足迹，只好顶着大风赶回营地向队上报告。

队上非常重视，调动了所有的车辆和人员进入沙漠寻找。可是一连五六天过去了，生不见人，死不见尸。

班长当时在茫茫沙漠中，没吃没喝，渴了只好喝自己的尿。一周后，他奄奄一息地躺在沙漠里，幸运地被一位放羊人发现。放羊人从他的衣着上判断他是地质队员，救起以后向勘探队报告。勘探队这才把不省人事的班长接回来，送到医院抢救。

三天后，当他醒过来时，双目无神，痴痴呆呆的，一直沉默不语。

经过了一段时间的调养过后，他才慢慢开口说话。他说，那天他像进了迷魂阵一样，怎么也出不来。越走越远，越走越凄凉，但是为了活命，他只顾寻找队友。灰蒙蒙的夜色里，整个大地静得令人毛骨悚然，周围的沙丘面目狰狞，仿佛到处都充满了阴森森的鬼气，极其恐怖。班长觉得浑身冷飕飕的，不由得打了个寒噤。他心想，完了，自己这么年轻，就要葬身在死亡之海，变成孤魂野鬼了。想到这里，他不禁嚎啕大哭。几天下来，简直要发疯了。再后来，他就什么也不知道了。

还有一回，也是大风天，一位弱不禁风的女队员被风吹出了几公里，幸而抱住了一棵胡杨树，得以被队友们搭救。

有一年，测量班和物探班到尉犁县的沙漠中施工。测线全在汽车无法通行的沙漠腹地里，设备和给养都用雇来的骆驼驮着。

一周的任务，每个班带了十天左右的饮用水和粮食。由于雇来的骆驼不够，个人用的被褥只能自己扛着。

一般测量班会先到一段时间，刘新平所在的物探班后到。

骆驼在天热的时候特别爱开小差。有一次，天特别热的时候，毛存林带领的物探班和测量班的同志汇合了，晚上把骆驼放开之后就睡觉了。结果第二天起床后，发现骆驼少了一大半，只剩下四头老骆驼，可把驼工急坏了。对于驼工来说，骆驼是家里的宝贝。租用一头骆驼每天 100 元，而雇用的驼工每天的工钱是50元。队员们与驼工商量，说："我们的工作时间紧任务重，不能再出去找骆驼了，只能你自己去找。"从这里到驼工家来回一趟至少得十几天。为了不耽误工期，毛班长就带了几个人，扛着粮食和铺盖卷，牵着那四头老骆驼把工作完成了。结果返回的途中，在一个小水坑旁遇到了不见的那几头骆驼，一个个肚子喝得胀胀的在乘凉。驼工和队员们都十分欣喜。

在普查另外一条工区的时候，测量班和物探班的两位班长抓阄，抓到哪条线路就要走哪条线路。

有一天中午遇上了沙尘暴，骆驼马上就卧在地上不走了。驼工说这是骆驼的习性，即使把骆驼赶起来，它也不会往前走一步。大伙只能停下歇息。

走在前面的胡小松和后面的人失去了联系。工区在一片戈壁滩上，红柳特别多、非常茂盛，足有两米多高，走到哪个地方都一样，根本看不见人。等沙尘暴刮过以后，胡小松就迷路了。

一班人在红柳丛里喊胡小松的名字，但是没人答应。胡小松也很着急，他也在寻找队友。最后，他捡了一些红柳枝生火发信号，才被大伙发现。

尉犁沙漠属于罗布泊范围，在孔雀河下游。那一周不知怎的，隔三岔五地刮风下雨，根本没法干活，队员们被困在红柳丛里，只能等天晴了再去干活。

一连等了好几天，天晴了，粮食也快吃完了，只能把米和面用水搅成稀粥凑合。

沙漠里的雨水留不住，很快就渗没了。骆驼不知道是渴了还是累了，对着他的主人痛苦地嘶鸣。驼工却没管它，只顾和队员们一起喝酒。

大漠的夜晚特别寒冷，夜色迷蒙混沌。

驼工酒量很大，队员们都不是他的对手，几个人喝得东倒西歪。驼工也喝醉了，解手时把裤带系在了一棵胡杨树上，自己挣不脱，还迷迷糊糊地推着树说："别拽我，我没醉……"

骆驼对它的主人失去了耐心，夜里挣脱缰绳逃跑了，把背上驮的粮食和水也带走了。

队员们一筹莫展，只好凭直觉往塔河边上走。那是个阴天，没有罗盘，辨不出方向，四条汉子迷迷糊糊地在茫茫沙漠中走啊走。挨饿的日子还能忍受，而口渴的日子实在难熬。嘴唇干裂得渗出血丝。疲惫、饥饿、干渴交加，大伙绝望了。他们深知，在戈壁滩上一旦迷路，是很难走出去的。

当时四个人就在烟盒背面，写下了"遗言"："领导，我们没能很好地完成这次任务。我们不知道还能不能再见。"然后把"遗言"放在壶里，挂到一棵胡杨树上，以便被人发现。

一路上，大伙相互搀扶，相互鼓励，只管往前走。累了就停下来歇歇脚，再走。但是谁都不能断定前面是不是塔河的方向。

中午时分，阴转晴。他们领教了什么叫"阴天的太阳，入洞的火"。地平线上烈日蒸腾，他们看到面前一片汪洋大海，高楼错落有致。梦幻般的海市蜃楼却给队员们带来了真实的激励。

太阳张着饕餮般的大口，拼命地从每个人身上吮吸水分。队员们的水壶已经空了，倒不出一滴水来。每个人的嘴唇都干裂了，嗓子冒烟，脸冒火。

那时，刘新平心想，再这样下去，还不把人晒成木乃伊了？他们盼啊盼啊，就盼着太阳快点下山。

黄昏的戈壁滩，残阳如血，晚霞映红了整个天空。极目远眺，错落有致的沙丘，全被夕阳染上了一片红色。太阳渐渐落下，夜幕降临，大戈壁很快就融进了茫茫夜色之中。一轮明月高悬在澄净的天空，晶莹的星光在天幕上闪烁。此时此刻，速度就是生存下去的保障。然而，他们全都精疲力竭了，哪里还走得动呢。

夜里，他们终于见到了戈壁滩上的一汪水，月亮和星星在波光里摆动。队员们的疲惫一扫而空，趴下就狂喝。那水又苦又咸，渴的时候不管不顾，喝完之后马上就吐出来了。吐了再喝，喝了再吐。即使喝进去了，人也完了，一直拉肚子。

还有一次，刘新平和三位工友走岔了路线，没能跟骆驼队汇合。身上带的干粮吃光了，只剩下一壶水。不敢多喝，只能一口一口抿着。“后来一个测量队的人说，快到有水的地方了，我们就把水喝完了，结果到了地方，那兄弟说好像记错了。”没有水，只能忍着继续往前走。当第二天大家都渴得不行了的时候，刘新平远远地望见一片绿色。过去一看，有棵树，有潭水，周边都是各种动物的脚印。大伙高兴地冲上去，不管水面上漂着什么，趴下去把上面的杂质吹开了就喝。后来仔细一看，水面上漂着的都是各种动物的粪便。当时也顾不了那么多了，把壶装满水后就继续往前走了。后来看到一个简陋的木屋，里面住着一个维吾尔族老汉和一个小伙子。勘探队员不会说维语，只能比画着向人家要馕吃。老汉给了他们一小块。大伙说：“我们给你钱。”还把钱掏出来递给人家。于是，老汉直接拿了一团面摊成了饼子的样子，扔在火堆下面的沙子里。大概一刻来钟，老汉把那个饼子拿出来拍了拍递给勘探队员。饥不择食，队员们狼吞虎咽地吃，觉得那真是最好吃的干粮。

有一回，刘新平骑在骆驼背上喝水时，一不小心把水壶掉在了骆驼脚趾上。受惊的骆驼撅起屁股一阵狂蹦乱跳，硬是把他从驼背掀了下去。幸亏地上是沙土，没把他摔伤。骆驼还回过头对着他的脸喷了口口水，恶臭不堪，特别难洗。

毛存林有一回在沙漠里面渴得不行了，见到水塘趴下就喝，却发现里面有许多小蝌蚪。

这时，来了一头野猪，带着一群猪娃子。毛存林想抓上一只为队员们打牙祭。大伙小心翼翼地把猪娃子合围起来，眼看就要抓到了，突然长着獠牙的公猪和母猪从离他们五六米远的地方嗷嗷叫着直冲了过来，吓得队员们撒腿就跑。

戈壁滩上野猪很多。当地牧民打了一头野猪，卖几十块钱，问刘新平他们要不要。队员们说太贵了，伸出了五个手指头。最后就花了五块钱拿下了。98 公斤。刘新平和毛存林带回队上，给大伙改善生活。

勘探队员一年只发一双劳保鞋，走在盐碱地上，用不了多长时间就磨破了。沙漠里地表温度特别高，鞋里钻进沙子，烫得人没法走路，只能跳着走。

野外勘探，风餐露宿，邋里邋遢。“远看像逃难的，近看像要饭的，仔细一看是搞地质勘探的。”

晚上，女同志睡在车厢里，男同志一律睡在车厢下面，早晨起来鼻孔、耳朵、眼睛、嘴里都是沙子，呼吸都困难。

沙漠里缺水，水对于勘探队员来说，是最宝贵的。每次进到沙漠里搞勘探，队员们就没刷过一次牙、没洗过一次脸。一个爱干净的大学生被分配到勘探队后，出工第一天晚上收工休息时，他说要洗个头，班长说带的水有限，不让洗。他说头上都是沙子，班长说那也不行。最后他还是倒了一盆水把头洗了，被全班同志狠狠地训了一顿，还吵了一架。新来的大学生感到很委屈，躺在被窝里抹眼泪。

身上穿着打着补丁、散发汗臭味的工作服，手中拿着的长柄的地质锤像打狗棒一样，身上背着破旧的地质包，里边放着空饭盒和水壶。

且不谈露宿荒野戈壁沙漠、喝苦涩的碱水，常年吃不到新鲜蔬菜，导致营养不良，增加了患病的概率。

多少年以后，有些老同志吃饭时还会在碗里剩点底子，不吃完。据说那是他们曾经在野外养成的习惯，怕碗底有沙子。有人在日记里写道：

喊一声——出发！热血满胸膛。

粗砥的双脚丈量，大漠的雨雪风霜。

皲裂的双手圈住，深埋在地下的宝藏。

对讲机和着心中最美的乐章。

咸菜凉馍家常便饭，红柳条当筷子一双。

风餐露宿“卷席筒”，酒杯便是那刷牙的缸。

地质人的生活，野趣中透着坚强。

寻找大油田是我们的使命，心中牢记祖国的重托。

没有什么比得上，地质人心中的责任和担当。

铁血男儿也有柔情衷肠，愧欠父母妻儿无法补偿！

为国为家为了心中的梦想，奉献青春又何妨……

这一段艰难历程，是地质队工作和生活的缩影，记录了几代人的青春。

17
我的青春遇见你

会战，是一个充满使命感的符号。在我们这个古老的国度，曾颇有影响力。

石油勘探大会战，所有的参战人员原本是奔着一种黏稠的黑色液体而来的，不曾想，责任与爱情也能交织在一起，写满驻足的每一片土地，演绎了一出又一出花引蝶、蝶恋花的的故事。

1986 年，地质矿产部党组一纸调令，华北、华东、西南、中南、广东等 5 个石油地质局 6000 多人组成的石油勘探队伍接踵而来，统一由塔北油气联合勘探指挥所管理。

西南局的小周，风华正茂，在天府之国生养得白白净净。20 世纪 80 年代的青年，上身穿着浅黄色西服，下身穿着一条喇叭裤，留着浓密的长发，戴着当时流行的港镜。报到当天，他就和伙伴们去沙参 2 井参观。看到井场上壮观的油龙，一行人甭提多高兴。

小周所在的单位，隶属地质矿产部石油海洋地质局，石油海洋地质局又分管西北石油局、西南石油局、中南石油局、华东石油局、广东石油局。这几个局都是厅局级单位，石油海洋地质局是直属地矿部的业务管理部门，时任局长的是赵复兴。

1985 年，新成立的塔北油气联合勘探指挥所在 705 基地正式挂牌，整合地矿部石海系统的力量，逐线向塔里木盆地展开油气勘探会战。

西南石油局来了一个固井队和一个试油队。固井是钻井过程中必备的环节，负责对每个井段进行整固工作。试油队是钻井结束以后，把油给试出来的专业队伍。

时年 22 岁的小周，既不属于固井队，也不属于试油队。他是西南石油局设备物资科派来的一位全权代表。

西北石油局职工子女小马，1985 年高中毕业，通过考试内招进来，被分配到塔北油气联合勘探指挥所办公室，担任打字员。

千里姻缘一线牵，这两个年轻人就被牵到一块了。

小周需要每周做一个报表，将固井和试油消耗的物资向西南石油局后勤科上报。

前来参加会战的西南石油局没有配备打字员，小周经常去找塔北油气联合勘探指挥所办公室的小马帮他打报表。刚开始他们仅仅是同事关系，谁也没想过要恋爱。

小马只是觉得小周很帅、很活泼，喜欢开玩笑，人也随和。

有一天，小周到小马的办公室去找她帮忙打报表时，看到墙上挂着一幅素描。小周问：“你画的吗？”

小马说：“我瞎画的。”

“要想把基础打得扎实、牢固，就要从画几何开始。”小周说。

“你会画画？”小马不以为然地问。

小周很率真，他直言不讳地说：“你这幅铅笔素描还欠点火候，素描不规范。从素描的角度讲，黑白灰、透视，要学会观察物体……”

“你学过画画？”小马侧着脸又问。

小周没有正面回答她的提问，而是从专业的角度一阵高谈阔论。他说："素描，简而言之就是单色画。却又不尽然。毕竟素描涵盖与牵连的东西太多，要解决的问题也太多。素描是同一时间要考虑许多问题的综合思维活动。如今美术院校各专业都把它作为基础课。虽然各专业的侧重点不同，比如，油画重体积、调子，国画重线条，版画、设计重结构等；但素描的共性是差不多的。同时，素描作为独立的艺术种类，自有其独特的艺术价值。当然，专门的素描艺术家并不多，大都是兼职者，如诸位大师们，他寥寥几笔的创作草稿就已经价值不菲，根本不用去区分是基础性强的速写还是独立的艺术品。这些看似寥寥几笔的素描作品，其背后的功力也非常了得。有时随便一条起伏弯曲的线条，体现的却是艺术家对形体、结构、特征、节奏、韵味、艺术史的深刻理解与掌握。"

这口气，顿时就把小马震住了。她惊讶地看着眼前这个时髦的小伙子："你能画一幅给我看吗？"

小周随便拿过一张纸和一支铅笔，看着小马，寥寥几笔就把小马画出来了，惟妙惟肖，令小马十分钦佩。

小周说："大师的创作和名作画法很简练，表达言简意赅，意味深长。多研究，多临摹，得一步一步来。"

小马有所不知，小周从小就学习过绘画，而且就是从素描开始的。

"我们这里有个小杨也会画画，你知道吗？食堂墙壁上的那些画就是他画的。"小马用羡慕的口吻说。

小周吃惊地问："你听谁说的？"

小马回答："小杨自己说的。"

"胡扯！那是我画的。不信你把他叫来对质。"小周瞪着眼睛说。

"啊？怎么会呢？"小马一脸迷茫。

小周从小马的办公室出来以后，立刻找到小杨，站在他身后，一拍他的肩膀问："职工食堂的画是你画的吗？"

小杨知道自己的谎言被揭穿了，满脸通红，不好意思地说："我是想泡妞，让女孩羡慕……”

“哎，哥们儿，我可告诉你，别打小马的主意。啥时候咱们好好交流交流。”小周说。

后来他还把这件事情学给小马听。小马觉得很可笑：“年轻人爱虚荣，多大个事啊，还值得你这么认真去找人家质问。”

小周说：“好不要脸呦，怎敢闲嘴淡舌。”

小马比较宽容，她安慰小周：“人家也是爱好者，要不然也不会冒这个名。”

小周吃醋了，气得质问小马：“一个品行不正的人，还值得你帮他开脱，你和他是什么关系？”

“同事关系！怎么了？酸醋！”

工作的交集，使两个年轻人有了许多共同语言，一来二去就走得比较近了。下班以后，小周经常到小马的宿舍去玩，和她下跳棋聊天。

小马的宿舍里还住着另外一个女青年。同宿舍的女孩子注意到，一到饭点小周就来找小马蹭饭了。小马排队打饭时经常打双份，打完就拿回宿舍里了。

室友问小马：“你和他谈恋爱了？”

“没有。”小马红着脸说。

戈壁滩上天天刮风沙，屋子里经常厚厚的一层灰，一扫一簸箕。小周是个爱干净的小伙子，不像西北人那么粗犷。他跑到医务室要了一顶医务帽，整天戴着白帽子在指挥所大院进进出出。

有一天晚上，小周约小马去看电影。小马说她去不了，晚上要加班打材料。于是，小周就跟另外一个同事去了。

走在半路，遇到三个年轻人。他们看见小周戴着白帽子，就说：“给我看看病。”

小周说：“我不是大夫。”

其中一个小伙子生气地质问他："不是大夫，你戴个白帽子干啥？"

小周解释："我真不是大夫。"

三个年轻人纠缠着小周不让他走。

小周生气了，他说："我是妇产科大夫。你把裤子脱下来，我给你看。"

"干啥呢，哥们？想打架吗？"

本来就喝了点酒喜欢寻衅滋事的年轻人，一把将小周拽住，两个人扭打起来。其他人站在一边看热闹。

打的是君子架。小周看着单薄瘦弱，但是机智勇猛，几下就把那个小伙子打趴下了。但是，他也没占便宜。撕扯中，对方把他穿的浅黄色西装的袖子都要扯掉了。

指挥所附近没有缝纫店，小周就去找小马帮他缝西装。

就在那天夜里，两个人之间的关系发生了一些微妙的变化。小周突然感觉这个女孩真好，对自己知冷知热、体贴入微。心想，她要是能做自己的女朋友该多好。

小马帮小周缝衣服的时候，小周直勾勾地看着她，看着她含羞带怯、柔情脉脉的眼神，他再也抑制不住胸中热血，将她拥入怀中。

从此以后，他往小马的办公室和宿舍跑得更勤了，有事没事就跑到小马的办公室坐着。

小马的顶头上司，联指办公室主任，是个从贵州石油局来的姓王的女同志。她经常看到留着长发的小周坐在小马办公室里闲聊，觉得小周像个"二流子"，死活看不惯他那副德行。

有一天，王主任到小马宿舍找她说事，又遇见躺在小马床上弹吉他的小周。小周从王主任的目光里看出来了，她讨厌他。所以，即使领导来了，他也懒得和她打招呼。

王主任就把小马叫出去，问小马："你是不是和西南石油局的小周谈恋爱了？”

小马矢口否认。

王主任说：“凭你的条件，怎么也得找个大学生。他只是一个高中生，又不懂事，整天流里流气的。最关键的是，他还是西南局的，不在西北局。他每天贴着你就是玩弄感情，玩完就跑了。作为你的领导，我有必要提醒你，趁早离他远点儿，免得将来后悔。”

王主任见小马沉默不语，又找到小周的领导，西南局带队科长徐向荣（后来成为西北石油地质局局长、西南石油局局长、新星公司党委书记）反映情况，说：“你们那个小伙子，整天不好好工作，净往我们这儿的姑娘宿舍跑，也不知道是啥目的。你要加强管理，你没听说那小子谈恋爱谈到菜窖里去了？丢人现眼。”

徐向荣很快就找小周谈话，提醒他注意影响。

小周说：“我自由恋爱，你管得着吗？”

徐科长说：“我管不了你，有人能管得了你，不信咱们走着瞧。”

塔北油气联合勘探指挥所举办“七一”晚会，参加会战单位出都要一个节目。小周代表西南石油局表演笛子独奏《我为祖国献石油》。

笛声高亢嘹亮、悠扬激越、清脆婉转、悦耳动听，优美的笛声在人们的耳边蔓延开来，如一弯淙淙的溪流，一起一伏，或抑或扬，漫溢心间，让人兴奋、让人陶醉、让人沉迷。

小周演奏时灵巧的手指像小鸟在竹竿上振翅跳跃，娴熟的吐音技巧，自敞开的心扉绵延回响，活泼而富有情趣。乐音百转千回，漾起千层涟漪，吹进了观众的心田。眼前仿佛平铺出一幅幅写意的画面，表达出石油工人的自信与豪迈。

小周演奏完毕，台下顿时响起热烈的掌声。

不得不叹服，这笛声简直是天籁之音——那么优美、那么动听、那么令人神往，音符拨动了一个个观众的神经，怎能不让人为之一颤、为之赞赏？

小周向观众鞠躬谢幕，掌声经久不息。于是，他又从裤子口袋里取出一把口琴说道："感谢大家的鼓励，我再为大家演奏一曲口琴独奏《我们走在大路上》。"

这是一首大家非常熟悉的旋律，慷慨激昂、意气风发，听起来就让人热血沸腾、豪情满怀，浑身上下充满战胜一切艰难困苦的前进力量。

只见小周用双手将一把小小的口琴捂在嘴上，两腮起伏，双唇紧贴琴面，一呼一吸，左锯右滑，吹奏时琴声激昂，力度变化明显，音色纯净，气震音及滑音技巧流畅，声音极具表现力。

台下，观众安静地沉浸在那洗尽铅华、清新自然、忽而高亢、忽而雄壮的意境里。

晚会结束时，小周的表演理所当然地荣获一等奖。

散场后，徐科长拍着小周的肩膀说："好样的，你今天给咱们西南局长脸了。"

小马激动不已，她虽然一直觉得小周聪颖过人，但万万没想到他还多才多艺。

那天夜里，小马失眠了。她躺在床上辗转反侧。小周晚上的演奏太精彩了。那悠扬的笛声如同天上人间的喧哗化作一片绚烂的织锦、一幅灵动的画卷、一曲玄妙的天籁，让她的心也随之荡漾。那优美的口琴声，和着她的思绪曼妙轻舞，萦绕着无限的遐思与情愫，牵念逗弄着少女颊上的红云，缓缓地飞升。

小马意识到，自己爱上了小周。

爱的种子刚刚播进姑娘的心里，突然一纸调令要把小周调回去。

接到调令的第二天，单位派了一辆 212 吉普车，送小周到乌鲁木齐。就在他往车上装行李的时候，小马来了，说是请假回家看父母，实际是专程来送他的。

到了乌鲁木齐，小马就带小周去见父母。小周感到既突然，又感动。然而，小马的母亲见了小周，一看他那身轻佻的打扮，就觉得他太活泼、不稳重，极力劝告闺女这样的人不适合做丈夫。但是，小马铁了心要跟小周好。

小周回去以后，两人鸿雁传情，天天写信，情意绵绵，无限相思。道不尽千思万绪，说不完牵念愁苦。爱慕之情与日俱增。

小周在信中向小马倾诉衷肠："相框中你柔情的微笑，好似一樽纯酒，让我夜夜醉倒在无限的相思里……"

小马也在信中说："我多羡慕那飞在云端的青鸟，恨不能展翅高飞，立刻飞到你的身边。"

有时候两人打长途电话，一打就是一个多小时，钱都打光了才恋恋不舍地挂断。

小马的父亲也是地质职工，单位有人把小马与小周热恋的情况反映给她母亲。小马的母亲在小马休假期间，苦口婆心地劝说，说那小子不行，甚至放下狠话："你要是不听劝告，咱们就断绝母女关系，我们权当没有生你。"

小马天天以泪洗面。倔强的小马开始绝食。

就在这个节骨眼上，1987 年春节前夕，小马的母亲突然查出子宫癌，而且已病入膏肓。

老人知道女儿深爱着小周，事已至此，也无法挽回。女大不中留，留来留去留成愁。于是就对女儿说："去吧，找他去吧。只要他能真心地待你，我就放心了。否则我死不瞑目……"

临近春节，火车票一票难求。卧铺票买不到，小马就坐硬座，乘火车到西安，再辗转成都。小周从广安赶去把自己的心上人接回家。小周的父母非常喜欢小马，当时小马才 21 岁，小周 24 岁。

1987 年 11 月 13 日，年仅 48 岁的小马母亲医治无效，不幸逝世。

热恋中的情侣听到母亲逝世的噩耗，如同五雷轰顶。小周和小马赶紧从四川赶回新疆。听父亲说，母亲临终的遗嘱是，让他们早点把婚事办了吧。

“我的娘啊，你怎么不留给我一点儿孝敬您老人家对小马的养育之恩的机会呢!”小周痛心疾首。

可怜天下父母心。按照母亲的遗愿，在安葬了母亲两个月后，这对“油作之合”的年轻人，终成眷属。

西北石油地质局局长兼联合指挥部总指挥岳振恒，听说了小周和小马喜结良缘的事情。君子成人之美，为解决他们夫妻分居的问题，把小周借调到了西南石油局和西北石油局合办的一个液化气厂上班。

这个液化气厂就在沙参 2 井旁边。1989 年至 1992 年，小周的工资关系还在西南石油局器材供应中心物资装备。

小周在液化气厂工作了三年。将近 1000 多个日日夜夜，小周只在液化气厂住了三个晚上。当时路上拉油、拉沙子的车很多。大家都是石油工人，许多人都认识，他一招手，人家就停下来捎他一程。有的司机就和小周开玩笑说：“你小子天天都回家，挺骚情啊。”

小周也不见外，咧着嘴笑道：“新婚宴尔，媳妇近在咫尺，不回家睡不着啊。”

爱情带给了小周无穷的力量。他不辞劳苦，风雨无阻地跑了三年爱的长途。

借调也是对小周的一种考验。后来人们发现，多才多艺的小周其实是个很不错的年轻人，吹拉弹唱，打球绘画，样样在行。不仅会拉二胡和小提琴，还能写得一手好文章。

精诚所至，金石为开。小周和小马纯洁的爱情，也算是感天动地。

1992 年，经西北石油地质局领导批准，小周正式调入西北石油地质局工作。

有志青年，相互鼓励，小周和小马一块报考了成人大学并一起毕业。

情投意合，恩爱有加，相互勉励，共同进步。小周凭着真才实学进了机关新闻中心，一步一个脚印，从采编干起，直到当了科长。小马也以优异的工作成绩，凭本事当上了预算中心综合科科长，还评上了高级经济师职称，成了工作骨干。

以前冬天没有施工条件，每年从 12 月开始一直要冬休到次年 3 月。夫妻俩回到四川老家过年。

一天，小马对小周说："我怀孕了。"

小周很吃惊："怎么可能呢？你带着节育环啊！"

小周把媳妇怀孕的消息告诉母亲，母亲笑得合不拢嘴。她告诉儿子，她从厕所里捡到过一个东西，一个圆圈圈。她把它放在厕所门上的一个槽里了。小两口拿着"圆圈圈"去给大夫看，大夫说这是环啊。

口无遮拦的小周叹了口气说："我还没玩够呢。"

大夫哈哈大笑："你这个年轻人，当爸爸不好吗？"

其实小马也一门心思想好好干工作，并不急于要孩子。她依旧整天蹦蹦跳跳的，不管不顾，但是孩子跟他们有缘，结实得很，非常顽强，怎么蹦跳都蹦不掉。

终于有了爱情的结晶，孩子体质很好。因为爸爸妈妈在新疆工作，两岁半以前都是交给爷爷奶奶带的。

小周的父亲也是一位老地质工作者，是长春地质学院的第一批学员，跟着任教的苏联教授学了一口流利的俄语。他妈妈也是师范学院毕业，小周从小在家里受到了良好的教育。直到叛逆期时，由于父亲长期不在身边，母亲管不了他，他没考上大学，父母非常遗憾。

爷爷奶奶特别溺爱小孙女，小周回家后发现两岁的女儿在家里十分霸道。

于是，等他再返回新疆时，就把女儿哄上了飞机。孩子舍不得爷爷奶奶，在飞机上又哭又闹，小周哄了一路。到了新疆以后，爷爷奶奶不在身边，他硬是把孩子的毛病改过来了，一段时间之后，孩子变得服服帖帖。

在小周的观念里，父母永远是孩子的领导，他和小马观点一致，从来不娇惯小孩。

女儿遗传了父母思维敏捷的基因。从上小学开始，无论老师教什么，一学就会，从来不用爸爸妈妈操心。由于基础扎实，初中和高中的学习成绩一直名列前茅。女儿上高中时，乌鲁木齐市一中校长委托教务主任请小周吃饭，想把她从铁三中挖走。碍于面子，他说："我征求一下女儿的意见再给你们答复。"其实他不想让女儿到市一中去上学，那儿离家太远，还得住校，铁三中就在自己家门口。权衡利弊，女儿就在铁三中上了高中。他认为，学习好的学生，只要开窍，在哪儿上学都一样，不一定非要选名校。

女儿的高考成绩是全校第二名。按她的成绩可以上中国人民大学、复旦大学或浙江大学。但是她喜欢金融，就去了对外经济贸易大学的金融专业。本科毕业后，又申请了英国苏塞克斯大学的研究生，研究生毕业后被招聘到北京银行，后来通过考试被派到荷兰阿姆斯特丹北京银行代表处，现在在荷兰工作。

当年的小周现在成了老周，按照规定，再有几个月他就该退休了。回顾自己的人生经历，老周说："我和爱人因油结缘，拥有一个幸福的家，我们都很知足。"

有心栽花花不开，无心插柳柳成荫。一段油缘情，一世传佳话。

几十年来，西北石油局因油结缘的情话还有很多，虽然没有老周的爱情故事那么曲折、那么浪漫、那么传奇，但是也很真挚。

采油二厂宣传干事胡杨，有一个颇有意喻的名字。她在新疆和田长大，和田地处南疆塔里木盆地边缘，当地的戈壁沙漠中就生长着一种生命力极其顽强的古老树种——胡杨。

胡杨被维吾尔族人称为“托克拉克”，意为“最美丽的树”。任凭沙暴肆虐，任凭干旱和盐碱的侵蚀，任凭严寒和酷暑的打击，它都能顽强地生存，又被人们称为“沙漠英雄树”。人们这样赞美胡杨：“活着昂首一千年，死后挺立一千年，倒下不朽一千年。”

胡杨有着顽强的性格、独特的美。它的铮铮铁骨，无与伦比。

也许是这位姑娘的父母见惯了胡杨，喜欢它的壮美与顽强，就给自己的女儿起了这个名字。

胡杨是个热情、开朗的姑娘，中等个头，长得胖乎乎的，留着齐耳的短发，圆圆的脸，眼睛不大却明亮有神，笑容灿烂，言语爽快。

她是新疆财经大学经济新闻专业毕业的，来油田工作之前从来没有接触过石油，她是为了爱情来到油田工作的。和丈夫谈恋爱的时候，丈夫怕结婚后夫妻俩分居会导致婚姻不幸，就要求她到油田来工作。于是，她放弃了在乌鲁木齐的舒适生活，义无反顾地辞去工作，来到了戈壁沙漠中的采油二厂。

胡杨对沙漠环境并不陌生，但是毕竟不如城市熟悉。初来乍到，对石油行业一窍不通，工作压力很大，心里着急，没少哭鼻子。

丈夫为了安慰她，动了许多心思。宿舍里有蚊子，丈夫下班后就利用闲暇时间捉蜻蜓来吃蚊子，想着法逗她开心。

人的生命是一束燃烧的光，没有自制力的人不足以谈人生。这是胡杨对沙漠的认识。只要你能接受它，能和大自然融为一体，心安定了，人生无处不风景。

在油田里，经常会看到野兔、野鸭、跳鼠、蛇等各种各样的动物。胡杨的丈夫有一天在抽油机井坑里看到一条白蛇，他把白蛇救了出来。白蛇离开的时候回头看他了一眼，同事就开玩笑说：“‘白素贞’向你报恩呢。”

员工和动物之间和谐共处。路上，马、鹿从来不让车，这些城市里闻所未闻的事情，在油田比比皆是。显然，在这样的地方，遇见一只令人发怵的蜥蜴，也显得那么生动。

风景都在人的心里，回首人生的风景，美景就在身边。

西北石油局还流传着一个维吾尔族职工与汉族姑娘之间的爱情故事。

2014 年的元宵节和情人节是同一天。据说，这种巧合 20 年才能遇到一回。20 年，人生能有几个 20 年，20 年可是培育一代人的时间啊！

西北石油局采油二厂的姜建华正在办公桌前忙碌着。突然，同事们簇拥着一名高大帅气的维吾尔族职工走了进来。吾买尔江手捧鲜花直接走到她的面前。

吾买尔江单膝跪在毕业于中国地质大学的山东姑娘姜建华面前，在众人的喝彩声中，大胆而深情地告白："建华，我爱你，请你嫁给我吧。"

激动和惊喜的泪水在姜建华的眼眶中打转。她用力地点了点头，两颗相爱的心从此紧紧依偎。

2011 年，姜建华大学毕业后，自愿报名来到西北石油局采油二厂开发研究所工作。热爱体育运动的小姜被选入采油二厂女子篮球队。篮球场上还经常活跃着一位维吾尔族"巴郎子"的身影。姜建华听同事们叫他吾买尔江，还了解到他是厂里的翻译。后来，吾买尔江担任了女子篮球队教练。油缘与球缘，不经意间在两个年轻人之间擦出了爱情的火花。

婚姻毕竟是两个家庭的大事。由于两个民族之间的文化和风俗差异，吾买尔江和姜建华的相爱，在两个家庭中掀起了不小的波澜，遭到了双方父母的强烈反对。然而，正所谓爱情能够超越一切，在两个年轻人的极力坚持下，双方父母终于被说服了。2014 年 4 月，在领导和同事们的祝福声中，吾买尔江和姜建华在新疆库尔勒喜结良缘。

这段爱情故事不仅在油田内外被传为民族团结、民族融合的佳话，还被刊登在了 2015 年 8 月 28 日的《人民日报》海外版上。

塔河油田，红颜为你，拽住了岁月的缠绵。

18
摸着石头过河

20世纪80年代，轰轰烈烈的“全民经商”热潮席卷了神州大地，西北石油地质局也不可避免地被卷入“三产”浪潮。当时，地质行业面临着队伍规模过大、富余人员过多、找矿难度加大、地勘费用严重短缺的形势，许多地勘单位陷入严重困境。在这种情况下，西北石油地质局为了贯彻和落实“一业为主，多种经营，多元发展”的指导方针，利用自己拥有的人才、技术和装备优势，广开生产门路，开展多种经营，为社会创造新的财富，逐步改善职工物质文化生活。

本着“靠山吃山”的想法，西北石油地质局相继建起了西部石油天然气开发公司炼油厂、新疆塔北联合炭黑厂、塔北联合液化气厂、塔里木化工有限公司等油气加工利用企业。另外，还先后成立了原油运输车队、轮台食宿站、华疆大厦、兴达公司、古琴大厦、大漠食品厂、西部地质工程公司、银塔汽车配件门市部、库尔勒果园、米泉新街商店、一普储蓄所、药用玻璃瓶厂、保温材料厂、朝歌公司、通力公司、昌盛公司安达公司、商贸公司、餐巾纸厂、物资贸易公司、信德工贸公司、油运车队、米泉石油助剂厂、乌鲁木齐耐特实业有限责任公司等20多家多经企业。

1985年，为利用沙参2井的高品质原油，西北石油地质局投资171万元，在705基地建成一套釜式炼油装置，随后共生产了9年。由于该厂设备陈旧落后，不能适应发展的需要，自1996年12月5日起停工。

为充分利用液化气的尾气，1993年，西北石油地质局与阿克苏地区洽谈联系，决定联合投资建设利用干气生产半补强炭黑的项目。由地矿部西北石油地质局西部公司代表西北石油地质局，天河化工厂代表阿克苏地区，各按50%股份合资建成“法人型紧密联营”企业，为“全民所有制性质”，“并以全部资产对合营厂债务承担有限经济责任”。

最初确定的投资总额为1807.20万元，后两次调整至3140万元。因基建把关不严，加上试生产期间费用，共形成3820万元。截至1996年底，联营双方实际投入3288万元。其中，西部公司投入1830万元，其中现金1362.13万元、实物55.79万元、建设期得息412.08万元，占比55.65%。天河化工厂投入1450.02万元，占比44.35%，其中现金1328.34万元、实物66.92万元、建设期得息60.76万元，其余7.98万元已由联营厂支付银行。该厂于1996年3月8日交付使用。

工厂处境极为艰难。一是先天不足，因设计缺陷多次停产。如消防泵、循环泵安装位置较高；循环水供水泵流量过小；风管道角度太小，旋风分离器、微米粉研机不能正常工作；燃气轮发电机故障频繁。虽已投入改造资金80万元，尚需100多万元。二是基建资金缺口较大，造成工厂流动资金缺乏。没有流动资金，库存1000多吨炭黑因资金短缺无法发货。三是区内外尚有应收款300多万元未收回。四是拖欠职工4个月工资未发，职工队伍不稳。五是拖欠电费十几万元。六是在银行已失去信誉，无法再贷出资金。1996年底，实现产值415.75万元，年度亏损357万元，尚不包括基建欠款460万元。

受大环境影响，西北石油地质局下属二级单位纷纷围绕“建设社会主义市场经济”和“发挥市场在资源配置中的决定性作用”的思路，动员

“富余”劳动力“下海”经商。

在“渴望实现自身价值、渴望提高生活水平”的巨大原动力的驱动下，一些头脑灵活的职工纷纷以“停薪留职”或“承包经营”的方式，办起了养殖场、饮料厂等所谓的“三产”产业。

这哪里是他们应该干的事情？搞地质勘探的专业人员，长期在野外作业，很少与社会接触，即使是高智商人才，真正进入市场经济领域之后，一时也很难适应。雄心勃勃的“下海”人员，本想下海捞金，结果差点被海水淹死。

以大漠食品厂为例。第一物探大队为发展多种经营、调整产业结构、安置富余人员，于1988年投资兴建大漠食品厂。1997年，大漠食品厂固定资产原值117.32万元，净值84.04万元，流动资金123万元，从业人数61人，正式工20人，季节性临时工41人。该企业由于规模小，技术装备水平低，生产产品档次低、品种少，自投产以来便遇到了激烈的市场竞争，销售渠道不畅，资金回笼困难，生产不能正常运转，再加上管理混乱，资金流失严重，连年亏损。只能利用季节性市场，在没有成本核算的情况下，靠大队补贴，安置一些女职工和家属。1996年，实现产值118.52万元，上交税款2.4万元，利润1.3万元，形成债权58.66万元，其中主要是贷款，而部分贷款拖欠时间较长，收回困难，可能成为呆账、死账，债务167.21万元，为大队流动资金和原料款。

第一物探大队还在库尔勒前线指挥基地，通过绿化活动，开荒77亩，种植香梨树700余棵、苹果树2000余棵，由职工杨宝新个人承包经营。1993年7月订立了为期10年6个月的经营合同，大队给予贷款8万元，并处理部分报废设备给果园。但是经营情况不明。

运修队投资34万元兴建药瓶厂，安置正式职工8人、临时工24人，固定资产27.36万元，流动资金152.52万元。1995年、1996年两年产值21.1万元，基本处于停产状态。

还有一些多经企业，养的鱼、生产的饮料卖不出去，只能拿来给职工发福利。

有人说，办多经企业肥了个人腰包、亏了集体利益。但承包人却说自己受苦受累什么也没捞着，个个喊冤叫屈。

总之，谁也说不清。

追梦，几度风雨几行泪；弄潮，有人失败有人笑。

大家都是成年人，谁不是一边历经磨难，一边拼命努力。挺不住，就只能被生活打得满地找牙、一蹶不振；挺得住，就能练就一身钢筋铁骨，迈向更好的生活。

现在看来，当时的出发点或许是好的，但走了不少弯路，断了经商之梦。

探索总是要付出代价的，有时甚至是沉重的代价。磕得头破血流之后，才发现一切不过一场烟花。烟花在空中绽开，转瞬即逝，散成火星，划破天空，坠落，最后无影无踪。只留下人们无尽的感叹。

一分钟的成功，背后的代价可能是好几年的失败。

有人在一旁窃喜，有人在一旁惋惜，有人在愤愤不平，有人在心灰意冷。莫要争辩，冷静下来默默地回想，抄起双手环抱灵魂，就像一位旁观者。

有些事情，只有经历了，才能品尝出世间百态。有些弯路，即使走了，伤痛也只是一阵子。

时间，是最好的评论家。

只有亲历了那段难忘的岁月，才会更加珍惜来之不易的幸福。

第四章　阳光总在风雨后

19 不忘初心，方得始终

全民经商的热潮，并没有冲昏西北地质人的头脑。西北石油地质局的领导始终是清醒的，矢志不渝、持之以恒地坚持“主业”。

“以献身地质事业为荣，以艰苦奋斗为荣，以找矿立功为荣”的“三光荣”精神深入探区 4000 多名职工的心灵，成为他们无私奉献的精神支柱。

坚守，是最朴素的奉献。

1990 年，西北石油地质局油气勘查总体设计的指导思想为：以突破为中心，以测试为重点，以储量为目标，坚持科研指路，狠抓项目报告编写，全面完成“七五”各项任务。重点评价雅克拉—轮台断凸带和承克库勒构造带；突破沙西凸起；积极准备巴楚—麦盖提、阿瓦提、塔里木河南，为寻找第二个沙雅隆起；选择巴楚—麦盖提开展地震普查为上钻提供依据。

石油勘探，如同荒漠上的天气一样，风雨霜雪之后，必然会透出希望之光，这似乎已成为一种规律。

1990 年 2 月 1 日，在全国地矿局长会议上，塔北联指、西北石油地质局受到表彰奖励，表彰“七五”以来找矿成果显著。

同年10月23日，由十一普第八井队施工的沙雅隆起艾协克构造上设计的沙23井于奥陶系、石炭系及三叠系发现良好油气显示，于石炭系试获工业油气流，日产原油32.96立方米、天然气3136立方米，实现了该构造首次突破。同时，在沙西地区发现了2个含油构造。这期间，评价了雅克拉油气田，并首先在7个层系发现了阿克库勒、轮台、艾协克、西达里亚等6个油气田，从而进一步证实了塔北沙雅隆起是一个理想的油气富集区。

基于上述认识，康玉柱提出，要尽快争取探矿权。西北石油地质局马不停蹄地派人到北京地质矿产部登记办理该区域探矿证。几经协调、商议，通过艰险曲折的努力，终于在1994年底拿到了探矿证。探矿面积约1800平方公里，后来成为塔河油田的主体。

“八五”期间，西北石油地质局在郭仁炳局长“站稳开发”的旗帜下，勘探开发双管齐下，取得了一系列重大成果。除了扩大沙雅隆起勘探开发战果外，加强对盆地西部巴楚至麦盖提地区的勘探，取得了“三二一”成果，发现了承克莫奇、桑塔木、东达里亚构造的3个油田，还发现了3个含油构造，实现了麦盖提斜坡上的巴什构造麦3井，1992年9月试出日产凝析油16立方米、天然气18万立方米，成为一大导向性突破。

党的十四大确立了“邓小平同志建设有中国特色社会主义理论”在全党的指导地位，明确了我国经济体制改革的目标是建立社会主义市场经济体制，要求全党抓住机遇，加快发展，集中精力把经济建设搞上去。以邓小平南方谈话和党的十四大为标志，我国的改革开放和社会主义现代化建设进入新的发展阶段。

西北石油地质局广大干部职工深刻意识到，“只搞勘探，不准开发”这一长期困扰地质职工的计划经济信条已然无效，端着金饭碗找饭吃的日子就要结束了。

执着的坚守，迎来了快速发展的曙光！

赵尊秀同志后来感慨地说："实践证明，无论是地质勘查，还是油气开发，只要解放思想，依靠科技，尊重知识和人才，谨慎选区，严谨务实，艰苦奋斗，摆脱旧观念束缚，地质勘探职工就可以理直气壮地说：'不仅地质勘探是我们的强项，在油气开发领域我们同样是佼佼者。'"

认准了方向，坚持走下去，就一定能够登上事业发展的制高点。

1991 年，西北石油地质局在油气试采的基础上，累计生产原油 5.2 万吨。

艰辛的探索，执着的坚守，锻炼着、考验着西北石油地质人。

1991 年，西北石油地质局部署于西达里亚构造上的 S35 井对 4407～4411 米井段射孔完井测试，采用 6 毫米油嘴求产，获日产原油 895 立方米、天然气 10 万立方米。

1992 年，西北石油地质局部署在西达里亚构造东高点上的 S32 井于三叠系中油组完井测试，获高产工业油气流，采用 9.53 毫米油嘴测试，日产原油 227.4 立方米、天然气 9.98 万立方米。这是该构造上唯一在三叠系中油组试获正常原油的发现井。

1992 年 3 月，西北石油地质局发文，明确局 1992 年安排 6 个单项工程，含职工住宅，建筑面积 8010 平方米，总投资 190 万元，用以改善职工生活。

4 月，西北石油地质局成立局机关行政生活服务中心，隶属局办公室，负责行政管理和接待生活服务工作。行政生活服务中心实行优化组合、有偿服务，对其所属单位实行不同形式的经济责任制。

5 月，第一物探大队 131 大地电磁队沿着干涸的和田河纵穿塔克拉玛干沙漠，向和田推进。这条大剖面全长 560 公里，北起塔里木河北岸，南端穿越昆仑山，地形复杂，人迹罕至，施工异常困难。但是，工人们凭着坚强的意志和坚忍不拔的精神，克服了常人难以想象的恶劣环境和困难，完成了艰巨的任务。

9 月底，塔里木盆地西南坳陷麦盖提斜坡巴什托构造上的麦 3 井在石炭系顶部灰岩中获油气突破，经中途测试，日产天然气 15 万立方米。

10 月 7 日，由于高产、高压、凝析喷势猛，地层出沙 S7 井采油树东翼底法兰刺漏。至 20 时，突破喷出大量天然气，将放喷管口“L”形弯管击穿，并把针形闸门刺坏。沙石铁屑四处飞迸，井口压力达 390 兆帕。井喷发生后，塔北联指、西北石油地质局立即组织成立 S7 井抢险指挥部，并组织以劳模王守忠为首的抢险“敢死队”，副局长郭仁炳任抢险领导小组组长，副局长赵元哲任副组长，王建安为顾问。经过 32 个昼夜的艰苦奋战，终于压井成功。

这一年是西北石油地质局油气开发的起步年，年生产原油 12. 89 万吨，年内在西达里亚油田共完成 DKL（S36）、DK2（S37）、DK3（S38）3 口开发井。

第一物探大队 131 队完成坐标点 73 个，优良点占 85%。第一普查勘探大队用 3 台 6000 米钻机，总进尺 17795. 46 米，创建队 30 年来钻探纪录。其中，6009 井队首次实现一年施工两口井，进尺 9014. 37 米；6015 井队全年施工一口半井，进尺 6189. 39 米。西北石油地质局自筹资金施工的 S37 井和 S38 井，总进尺 9020. 6 米，建井周期短、速度快、效益好。

1993 年，经自治区人民政府同意，西北石油地质局在乌鲁木齐市成立华疆矿产资源勘查开发总公司，并在乌鲁木齐、库尔勒、米泉、库车设立分支机构。该总公司是自主经营、自负盈亏，具有独立法人资格的国有企业。经向地矿部石油地质海洋局报批，总公司本部编制 100 人。华疆矿产资源勘查开发总公司在乌鲁木齐挂牌时，自治区和地矿部系统的 160 多个单位表示祝贺，郭仁炳、李奔为总公司揭牌。

当时，西北石油地质局改革正处在爬坡过坎阶段。西北石油地质局同意第一物探大队成立新疆意威地球物理勘查公司。公司为具有独立法人资格的全民所有制企业，与第一物探大队“一套班子，两块牌子”，实行自主经营、独立核算、自负盈亏的经营机制。

为解决干部职工的思想问题，局党委下发通知，部署在全局开展“解放思想，转变观念，走向市场”大讨论。

改革调动起了干部职工的生产积极性。第一物探大队三维队10月底就完成了1993年全年生产任务，共放9000炮，一级品率90%以上，完成低速带735个，全年累计出工112天。在当时的条件下，地质勘探队员冬季在野外没法工作，所以他们每年3月出工、10月底收工，最多只能工作8个月。

第一普查勘探大队6015井队在位于达里亚构造的S48井完成钻探任务。

截至11月底，西北石油地质局完成钻井进尺32470.99米，为年计划的100.4%，完成物探地震测线1695剖面千米，为年计划的101%。全年钻井台月效率提高63.95%，机械效率提高12.75%，事故台时下降89%。全局勘查、开发、多种经营完成货币工作总量2.706亿元，实现利税4516.8万元，净收益比1992年增长22%，非地勘收入增长91%。局开办多经企业26个、经营网点54个，经营范围拓展至十几种。

1994年1月，西北石油地质局在大涝坝1号构造上施工的牙哈YH4井射开上第三系苏维依上段下砂体（中气层）获工业油气流，实现“开门红”。采用7.14毫米油嘴求产，日产凝析油38.39立方米、天然气2.5万立方米，从而发现了大涝坝凝析田。

4月，西北石油地质局招待所办理营业执照，经营性质属全民所有制事业单位，实行独立核算、以收抵支、自负盈亏的体制，注册资金约1100万元。

5月，第一普查勘探大队6009井队施工的DK9井，试获日产原油268立方米、天然气2.5万立方米，是达里亚构造上产量最高的一口油井。

6月，西北石油地质局研究决定，成立西部地质工程公司。该公司属全民所有制的高新科技实体，自主经营、独立核算、自负盈亏，具有独立法人地位，实行科、工、贸一体化经营。公司人员主要从第一物探大队统一调配。

7月，西北石油地质局和西南石油地质局为有效利用雅克拉天然气资源，决定将西北石油地质局液化厂与西南石油地质局高压液化厂合并，以股份制形式统一管理、统一经营，实行董事会领导下的厂长负责制。

是月，在大涝坝2号构造上施工的牙哈6井完钻，井深5802米，完钻层位前震旦系，后经完井测试于上第三系中新统吉迪克组底部砂岩及下第三系砂岩的3个层，试出高产工业油气流。

这一年，西北石油地质局开采原油27.3万吨。第一普查勘探大队完成探井两口、开发井两口，6009井队连续两年实现“当年钻探，当年投产”，6008井队完成的S34井获高产油气流，6015井队完钻的S20井发现多层油气显示，第一普查勘探大队累计钻井进尺19185.5米。

1995年，西北石油地质局在沙23井附近开展三维地震勘探，经处理解释发现三个奥陶系潜山高点。康玉柱主持井位部署会，会上大胆地确定了沙46井、沙47井、沙48井三口探井及两口评价井井位。

4月，西北石油地质局在1993年圈定的巴楚隆起亚松迪构造上钻。9月，试出日产原油61立方米，证实了古隆起聚油理论，为国家找到了一个新的勘探地区，给国家提供了一个18.9万平方千米的大型油气勘探后备基地，使塔里木盆地成为国家石油工业“稳定东部，发展西部”的战略接替区，为国家经济跨世纪发展开拓了能源潜力。

1996年是实施“九五”计划的第一年。

在“九五”勘探会上，西北石油地质局总工程师蒋炳南等专家提出了“以中新生界为主，兼顾古生界；以寻找构造圈闭为主，兼顾开拓非构造领域，逼近主力烃源岩”的勘探指导思想，这为西北石油地质局后来发现大油田奠定了坚实的理论基础。

西北石油地质局确定的“九五”期间的经济发展规划目标为：获取油气探明储量0.6亿吨，控制地质储量0.8亿吨；打生产井76口、普查评价井38口；到2000年建成3～4块油气开发区，实现年产原油90万吨、天然气5亿～6亿立方米的目标。

随着改革开放的深入推进，西北石油人也深刻地认识到，要增强勘探后劲、在市场经济大潮中立于不败之地，必须搞好油气开发。

在“抓住勘探，站稳开发，放开经营，加快发展”的战略指引下，西北石油地质局走向了滚动勘探开发、探采结合的道路。

随后产生的经济效益，不仅是对有限勘探费用的有力补充，更使广大干部职工的思想得到了进一步的解放。

数年的埋头钻研、正确的指导思想、充足的勘探投资，接下来的一切，自然也就顺理成章、水到渠成了。

1996年3月12日，为适应油气勘探开发的发展态势、提高集中决策能力，西北石油地质局研究决定，组建西北石油地质局规划设计研究院，后更名为西北石油局勘探开发研究院。主要承担西北油田分公司的油气勘探、开发生产科研工作，中长期规划部署研究工作和分公司人才队伍建设等。

研究院成立伊始，便在西北石油地质局的领导下，分析前人的工作和钻探成果，提出奥陶系潜山具有良好的油气勘探潜力，优选在三个古潜山高点上部署沙46井、沙47井和沙48井三口探井和两口评价井。

1996年起，西北石油地质局进一步加大了勘探力度，并先后发现了丘里、艾协克等一系列油气田。一个大油田的轮廓逐渐清晰。

1996年4月16日，地矿部石油地质海洋局下发《关于西北石油地质局乌鲁木齐市新市区征地及基地建设计划的批复》，同意西北石油地质局在乌鲁木齐市新市区附近征地3.33公顷，总投资750万元。该项目被列入地矿部1996年基本建设计划。

5 月 1 日，西北石油地质局投资 2300 万元建成的西达里亚集输工程举行正式投入使用剪彩仪式。该项目于 1995 年 5 月动工，1996 年 4 月 20 日竣工。年处理原油 40 万吨，日处理天然气 35 万立方米，采用一级布站、一热多用全封闭无泵无罐油气集输工艺流程。投产后处理的净化油含水率为 0.5% 左右，达到优质原油标准。

5 月 10 日，西北石油地质局向地矿部申请勘探开发项目 12 个。其中盆地评价项目 5 个，面积 652826 平方千米；区带工业勘探项目 5 个，面积 9698 平方千米；滚动勘探开发项目 1 个，面积 642 平方千米；油气田开采项目 1 个，面积 312 平方千米。其中 7 个项目获得许可证，获证率 58%。

随着国家石油工业体制的政策调整，1996 年 12 月 7 日，国务院批准地矿部石油地质海洋地质局与地矿部脱钩，正式成立中国新星石油有限责任公司。西北石油地质局成为其下属单位，并于 1997 年 7 月 30 日更名为中国新星石油有限责任公司西北石油局。

不忘初心，方得始终。

1997 年 5 月 23—25 日，新疆塔里木盆地非背斜圈闭油气勘探研讨会在西北石油地质局召开。会议代表来自公司总部及其下属生产、科研单位，还有 55 位来自中国地质大学、成都理工学院、长春科技大学及西北大学的专家、学者，另有特邀代表 6 人。公司总部领导、西北石油地质局领导到会讲话。蒋炳南总工程师作会议总结发言并形成会议纪要。

会议认为，当前塔里木盆地油气勘探形势严峻，一是各大石油公司竞争激烈，二是巨大资源前景与较少的探明储量形成明显反差。寻找大型和特大型油气田、增储上产是当务之急，因此必须开展非背斜领域油气勘探。

会议总结了 20 多年来塔里木盆地油气勘探的经验教训，明确了塔里木盆地具备形成大中型非背斜油气藏的石油地质条件，坚定了勘探信念，也认识到了非背斜圈闭油气藏的勘探难度。

会议达成以下几点共识：

一是塔里木盆地非背斜油气勘探主要圈闭类型有地层超覆不整合型、地层剥蚀不整合型和岩性圈闭型，发育的主要层位有上第三系、下白垩统、侏罗系、三叠系、石炭系、志留—泥盆系及下奥陶统。

二是勘探的有利地区为库车坳陷南缘、沙雅隆起南侧、满加尔坳陷北斜坡、麦盖提斜坡。

三是勘探的方法技术有地质、地球物理、地球化学多学科综合研究及评价技术，地震勘探及处理方法技术，非地震综合物化探方法技术。

四是近中期勘探目标及部署建议。近期落实2~4个非背斜圈闭，中期发现评价1~2个大中型非背斜油气田。部署建议，重点解剖阿克库勒凸起南部、西部目的层三叠系、石炭系、志留—泥盆系、下奥陶统，库车坳陷南缘目的层侏罗系、下白垩统及塔河南地区目的层三叠系、志留系。

这次会议对后期的勘探工作具有重要的指导意义。

1997年，部署在塔里木盆地阿克库勒凸起的沙46井、沙48井先后获高产工业油气流，实现了我国古生代海相碳酸盐岩油气勘探上的重大突破。由此形成了多个油气生产区块，宣告了塔河油田的诞生。

沙48井累产原油74万吨、天然气4000万立方米，持续领跑全国单井累产排行榜，成为我国单井累产之冠。这口井于1997年10月建产，至2005年7月自喷生产，日均产油229吨，累产原油64.1万吨，创造了塔里木乃至全国海相碳酸盐岩中的高产稳产纪录，成为一口“王牌井”。

正是这口井的成功出油，拉开了亿万吨塔河油田大会战的序幕。塔河油田堪称西北石油局发展史上的第二个里程碑！

20
浴火重生

伴随着亿吨级塔河油田的发现，西北石油局也迎来了体制机制的大变革。

1997 年 11 月 20 日，中国新星石油有限责任公司正式下发了《关于印发对西北石油地质局进行油气分公司体制改革试点方案的通知》。至此，西北石油局结束了长达几十年的事业单位管理体制，开始逐步向油气分公司管理体制转轨。

这是一次“大换血”。

凤凰只有经过烈火的煎熬和考验才能获得新的生命。人只有坚定改革才会诞生新的面貌。

每一次的坚守，每一步的退让，都是一部血泪史。

寒梅怒放，不畏风霜；凤凰涅槃，浴火重生。破釜沉舟，百二秦关终属楚；卧薪尝胆，三千越甲可吞吴。

洗尽铅华，历经沧桑，穿过痛苦之门，门后就是美丽的人生！

1997 年末，张爱东赴任新星公司西北石油局局长时，新星公司西北石油局的原油产量只有 38 万吨。他特别着急，逢会必讲“创新”。

创新，是指以用现有的思维模式提出有别于常规或常人思路的见解为导向，利用现有的知识和物质，在特定的环境中，本着理想化需要或为满足社会需求，改进或创造新的事物，包括但不限于各种产品、方法、元素、路径、环境等，并能获得一定有益效果的行为。

简单地说，创新就是利用现有的知识和物质，在特定的环境中，本着理想化需要或为满足社会需求，改进或创造新的事物，并能获得一定有益效果的行为。

当时“创新”这个词很时髦，使用频率很高。

张爱东所提的“创新”，是指“体制、技术、管理办法和运营机制的创新”。

曾有人对他口口声声强调的“创新”嗤之以鼻，心想：“创新能把油创出来吗?”

他们怎么知道，这位新来的局领导并非纸上谈兵。

张爱东说：“我们对塔河油区古生界油藏特征的研究，还仅仅处于起步阶段，还需要大家锲而不舍地艰苦努力。对奥陶系油藏性质，储层分布，油藏识别技术方法，油藏评价，储量计算，油气生、运、聚、成藏规律作深入细致的研究和分析，真正把它搞清楚，只有这样我们才有绝对把握拍着胸脯说话。”

创新是企业的动力之源，管理是企业的生存之基。在激烈的市场竞争中，没有创新意识，就掌握不了竞争的主动权，也无法实现增长方式的转变。

改制、探索油气分公司管理模式、由事业单位向企业转轨。一系列变革，在当时的西北石油人中间“一石激起千层浪”。

1998 年 5 月 14 日，成立了 38 年的第一普查勘探大队、成立了 19 年的第一物探大队整建制撤销。

在摘下“第一普查勘探大队”“第一物探大队”牌匾的那一天，许多老同志默默地站在原地，久久不愿离去。

时任西北石油局党委书记张泽祥向职工同志们解释：“钻探和地震工作，是石油勘探开发的关键业务技术，我们这支队伍就是靠它们起家的，即使撤销了，也不能砸了自己的饭碗!”

事实证明，改革极大地激发了企业的活力。

改制后，西北石油局放弃了前期“一业为主，多种经营，多元发展”模式，专注油田开发建设。同时，按照市场规律搞好资源配置，提高工程质量，促进勘探发现，搞好油气开发。形成了塔里木盆地油气勘探开发的大局面，迎来了西北石油局的大发展。

与此同时，西北石油局实行“承包经营考核办法”，从管理效益等六个方面与局各单位签订了承包经营责任书。

改革是发展的强大动力，改革是创新的不竭源泉。推动创新、创业、创优新高潮，为经济发展注入了活力和持久动力。1998 年，西北石油局生产原油 57. 46 万吨。年内第一普查勘探大队完成 2 口探井、5 口开发井钻井任务，所有完钻井均转入开发生产，全年累计进尺 30301. 72 米，创年进尺纪录。

西北石油局不仅勘探发现了超亿吨级的塔河油田，原油产量也大幅提升，充分体现了改革为西北石油局的发展带来的巨大动力，也证明了新星公司改革决策的正确性。

就在同行羡慕不已、业界刮目相看、西北石油人干劲十足的时候，一轮更大的变革正在酝酿之中。

1999 年 12 月 10 日，西北石油局顺利完成开采原油 100 万吨的年度计划，上上下下欢欣鼓舞。

2000 年初，西北石油局局长张爱东、总工程师蒋炳南、副局长詹麒先后与兰州炼化公司和独山子石油化工总厂座谈交流，共谋发展大计。

2000 年 4 月 29 日，西北石油局随中国新星石油有限责任公司整体并入中国石油化工集团公司，更名为中国石化新星石油公司西北石油局。西北石油局从此驶入了发展的快车道。

20多年过去了，现在，西北石油局的广大干部职工都说当时大刀阔斧的改革是对的。要不然，西北石油局也会走上别的老油田的老路。一方面，企业要发展，就要保持一定的施工队伍；另一方面，队伍在发展的过程中总会到达一个高点，会出现资源衰竭的情况，此时队伍过于庞大、包袱太重，富余劳动力如何安置？

西北石油局发展史上的这两个重大改革节点很重要。起点在1997年，终点在2006年。以“一企一制”改革完成为标志，西北石油局公司体制初步形成。西北石油局于2007年5月25日更名为西北油田分公司。

2001年1月20日，西北石油局位于塔河油田3号构造南部沙雅隆起的TK313井获高产工业油气流，采用6毫米油嘴求产，日产原油212立方米、天然气2.64万立方米。

3天后，西北石油局塔河油田6区TK602井首次采用大型酸压作业后获高产油气流，日产原油450吨。

2月8日，西北石油局的乙方单位——中原三勘60701队仅用22天钻完井深3902米（TK608井），并顺利下完整管，创出塔河油田钻井新速度。

同月底，西北石油局位于塔河油田4区艾协克2号构造北部的TK430H井投产，采用10毫米油嘴，稳定日产液420立方米。该井2月7日完钻，斜深5780米，垂深5419米，创造了中国石化新星石油公司钻井生产3项纪录。局首次实现在塔里木探区奥陶系碳酸盐岩储层、大漏失地层水平井成井的技术性突破。

3月20日，由国家科学技术部组织、由6位科学院院士和9位专家组成的国家“九五”科技攻关项目“塔里木盆地石油天然气勘探”通过验收。此项目由中国石油和中国石化共同承担和提交。西北石油局是项目的具体实施单位。其攻关的考核目标及主要技术经济指标是：第一，研究塔里木盆地北部古生界碳酸盐岩油气成藏规律，为探明一个1亿吨的大型油气田并形成200万吨原油产量提供科学依据。第二，基本形成一整套适合塔里木盆地北部碳酸岩油气勘探开发的方法技术系列。

3月21日，西北石油局下发《关于调整队伍结构的决定》。撤销采油大队，组建塔河油田第一作业区、第二作业区、雅克拉作业区；撤销工程服务大队，组建油田维护中心；撤销局保卫处，组建油田治安保卫消防中心；撤销工程作业大队和测井站，组建油田工程技术研究中心。

这都是塔河油田快速发展带来的巨大变化。

巨大的变化激励人心，让人产生斗志、产生希望。西北石油人在塔里木盆地油气勘探的道路上创造了一个又一个"塔河奇迹"，描绘了一幅波澜壮阔的历史画卷。

2001年4月3日，西北石油局塔河油田TK608井日产原油350立方米、天然气1万立方米，成为塔河油田的又一口高产油气井。

4月底，西北石油局塔河油田探区的油气勘探开发获得突出成果，1口探井、2口评价井获重大油气突破，4口评价井获良好油气显示，8口开发井获高产工业油气流，平均日产原油200吨以上。

喜讯连连，捷报频传。

全局上下扬眉吐气，兴高采烈，乐得合不拢嘴。

油气勘探开发形势喜人、成果丰硕，极大地促进了西北石油局各项事业的快速发展。

4月的南疆春风吹拂，杏花怒放。4月30日，投资1300万元的西北石油局轮台前线生产指挥基地建设工程开工。

5月23日，西北石油局召开干部大会，宣布新星石油公司关于西北石油局新一届领导班子成员的任免。会议由张爱东主持，陈云华代表公司宣布了徐向荣、张泽祥等人的任免决定。

5月底，西北石油局塔河油田4－2计转站、4－3计转站工程和塔河油田一号联合站混配及装车系统整改工程完工。

6月初，塔里木中原钻井公司60701队钻井进尺10900.6米，成为塔河油田第一个钻井进尺上万米的钻井队。

与此同时，塔河油田7区奥陶系灰岩缝洞油藏投入试采和开发。

7月1日，塔河油田6号构造上的T607井在奥陶系碳酸盐岩层替喷成功。用8毫米油嘴求产，日产原油302.4立方米、天然气8100立方米，完钻井深5598.15米，完钻地层奥陶系，全井取芯9筒，芯长40.04米，收获率85.46%。

7月2日，西北石油局三季度生产会在塔北雅克拉基地召开。会议总结了二季度生产经营管理经验和教训，并安排了三季度生产。会议提出“大干九十天，产量上八千（吨）”的口号。

7月中旬，西北石油局年产量50万吨沥青工程在库车县正式启动。

7月23日，塔河油田TK618井试产原油188立方米、天然气5万立方米。7区T701井钻至5652.98米发生溢流，后进行压井、测试，最高日产原油216立方米、天然气2.64万立方米。这是西北石油局在塔河油田新区块上的第一口评价井。

在此期间，局长徐向荣带领局领导詹麒、董顺、刘宝增等同志深入塔河油田，狠抓落实，督促“大干九十天，产量上八千（吨）”的目标落实。

8月底，塔河油田4区运用先进勘探技术使一口“死亡”两年的TK425井“起死回生”，并获高产工业油气流。采用9毫米油嘴生产，日产原油380吨。这一成果使勘探专家对塔里木盆地的石油地质有了新认识。

同时，在中国石化股份公司勘探战略研讨会上，西北石油局塔河项目获中石化“九五”油气勘探重大成果一等奖。

9月初，塔河油区第一个水处理站在塔河油田竣工。该站采用最先进的美国反渗透水技术，使用蓝星水处理技术有限公司的深度咸水淡化系统，自动化程度高、供水能力强，可供应生活用水和软化水，日供水量达240立方米。

9月27日，西北石油局原油产量日增1000吨，达到8045吨，提前3天实现局党委提出的“大干九十天，产量上八千（吨）”目标。与此同时，塔河油田输气首站工程和燃气电站二期工程开工，输气首站设计天然气日处理量40万立方米，燃气电站设计规模2×13490千瓦。

10月25日至27日，西北石油局库北1井用38个小时安全下完97/8″+95/8″复合套管，5680米的超深技术套管创亚洲纪录。

11月8日，塔河油田S86井经过酸压后，获高产油流，日产原油280立方米、天然气1万立方米，又一次取得油气勘探开发的新突破。雅克拉凝析油气田西北部的Y4井射开上白垩统5340～5344米井段，用6毫米油嘴测试，折算日产天然气18.13万立方米。

人的创造力是被激发出来的。11月20日，局长徐向荣在西北石油局干部大会上要求全局干部职工积极行动起来，奋战40天，狠抓产量，猛促销售，力降库存，确保利润，圆满完成2001年各项任务。

紧接着，塔河油田3－1计量站成功投产。该站为6井式阀组，年接转能力达12.5万吨。

塔河油田4区TK432井采用复合堵剂堵水新工艺技术试验成功，该井含水率由90%下降为0。

同时，西北石油局原总工程师、教授级高级工程师蒋炳南被授予李四光地质科学奖。西北石油局作出“向蒋炳南学习”的决定。

蒋炳南，1940年1月生于江苏省武进县，1963年毕业于北京地质学院石油地质专业。曾任地矿部西北石油地质局地质大队副队长，地矿部西北石油地质局地质处主任工程师、处长、副总工程师，新星石油公司西北石油局总工程师、教授级高级工程师。中共党员。

蒋炳南同志是一位胸怀豁达、壮志无边、低调做人、踏实做事、谦虚谨慎、淡泊名利、无私奉献的高级知识分子。他从事石油地质工作近四十年，热爱地质事业，对地质工作认真负责，悉心钻研，勇于创新。在石油地质普查、勘探、开发、研究方面取得显著成果。特别是对我国海相找油领域作出重大贡献。为塔里木盆地的沙参2井高产油流和亿吨级塔河油田的发现和开发作出了重要贡献。

2002年初，根据中国石化新星石油公司重组要求，为更好地使新疆新星实业（集团）有限责任公司各项业务工作开展正常化、规范化，依照《中华人民共和国公司法》相关规定，经西北石油局、新疆新星实业（集团）有限责任公司研究决定，注销新疆塔里木油气化工有限责任公司，变更登记为新疆新星实业（集团）有限责任公司塔里木石油化工分公司，简称新星实业（集团）公司塔化。

至此，西北石油局完成油气分公司体制改革，分设中国石化新星西北石油局、中国石化新星西北分公司，并于2003年6月整体划归中国石化集团公司、中国石化股份公司直属。

2003年初，西北石油局部署在塔河油田的几口开发井相继完钻。其中，TK630井采用6毫米油嘴测试，日产原油200立方米、天然气1万立方米；TK625井经酸压作业后获高产油流，采用6毫米油嘴测试，日产原油300立方米、天然气6000万立方米；9区探井S95井在三叠系有良好油气显示，日产原油144立方米、天然气2.04万立方米。

2003年3月上旬，塔河油田9区三叠系下油组砂岩油藏、10区奥陶系灰岩缝洞油藏投入试采。

2003年上半年，西北石油局完成生产计划投资75007万元，完成年预算的46%，年计划勘探进尺的61.6%，有6口探井实现油气新发现，完成年计划的167%，实现1个重大发现、4个重要发现、5个新进展的骄人业绩。

8月，塔里木盆地北部遭受百年不遇的特大洪水袭击，油田公路被毁、油井被淹、生产生活物资和原油外运中断，经济损失巨大。西北石油局干部职工奋起抗洪半个多月，最终取得抗洪抢险、减灾补产的胜利。

9 月，TK6 - 55 - 1 井三开钻至井深 5582 米时发生井漏，强钻至 5603.06 米测试求产，稳产原油 240 立方米，为塔河油田又添新油井。几乎就在同时，桑东 S101 井也获得高产油气流，日产天然气 22.2 万立方米。

2003 年底，塔河采油一区年内累计生产原油 132.64 万吨，累计处理合格原油 181.55 万吨。其中，一号联合站累计生产混配原油 111.97 万吨，并提前 1 个月超额完成 100 万吨混配油任务。至此，西北石油局已拥有探明油气（田）区 14 个，累计探明原油地质储量 24308 万吨、溶解气地质储量 200.3 亿立方米、天然气地质储量 389.56 亿立方米、凝析油地质储量 1391 万吨，动用原油地质储量 13568 万吨、溶解气地质储量 119.1 亿立方米、天然气地质储量 13.81 亿立方米、凝析油地质储量 46 万吨，被中华全国总工会、国家安全生产监督管理局评为全国“安康杯”竞赛优胜企业。

2003 年，西北石油局在塔河油田 7 区的 T702B 评价井获试产原油 200 多吨的好成绩，表明塔河油田含油面积进一步扩大，已达 1000 多平方千米。塔河油田塔里木乡 5 号构造上的 TK718 井，进行酸化压裂排酸后日产原油 150 吨、天然气 4000 立方米。TK720 井在奥陶系一间房组 5742 米处钻遇油层，采用 6 毫米油嘴求产，日产原油 240 吨、天然气 1.6 万立方米。2 区的 TK725 开发井进行掺稀试油，日产原油 220 吨、天然气 5000 立方米。雅克拉 YK2 井日产原油 39 立方米、天然气 13.1 万立方米。TK721 井压酸后获日产轻质原油 240 吨、天然气 1.5 万立方米。

2003 年，西北石油局认真贯彻落实党中央、中国石化集团公司改革部署，主动适应和引领经济发展新常态，坚持全面推进、重点突破、先行试点、注重实效，围绕转职能、稳增长、调结构等推出一系列激活市场、激发活力的改革举措，为油田发展注入了新的活力。

2003 年 8 月中旬，中国石化集团公司在塔里木石油化工分公司总投资

11 亿元的 120 万吨稠油技改工程项目动工。9 月下旬，西北石油局投资近 3 亿元的塔河油田二号联合站重油外输工程投产运行，此项工程创造了当时中国石化集团公司上游地面建设工程规模最大、建设时间最短、技术水平最高等多项纪录。西北石油局投资 6000 万元的塔河油田输变电工程全线贯通。输变电工程是 110 万吨产能建设重点工程项目之一，提前实现了塔河油田二号联合站工程水、电、路“三通”，保证塔河油田重质油外输和产能建设计划的正常开工。10 月初，西北石油局位于库车县的雅克拉装车末站的第一班原油列车驶出装车栈桥，宣告塔河油田 110 万吨产能建设、塔河油田重质油外输系统工程成功投产。与此同时，雅克拉装车末站至库车塔河油田石油化工厂全长 44.8 千米的输油管线建成投运。10 月中旬，中国石化在雅克拉装车末站隆重举行塔河油田 110 万吨产能建设工程项目表彰大会暨剪彩仪式，对在该项目劳动竞赛活动中取得显著成效的 10 个集体、5 个处室、24 支施工队伍、66 名先进个人给予表彰。自治区领导艾力更·依明巴海，中国石化领导牟书令、张家仁、王志刚及西北石油局领导徐向荣、张泽祥、苏来曼·阿布都、孟伟、宗铁、董顺、翟晓先和 1000 多名干部职工参加了表彰大会暨剪彩仪式。10 月下旬，自治区国土资源厅会同巴音郭楞蒙古自治州国土资源局、西北石油局，聘请有关专家组成联合验收组，对由分公司委托自治区国土资源规划研究院完成的“塔河油田 9 号油区公路、塔河至轮台输气末站用地权属勘测定界成果”项目进行检查并通过验收。西北石油局“‘数字塔河油田总体方案’”“塔河油田基础地理与地面建设信息系统”“分公司勘探开发数据库完善与改造”“地理信息系统平台软件购置”4 个项目通过验收。

2003 年，西北石油局油气勘探工作实现 1 个重大突破、4 个重要进展、3 个“超额完成”、4 个“不超”、5 项主要管理成果。全年完成三级储量 4.65 亿吨油当量。其中探明石油地质储量 9501 万吨，控制石油地质储量 2.01 亿吨，预测石油地质储量 1.69 亿吨。年产原油 300.86 万吨、天然气

4.52 亿立方米。销售原油 285.7 万吨、天然气 0.43 亿立方米。实现总收入 42.95 亿元、利税 14.93 亿元，利润 12.38 亿元。人均实现经营收入 146 万元，人均利润 42 万元。被中华全国总工会、国家安全生产监督管理局评为全国“安康杯”竞赛优胜企业。

改革，使企业拥有了更广阔的资源与市场，企业转型顺利，步入发展快车道，进入一个高速发展时期。

2004 年，西北石油局各项事业如火如荼。西北油田草湖牧场至库车东三级公路全线开通，至此，塔河油田沥青道路通车里程达 201 公里。塔河油田重质原油外输系统库车末站起动外输泵，向塔河炼化分公司供油，标志着塔河油田重质原油外输系统二期工程一次投产成功。全长 109.9 公里的塔库输油管线一次试车成功。大涝坝集气处理站开工建设，该站设计天然气日处理规模 25 万立方米，凝析油年处理规模 8 万吨，是集采气、集输、凝析油稳定、储运及天然气处理为一体的综合性处理站。轮台输气末站安全运行 555 天，累计输送天然气 210 万立方米，确保了西北石油局轮台基地的生产、生活用气。

2004 年底，西北石油局 DLK3 井开钻，宣告雅克拉至大涝坝气田开发建设全面启动。工程及配套工程总投资 6.73 亿元。

在西北石油局全体干部职工的不懈努力下，探明了中国最大的古生界海相碳酸盐岩整装油田——12 亿吨级塔河油气田。

随着天然气产量的不断增长，2005 年 4 月，西北石油局将雅克拉采油厂名称变更为雅克拉采气厂。

2005 年，西北石油局油气勘探工作取得 2 个重大突破、1 个重要发现、4 个重要进展。全年完成三级储量 3.63 亿吨油当量。其中探明石油地质储量 1.17 亿吨油当量，控制石油地质储量 0.5 亿吨油当量，预测石油地质储量 1.96 亿吨。年产原油 420 万吨、天然气 6.36 亿立方米。销售原油 400.53 万吨、天然气 1.35 亿立方米。实现总收入 84.32 亿元、利税 53.2

亿元，利润48.02亿元。人均实现经营收入277万元，人均利润158万元。被中华全国总工会、国家安全生产监督管理局评为全国“安康杯”竞赛优胜企业。

2006年后，随着勘探开发步伐的加快，塔河油田迎来了开发高潮。600余支工程施工队伍、3万余人参加油田建设，形成了全方位开放、多工种联合会战的大场面。面对“万里大漠争上产，戎衣犹带五湖烟”的局面，只有与时俱进才能完成企业的转变。

2006年，西北石油局油气勘探工作取得1个重大突破、2个重要发现、2个重要进展、5个重要认识。全年完成三级储量3.53亿吨油当量。其中探明石油地质储量8389.23亿吨油当量，探明天然气储量199.05亿立方米，新增石油控制储量9742.16万吨、天然气控制储量324.48亿立方米，新增石油预测储量1.2亿吨。年产原油472万吨、天然气8.71亿立方米。销售原油449.36万吨、天然气6.11亿立方米。实现总收入128.13亿元、利税91.52亿元，利润76.2亿元。人均实现经营收入411.5万元，人均利润246.6万元。局连续13年保持自治区级精神文明单位称号；“塔里木盆地北部碳酸盐岩勘探潜力、油气动聚规律与勘探关键技术研究”项目获中国石化集团公司科技进步一等奖。

2006年，西北石油局科技工作者围绕科技创新年活动，坚持“自主创新、重点深化、支撑发展”的方针，多项重点研究工作取得新进展，形成了“科技兴油、科技强企”的良好氛围。塔河油田碳酸盐岩缝洞型油藏开发关键技术研究与应用达到国际领先水平。初步创立“以缝洞单元研究为核心，以全过程评价、层次化开发、逐步深化为基本开发程序，以差异化开发为基本模式，以单井注水替油、多井单元注水开发为主要能量补充方式”的碳酸盐岩缝洞型油藏开发理论；创新6项碳酸盐岩缝洞型油藏开发关键技术。深井钻井工程技术取得重大突破，创新了一系列钻井技术指标，为深层勘探提供了强大支撑。首次在6800米以下侧钻作业；首次在

7000 米以下螺杆纠斜作业；首次将 PDC 钻头应用于 7700 米以下，加快了塔深 1 井的钻探进度；首次在 8000 米以下应用涡轮 + PDC 技术等，在深层钻探领域填补了国内多项空白。

2007 年 11 月，部署在海拔 1650 米的天山山脉上的秋南 1 井决定搬迁。从山上井场到山下井队生活区垂直落差 968 米，全程为 5000 米的盘山路，共有弯道 42 处，其中连续下坡带急转弯道 18 处。针对搬迁山高、坡陡、弯多、路险的巨大风险和困难，油田特种工程管理中心布置了周密的两套搬迁方案。

搬迁突击队队员王海林说："我记得当时我第一车拉的是钻机。下山的时候，挂着一挡踩着刹车慢慢往下下。整个山路也就 3 公里多，但我用了半个多小时，才下到山下。虽然是冬天，但我全身都冒汗了。"

搬迁突击队在 4 天内完成了 94 车次的安全搬迁，让高耸入云的庞然大物接了地气。秋南 1 井搬迁是西北石油局有史以来风险最大的一次搬迁任务。此次搬迁任务的安全完成给新成立的特管中心带来了极大的信心。

2008 年 5 月，集团公司对西北地区上游企业进行整合重组。西北石油局共拥有油气勘探区块 75 个，矿权面积从 14 万平方千米一跃达到 28 万平方千米，扩大了 1 倍。西北石油局站在了一个新的发展起点上。为了适应油田发展，特管中心迅速成立了油田井位勘定队。

2009 年 5 月，特管中心自有设备完全退出市场，搬迁业务全部由承包商承担。当时有 126 支钻井队、56 支修井队。改制前，两天搬迁一口井；2013 年，创下了 1 天搬迁 13 口钻井和 16 口修井的纪录。2015 年 12 月，他们曾 20 天搬迁 56 口钻井，累计行程近 80 万公里，相当于绕赤道 20 周。这些成绩都与深化改革息息相关。

改革的阵痛在所难免。为了尽快让职工适应从操作岗到管理岗的转变，特管中心提出了"放下'方向盘'，就能敲键盘"的要求。

特管中心运输管理部副部长刘振祥说："当时我很不适应。要想搞好管理，首先得过打字这关。这对于没接触过电脑的我来说还很困难。”

为了让职工迅速熟悉、适应新岗位的要求，特管中心不仅大力组织各类岗位技能培训，还号召职工积极开展自学互学，以便尽快完成角色的转换。

刘振祥说：“我把拼音挂图挂在床头，没事就看，多学，最后终于过了电脑关。”

这时，特管中心不仅要管理承包商，自身设备和人员也没有完全退出市场，所以对安全从严管理尤为关键。

在起步磨合中，特管中心迎来了第一次大考。

2000 年 6 月 28 日，由新星石油公司投资 3.9 亿元的西北石油局塔河油田轮台基地建设工程正式启动。7 月 20 日，西北石油局向新星石油公司申请建设局综合研究楼。设计方案为建筑面积 2.3 万平方米，建筑投资预算 8500 万元，建于乌鲁木齐市北京路基地。在临江苏路原锅炉房处建设高咨技术研究配楼，建筑面积 3000 平方米，建筑投资预算 900 万元。8 月 27 日，西北石油局向轮台县人民政府申请在轮台县建设石油物资仓库，用于油气生产，周转和仓储各种石油管材、油田设备、油田水泥、油类、酸类等生产物资，占地面积约 28 万平方米，拟建在轮台火车站以西、局原油末站以东、南疆铁路以南、314 国道以北片区，拟投资规模约 2500 万元。

用当时最时髦的话说，叫作“大干快上”。塔河油田到处是热火朝天的景象。

2000 年 9 月，新星石油公司批复西北石油局《关于塔河油田至轮台县输气管道工程立项》的函，同意塔河油田至轮台县输管道工程立项，管径定为 219 毫米。同月 20 日，西北石油局塔河油田燃气电站顺利投入运行，并承担向塔河油田供电任务。油田电网全部用上天然气电站的电力，自备燃电站成为备用电源。

11 月 8 日，西北石油局研究决定，将新疆西部石油天然气开发总公司整体并入新疆塔里木油气化工有限公司，合并方式采取以塔化为主的整体并入。

2000年年底，新星石油公司受国家科技部委托，组织专家对西北石油局承担的“九五”国家科技攻关99－111项目“塔里木盆地石油天然气勘探”专题成果进行评审验收，其中6个专题达到国家先进水平，部分达到国际领先水平。

与此同时，自治区发展计划委员会批复西北石油局《关于西北石油局综合研究楼建设项目立项》的函，同意综合研究楼建设项目立项，项目建设规模为2.8万平方米，预算投资8500万元全部自筹解决。

2000年年底，西北石油局完成总投资约5.9亿元，生产原油193.7万吨、天然气4.43亿立方米，销售原油182.2万吨、天然气1.06万立方米，超额完成生产任务，基本实现翻一番的目标。探明油气地质储量5225.4万吨当量，控制2148.1万吨当量，预测12160万吨当量。发现井10口，完成年计划任务的250%，使塔河油田含油面积增加到720平方千米。“塔里木盆地沙雅隆起油气勘探靶区研究”获自治区科技进步一等奖。另外，雅克拉气田累计产凝析油38万立方米、天然气103635.83万立方米、水38.38万立方米。

2013年，特管中心建设产、供水自动化运行监控信息系统；2014年，实现了水源井远程启停和自动供水调配，供水首站还实现了自助刷卡装水；2015年，供水首末站实现无人值守。

供水管理部党支部书记杨凌说：“现在我们只要在中控室点击鼠标，就能完成水的产供配工作，人员、车辆、管理等各方面的投入都大幅度的减少。”

运输管理部部长马文说：“通过运用信息化手段，优化了工作管理流程，提升了工作效率和准确率，为我部节约用工12人，大幅节约了管理成本。”

特管中心在污油泥二期扩建的工程投产后，日处理污油泥能力可达100立方米，每年为分公司节约排污费4500万元。

2010年7月，一场罕见的洪水席卷塔河油田。

路桥管理部调度姚建刚说："当时AD片区告急。胡队当时正在家休假，听说这事以后，第一时间就坐飞机赶回来了，连宿舍都没有回就赶到了现场，带领着我们对被冲毁的十区道路进行抢修。"

AD片区告急，周边高产油井和油区群众的生命财产安全受到严重威胁。当队长胡晓宝带队赶赴灾区时，村民正准备弃村逃难。

钟辉说："当时我在前线指挥抗洪，接到了老胡的汇报。我在电话里对他说，群众和油井一个都不能落下！"

姚建刚说："在抢修过程中，我们知道胡队身体一直不太好，有糖尿病。我们劝他回去休息一会，他一直不肯回，也就是偶尔抽个空，回到帐篷打上一针胰岛素，打完以后接着和我们一起奋战在一线。最后把十区道路全部都抢修完成，才肯回去休息。"

时任油田特种工程管理中心主任卫怀忠说："今年的洪水来势比较凶猛，油田道路多处被冲毁，我们中心第一时间成立了抗洪突击队。突击队员在保证安全的前提下，尽最大的努力，以最快的速度，抢通了通往井场的道路，绝不让洪水肆虐。"

多处险情被一一排除，村庄和油井都保住了。在恢复正常生产的同时，又保障了油区内各族群众的生命财产安全。种种举动，为西北石油局树立起"高度负责任、高度受尊重"的企业形象。

21
华丽转身

西北石油局并入中国石化，是西北石油局成立以来最重要的调整之一。从此，西北石油局开启了现代化油公司的运营模式。

社会主义市场经济体制是一种史无前例的体制，也是中外经济学经典中从来没有的一个概念。因此，从理论上说，这是我们党一次真正的理论创新，是马克思主义中国化的一个光辉典范。从实践上说，这是社会主义经济体制的一次真正变革，是中国特色社会主义道路探索中的一个伟大创举。

对石化企业而言，市场经济体制有利于它们轻装上阵，甩掉包袱，实现效益最大化。可以提高企业的竞争力，真正成为社会主义市场经济条件下自主经营、自负盈亏、自我发展、自我约束的企业法人实体和市场竞争主体。

中国石化资金雄厚、技术先进、理念领先，这对当时处于快速发展时期的西北石油局来讲是非常重要的，也是急需的。

国际通用的“油公司”模式，是针对石油企业上游板块的一种新型运营模式。它是以采油厂为生产主体，把每个项目的勘探、运输、供销等进行分类，实行市场化运行的模式。

西北石油局在学习借鉴国内外油藏经营管理先进经验的基础上，引入油公司管理理念，按照“市场化运行、项目化管理、社会化服务”的方针，提出“三新三高”原则，以甲乙方合同制为主线，实现开发行为市场化，通过市场运作降低开发成本，提高施工效率和管理效益。

其中，“三新三高”原则的具体含义如下：

- 新理念：深化油藏经营理念，在构建投入产出清晰的油藏经营管理单元的基础上，通过深化体制改革，完善运行机制，落实管理责任，优化投资项目，细化成本管理，全面提升油藏经营管理水平，努力实现经营高效益和资源利用最大化。

- 新体制：组建开发项目经理部，以“生产专业化，竞争市场化，管理合同化，效益最大化”为原则，全面负责开发生产，实现组织管理扁平化和人员精干高效。

- 新机制：引入市场化竞争机制，推行用工社会化，实现由行政手段组织生产向市场化组织生产转变，从根本上控制生产成本，提高油藏开发效益。

- 高速度：紧紧抓住国际油价持续高位的有利时机，快速组织开发建设，尽快见到经济效益。

- 高水平：以油藏为单元，实施专业化、项目化、目标化管理，全面提升油藏经营管理水平。

- 高效益：牢固树立“投资讲回报”的理念，加强过程监督，控制过程节点，落实管理责任，降低开发成本，最终实现油田开发效益的最大化。

西北石油局以整体优化为原则，以效益最大化为目标，扎实推进“两制三化”（项目经理制、队伍聘任制、油藏经营项目化、管理目标化、运作市场化）建设，积极创新油公司管理实践。

摆在西北石油局干部职工面前的首要任务是调整结构。人员分流成了难点和热点。

西北石油局副局长董顺万万没有想到，这次改革的重担会落到他的肩上。局党委研究决定，由他负责起草西北石油局机制改革方案。

结构调整不光是体制上的重组，还面临着大量人员分流等一系列问题。

单位人事制度改革是最棘手的问题，也是改革的关键。

按照改革的精神，一是精简年龄大的，二是精简能力差的。但两条标准却很难把握。年龄大的，大多职位比较高，经验比较丰富，精简他们，组织的关系结构和权力结构会出现很大的震荡。“能力差的”就更难把握。长期以来，人事考评制度大多流于形式，很难起到参照作用。人员精简中，难免会出现这样或那样的问题，比如普遍存在的“说情”。所以，确定人员分流的主体是改革过程中要重点解决的问题，一旦弄不好，人员回流问题会很严重，会出现精简—膨胀—再精简—再膨胀的怪圈。如果改革到最后人员不但没有减少，反而越来越多，分流人员大回流，那这样的改革最终也将流于形式。

那段时间，西北石油局改革调整的掌舵人张爱东运筹帷幄，方案设计者董顺呕心沥血、寝食不安。班子成员经常夜以继日地开会讨论，思虑妥善，确保改革方案成熟有效，落到实处，一举成功。

西北石油局结构调整触及了许多人的切身利益。过去在机关工作的一些同志会被分配到生产一线的管理岗位上去，而过去“一普一物”的职工也必须面临由生产岗位向管理岗位的职能转变。过去握钻杆的手如今要学会操作电脑，否则就无法适应岗位要求。

坐惯了办公室的同志，担心自己被分配到生产第一线，一时间纷纷找领导说情。董顺家的门槛都快被踏破了。

董顺是北京人，中等个头，当时正是个年富力强的大知识分子。这次的改革方案硬是把他一头浓密的黑发，熬成了稀疏的白发。

他待人和善，特别有耐心，无论谁找上门来，他都不厌其烦地给大家讲政策、讲改革的好处、讲企业的远景。

他说的话，几乎跟张爱东局长说的一模一样。同志们明白了，局领导班子的口径是统一的。领导明确表示，家里确实有困难的，局里也会给予适当的照顾；除此之外，找谁也没用。

从1998年3月5日第一批人、财、物分流至采油大队开始，到5月18日，西北石油局用了短短74天，平稳有序地分流和重组了一普和一物两个大队968人，近2亿元国有资产划转全局各单位，实现了油气分公司产业和队伍结构调整，完成了理顺体制整体重组改制、建立新的运行机制和经营机制的重大改革，为西北石油局适应油公司大发展、在塔里木盆地勘探开发大油田，迈出了决定性的一步。

这么艰难的改革，进展如此神速、如此顺利，而且结局皆大欢喜，这在全国也实属罕见。

改制后的西北石油局从以勘探为目的转变为勘探开发并举的国有企业。局党委一班人加强学习，加大员工培训力度，极力培养和打造一支适应能力强的高素质油公司管理团队。

企业改制后，油公司面临着许多新问题和新矛盾。

加强综合研究规划、加强工程监理、加强采油生产、加强效益管理等一系列制度和配套措施相继出台。利益再分配是每个人都无法回避的现实，原有旧体制下的惰性短期内或多或少地潜伏在新机制里。

一勤天下无难事，一懒世间万事休。古今之庸人，皆以“惰”字而败。

惰性对于一个人来说，是可怕和致命的。很多痛苦和失败都来源于此！

西北石油局制定了一整套行之有效的企业管理制度。个人业绩与经济效益挂钩，适者生存。企业不养庸人，团队不养懒人。以“经”治“惰”，以“勤”治“庸”，逼着广大员工转变思想观念，彻底清除旧体制弊端。

地质、物探、开发等专业研究规划都有严格的考核办法，系统内部既有分工，又密切合作，既独立核算，又相互渗透、相互牵制，大幅度提高了综合研究规划设计能力，使一大批科研、生产成果和一大批人才脱颖而出。

油公司推行甲乙方制，实行公开招标，引进国内各大油田的勘探和开发队伍，参与竞争机制，完善工程监理机制，对工程从设计到施工进行全过程的监理，使油气勘探的管理步入科学化、规范化轨道。

与此同时，西北石油局进入跨越发展的快车道，成立了采油大队，对油田开发实施专业化管理。随着开发规模的扩大，2001 年将采油大队拆分，新组建了三个作业区。

2001 年 3 月，在原采油大队的基础上，成立了塔河第一作业区，2002 年更名为塔河采油一区，2003 年 12 月更名为塔河采油一厂，2013 年更名为采油一厂。

塔河采油二厂正式成立于2001 年4 月1 日。2001 年9 月，掺稀生产首次在 TK612 井实施，攻克了稠油井井筒举升难题，开创了塔河油田掺稀生产的先河，至今，此项工艺已累产稠油 300 多万吨。

2003 年 9 月，该厂二号联合站全面投产运行，年处理原油能力 150 万吨，创造了当时中石化上游地面建设工程规模最大、建设时间最短、技术水平最高等多项新纪录。伴随着塔河油田的快速发展，该站也经过了多次改建、扩建，当前处理量为每年 390 万吨。

2009 年，该厂原油年产量达到 415. 5 万吨，原油日产由 1100 吨上升到 11950 吨，一举成为中国石化第一大采油厂。同年 10 月，西北石油局召开重组改制会议，对塔河采油二厂优化重组，新成立塔河采油二厂和新一届领导班子。

2012 年，塔河采油二厂创造了缝洞型油藏自然递减控制在 16.06% 的纪录。

2013 年 4 月 10 日，塔河采油二厂用近 1 年时间（2012 年 5 月 30 日始建）一次性建成了国内陆上油田规模最大的油气处理站——四号联合站。正式投产一次成功，设计年处理液量 400 万立方米，处理原油量 300 万吨，处理对象为国内最稠、硫化氢含量最高的原油。

2014 年，塔河采油二厂产量突破 348 万吨，再次位居中石化第一大采油厂。

2001 年 4 月 21 日，西北石油局成立了雅克拉采气厂，当时只有正式职工 163 人、生产井 3 口，管辖两套单井生产流程。2001 年至 2004 年四年间累计生产天然气 5.95 亿立方米，累计生产原油 15.27 万吨。雅克拉、大涝坝凝析气藏处于试开采阶段，主要维持单井简单生产和队伍稳定工作。2004 年末职工人数为 171 人，为后期雅、大全面开发蓄势准备。2005 年投入全面开发，井站分布于巴州、阿克苏、喀什、和田四个地州，战线沿 314 国道跨越 2000 余公里，管理着 6 个油气区块和 4 座油气处理站，探明天然气地质储量 351 亿立方米、凝析油地质储量 1040 万吨、原油地质储量 131 万吨。其中雅克拉区块是中石化最大的整装凝析气田。

油气运销部雅克拉末站是西北石油局油气储运销专业化队伍，拥有十万吨的库容，百万吨的装车规模，五百万吨的转输能力，重质原油、凝析油、轻烃及液化气四种产品构成的三大独立系统。其中，重质原油系统库容 $8 \times 10^4\ m^3$，转输能力 $500 \times 10^4\ t/a$，火车装车外销能力 $80 \times 10^4\ t/a$；凝析油系统库容 $2 \times 10^4\ m^3$，装车外销能力 $45 \times 10^4 t/a$,卸油能力 $40 \times 10^4\ t/a$；轻烃及液化气系统库容 4000 m^3，火车装车能力 $10 \times 10^4\ t/a$。

油气运销部前身为油气销售公司，于 1993 年成立，主要承担西北石油局所有油气产品的销售工作。2004 年，油气销售公司接收采油二厂输油队，增加了油气储运业务和管理职能。2005 年 8 月 9 日，油气销售公司更名为油气运销部，初步实现了从单一销售业务向“储运销一体化”的管理职责转型。截至2018年1月24日，油气运销部累计销售原油9498.45万吨（含轻烃）、天然气136.86亿立方米。

这是一支特别能吃苦、特别能战斗的队伍。2007年3月6日，西北石油局雅克拉末站创下了单日火车装车量1.2万吨的纪录。

22
十年“砺”一剑

几十年来，中国古生代海相成油，一直是国内外专家学者关注的焦点。

1922 年，美国斯坦福大学的布莱维尔德说，中国缺石油可归因于三个地质条件。第一，中、新生代没有海相沉积；第二，古生代大部分地层不能生成石油；第三，除西部和西北某些地区外，几乎所有地质时代的岩石都遭受了强烈的褶皱、断裂，并受到火成岩不同程度的侵入。

布莱维尔德断言，中国古生代海相沉积层是不可能有石油的。

但是，我国地质专家始终认为，中国古生代海相沉积分布十分广泛，以华北、华南和塔里木等地块发育为最佳。

1969 年，我国著名地质学家、原地质部部长李四光教授提出：“我们现在找出来的油田都是中、新生代的，难道我们的古生代就没有油吗？美国有一半的大油田在古生代，苏联的第二巴库也是泥盆系的，非洲阿尔及利亚、利比亚也是古生代。它们的特点都是褶皱构造比较平缓，我们要在古生代盖层平缓、褶皱缓和的地区集中力量试验一下。譬如，黔南，四川，特别是塔里木……从战略上讲，我们要选一个地方，早一点去打开一个缺口。”

摆在我国石油地质学家和地质工作者面前的有两大难题：中国古生代海相到底有没有石油？如果有的话，在哪里？

1984 年 9 月 22 日，沙参 2 井在 5.3 亿年古生代奥陶系白云岩中喜获高产油气流，实现了我国古生界海相油气田的重大突破，揭开了中国古生代海相成油的神秘面纱。

西北石油地质局在“扩大雅克拉、东西展开、注意中浅油发现”的勘探思想指导下，经过几年的探索实践，于 1985 年实现了油气连续突破。这些突破性的发现，以及地质理论认识的发展，对国内古生界油气勘探有着重要的启示、借鉴和指导作用。

1990 年下半年，地质矿产部领导指示：沙雅隆起已经发现了多个油气田，已成为油气富集带。那么，第二个沙雅隆起（油气富集带）在哪里？

西北石油地质局的地质专家们经过多年坚持不懈的研究和探索，根据中国古生代海相成油特征及地质力学理论，以古隆起、古斜坡和断裂带控油理论为基础，力排众议，提出在巴楚隆起至麦盖提斜坡开展油气勘探工作，寻找第二个油气富集带。

集团公司党组对西北油田的发展寄予厚望。

“对标世界一流，勇担‘补短’重任，西北石油人义不容辞。”

“全力打造西部资源接替阵地，担当西部原油上产的排头兵！”

面对集团公司党组的期望和重托，面对中国石化上游资源战略的要求，西北石油人响亮地回答。

是什么让西北石油人如此自信？

这份自信既来自塔里木盆地巨大的资源潜力，又来自他们在实践中总结形成的一套处于国际领先水平的碳酸盐岩缝洞型油藏勘探开发核心技术。

1997 年，西北石油局部署在塔里木盆地北部阿克库勒凸起的沙 46 井、沙47井、沙48井，在奥陶系碳酸盐岩领域相继获得高产工业油流，由此发现了我国第一个古生界海相大油田——塔河油田。

塔河油田的诞生，标志着中国石化在塔里木盆地古生界碳酸盐岩领域获得了重大突破。

短短几年间，56万平方公里的塔里木盆地共发现了14个油气田（藏）。地矿部西北石油地质局与几十个生产、科研、教学单位密切合作，国内外专家学者关注的中国古生代海相地层有无石油问题终于有了结论：中国古生代海相地层有石油。塔里木盆地古生代地层中蕴藏着丰富的石油和天然气，由此建立的古生代海相成油理论，填补了我国石油地质理论的空白。

该理论与中、新生代陆相成油理论截然不同，主要表现在以下6个方面：

第一，油气源岩主要为浅海—深海相泥质岩及碳酸盐岩。这些油源岩在长期构造变动作用下，可二次生烃，长期生油。而且具有多时、多层系油气源岩特征。

第二，多时代储集岩主要有碳酸盐岩和碎屑岩两类。不但古生界内十分发育，油气也可以向上部覆盖的中、新生界的碎屑岩聚集成藏，即所谓的"深生浅找，海相生陆相找"，故在塔里木盆地9个层系内均发现了油气田。

第三，油气远距离运移。塔里木盆地古生代海相生成的油气以区墩性不整合—断裂为输导，远距离运移储集到各类圈闭中。其油气远移距离长达几十公里至上百公里。

第四，形成多种成藏模式。塔里木盆地古生代寒武—奥陶系和石炭系油源，经过多期生油形成了多个成油模式，即古生古储（古生代形成油气藏）、后生中储（古生界油源岩二次生烃储集到中生界）。

第五，海相原油的特点是以高成熟凝析油为主。

第六，古隆起、古斜坡、古风化壳是油气聚集的重要部位，深断裂和区域性不整合是油气运移和聚集的重要条件。

塔里木盆地古生代海相成油理论对我国海相油气勘查工作具有重要的指导作用。

塔河缝洞型碳酸盐岩油气藏与国内外常见的油气藏的最大区别是以形态多样、分布复杂的缝洞体储集油气，油气藏成藏条件和类型极其特殊、复杂。科研人员用“老”“深”“变”“稠”4个字来形容这类油藏。

所谓“老”是指生油层年代久远，属距今5亿年的寒武—奥陶纪。

“深”是指油藏埋藏深（5300~7000米）。塔河缝洞型碳酸盐岩油气藏是迄今为止国内外发现的埋藏最深的特大型油气藏。

“变”是指储集体主要为经多期构造及多期岩溶作用形成的缝洞，缝洞空间发育极其不确定，缝洞大小变化极大。

“稠”是指地面原油超稠，黏度达1万~100万毫帕秒。

这类油藏在国内外极其罕见，尚没有成熟的勘探开发理论和模式，也没有成功的开发实例可供借鉴，属于世界级难题。

在困难和挑战面前，西北石油人没有退缩。

他们解放思想、敢为人先、大胆创新，通过实践—认识—再实践—再认识的反复、研究和探索，攻克了一个又一个难题，创造了一个又一个奇迹。

他们开创性地提出“缝洞单元”这一油藏概念，研发了以缝洞体“串珠状”绕射波成像为核心的超深碳酸盐岩缝洞型储层精细成像技术，揭开了塔河油田超深缝洞型储集体的神秘面纱。

他们自主研发了超深碳酸盐岩缝洞型储层预测与识别评价技术。有了这颗“夜明珠”，研究人员就能将地宫深处的喀斯特岩溶地貌及缝洞型油藏形态看得一清二楚。储层预测符合率由原来的85%升至95%，勘探井成功率由2004年的40%升至2010年的68.8%，开发井建产率由2004年的

79.7%升至2010年的90%以上。

正是基于这些认识，在西北石油局科技创新成果里，便有了一长串崭新的专业名词：缝洞型油藏描述技术、缝洞型油藏滚动开发技术、缝洞型油藏储量分类评价技术……

经过“十五”以来的持续创新和技术攻关，西北石油人在石油科技上取得突破性进展，攻克了塔里木盆地油气勘探开发中存在的“油气成藏条件复杂且超深、超稠”等一系列世界级技术难题，逐步建立了具有塔里木盆地特色的“古生界碳酸盐岩海相油气地质理论”，自主创新了“碳酸盐岩缝洞型油藏”精细描述等多项核心技术及配套技术。

“十一五”期间，西北石油局多项成果获得省部级以上科技进步奖，其“稠油降黏井下高效混配器”“开窗捞筒”等项目获得国家实用新型专利授权，“塔河奥陶系碳酸盐岩特大型油气田勘探与开发”项目荣获国家科技进步一等奖。

塔河奥陶系碳酸盐岩特大型油气田勘探与开发科技成果，标志着我国在缝洞型油藏开发方面处于国际先进水平，对推动我国古生界海相碳酸盐岩油气勘探开发具有重大指导意义。

1988年6月，邓小平同志根据当代科学技术发展的趋势和现状，在全国科学大会上作出了“科学技术是第一生产力”的论断。邓小平同志的这一论断，体现了马克思主义的生产力理论和科学观。“科学技术是第一生产力”，既是现代科学技术发展的重要特点，也是科学技术发展的必然结果。

马克思曾指出，“生产力中也包括科学”，“固定资本的发展表明，一般社会知识，已经在多么大的程度上变成了直接的生产力”。

马克思还深刻地指出，“社会劳动生产力，首先是科学的力量”，“大工业把巨大的自然力和自然科学并入生产过程，必然大大提高劳动生产率”。

“十一五”以来，西北石油局保持快速发展态势，探明石油地质储量由2005年的6.26亿吨增至2010年的11.05亿吨，累计增加4.79亿吨，年均增长近1亿吨。原油年产量由2005年的420万吨增至2010年的700万吨，年均增加56万吨；天然气年产量由2005年的3.6亿立方米增至2010年的14.5亿立方米，增长300%。快速发展的塔河油田，成为中国石化第二大油田、国内陆上十大油田之一。

西部快上产，得益于科技“亮剑”。

按照国内标准，地下原油黏度超过50毫帕秒就属于稠油。而塔河油田主力区块原油黏度超过1000毫帕秒，局部区块最高达到130万毫帕秒。原油就像“沥青疙瘩”，即使人在上面走动，也不会变形。这样的稠油占塔河油田总产量的50%以上。

稠油，一度让西北石油人发愁。

唯有创新才能“解稠”。

经过10年的探索与创新，西北石油局创造性地形成了以掺稀降黏工艺为主、化学降黏工艺为辅的稠油降黏工艺技术，有效解决了超稠油的开采难题。目前，塔河油田掺稀降黏覆盖率超过90%，催化降黏节约稀油率超过30%，掺稀降黏累计生产稠油突破千万吨，化学降黏累计产油12.4万吨。结合原油生产面临的稀油深抽及稠油举升难题，石油局科研人员通过自主创新与技术引进，重点开展稀油深抽工艺、稠油举升工艺、深抽配套工艺及机采软件等技术的科研攻关，形成多项技术成果，稀油深抽最深泵挂至5312米，稠油电潜泵举升最深泵挂至5020米。

难题源源不断。缝洞型油藏，产量上得快，自然衰减也非常快。一口日产200吨的油井，一夜之间就不出油了，这在塔河油田并不罕见。

依然要向科技要良方。针对塔河缝洞型碳酸盐岩油藏特征，石油局科研人员勇于探索、奋力攻关，创造性地提出了向定容型单井单元注入替油、恢复地层能量、提高油藏采收率的新方法。

近几年，他们不断优化注水替油参数，通过开展多井单元注水开发能量补充方式，提高了缝洞型油藏采收率。截至2010年底，塔河油田缝洞型油藏共有329口单井缝洞单元实施注水替油措施，30个多井单元开展了注水开发，注水覆盖储量1.19亿吨，累积注水1047.32万吨，增油240.84万吨，提高采收率1.8%，实现了碳酸盐岩缝洞型油藏开发方式上的跨越，为老区稳产奠定了坚实的基础。

塔里木盆地复杂的地表和地质条件，对石油工程工艺技术提出了挑战。

为了把深埋地下的原油开采出来，超深井钻井技术、超深侧钻井技术等系列技术应运而生。为尽快实现关键技术的创新和突破，科研人员和施工队伍合力攻关，钻井提速效果显著。他们围绕高含水碎屑岩水平井的治理难题，开展了水平井堵水工艺技术研究，控水稳油收到成效。

科技创新已融入塔河油田的每一口井和勘探开发的每一个环节。“十一五”以来，西北石油局共完成科研课题150多项，其中2项获国家科技进步一等奖、12项获省部级科技进步奖、61项获技术革新成果奖，获国家新技术专利26项，其中10项成果填补了国内空白，数百项技术创新成果应用于生产实践。

西北石油局的科技人员感慨地说：“塔河油田每前进一步，都离不开科技攻关和新技术应用；每一吨原油储量、每一吨原油产量，都是科学技术的结晶。”

西北石油局领导班子思想认识非常明确。他们在打造世界一流企业的征程中，确立了“对标世界一流，勇担‘补短’重任”的战略思路，全力打造西部资源接替阵地，建设千万吨级大油气田。

毋庸讳言，“十二五”时期，西北石油局的发展面临着一系列困难和挑战。在勘探上，资源接替处在关键期，新的资源接替阵地尚不明朗，寻找、勘探新的接替主战场，成为西北石油局加快发展的当务之急；在开发上，通过近几年以注水为主的塔河油田老区综合治理，稳产基础得到加强，自然递减率有所下降，但塔河碳酸盐岩缝洞型油藏稳产难度较大，稳产基础薄弱，自然递减率依然偏高，措施挖潜难度不断增大；在工程技术上，制约勘探开发的瓶颈还没有真正消除，勘探开发亟须钻井提速技术，深抽、酸化、压裂等工艺技术尚需不断加强研究攻关。

然而，机遇与挑战并存。西北石油人在困难中看到的是希望，看到的是巨大的发展潜力。广袤的塔克拉玛干沙漠是希望的热土、资源的沃土。

西北石油局在塔里木盆地拥有 37 个油气勘探区块，勘查总面积达 14.31 万平方公里，拥有远景油气资源量 137 亿吨油当量，占全盆地的 60%。目前，该盆地石油探明程度仅 10%，剩余资源量巨大。

在深入分析资源前景和面临的形势的基础上，西北石油局确立了“十二五”时期“坐稳塔河，加快玉北，拓展塔中，突破外围，油气并举，持续增长”的工作方针。在勘探上，他们坚定实施“1312 工程”（1 项加速培育的战略接替工程、3 项重点突破工程、1 项精细勘探工程、2 项战略准备工程）；在开发上，他们全力打好“新区攻坚战、老区保卫战、工程技术攻坚战”三大战役，将塔河油田建设成千万吨级大油气田，打造中国石化西部资源战略接替阵地。

建设千万吨级大油气田，呼唤着科学技术再展雄风。西北石油局新一轮科技攻关会战的大幕已经拉开。

西北石油人坚持科技支撑，着力实施资源第一战略，把勘探作为各项工作的重中之重。首先，他们将“坐稳塔河，靠降低自然递减率和提高采收率”作为撒手锏，围绕提高新井建产率、提高采收率、提高储量动用程度及降低自然递减率开展科技攻关。其次，他们将“打好新区进攻战”作为突破口，坚持油气并举，解放思想，打破常规，深入细致地做好基础地质研究工作，力争在新区获取油气勘探的发现和突破，落实更多的优质资源。

他们牢固树立“人才资源是企业第一资源”的理念，积极拓宽员工创造价值的平台，根据各类人才特点和成长规律，建立经营管理、专业技术、技能操作人才队伍成长通道，让各类人才干事有舞台、创业有机会、发展有空间，使各类人才各尽其能、各得其所。他们进一步解放思想，本着“以我为主、引进为辅、合作共赢”的原则，加大专家型人才的引进力度，加快占领科技人才高地。

西北石油人一路走来，步履艰辛，却信心满怀。

23 建设千万吨级大油气田

2004 年 6 月，中国石化集团公司党组研究决定，任命中国石化副总裁、油田勘探开发事业部主任焦方正担任西北石油局局长、西北油田分公司总经理。

焦方正，1962 年 1 月出生于陕西三原，1983 年 7 月毕业于西南石油学院石油地质勘探专业。1999 年 1 月至 2000 年 2 月任中国石化集团中原石油勘探局总地质师，2000 年 2 月至 2001 年 2 月任中国石化中原油田分公司副经理兼总地质师。2000 年 11 月，西南石油学院石油与天然气工程专业博士研究生毕业，教授级高级工程师。

从焦方正的经历可以看出，他是一位有着丰富实践经验、懂技术、精管理的专家型领导干部。

2004 年初，受中国石化集团公司党组重托，焦方正由中国石化油田事业部岗位上告别妻儿，远赴西部边疆。

进疆伊始，焦方正就以战略家的胆识和气魄，思考塔河油田如何在原来的基础上，实现快速可持续发展。

6 月的塔里木盆地，风沙和燥热交织，连绵不断的戈壁滩和沙丘不停地从眼前掠过。中午，车外温度高达40摄氏度，坐在车里非常闷热。打开车窗，外面的热浪扑进来，更是灼人。关上窗户，车内冷气吹得人头昏脑涨。

灰蒙蒙的戈壁滩，刮着“追屁股风”。车窗外除了灰尘，还是灰尘。有时候灰土落到车窗上，像瀑布一样。

车子在沙丘上颠簸，焦方正的脑海里也波涛翻滚。他多么希望这片戈壁滩全都变成油田啊！他甚至幻想着每一座沙丘都变成一个采油树。

焦方正带领一行人，冒烈日，顶风沙，越天山，穿戈壁，进沙漠，一路颠簸数千公里，深入遍布在塔里木盆地边缘的一个个基层队点和边远井站，实地考察油田周边地质地貌，认真听取一线科技人员的意见建议。

通过细致调研，掌握了大量的第一手资料，焦方正以石油专家的理念和智慧，为西北石油局的长远发展描绘了一幅宏伟的画卷。

一连好几天，焦方正的目光都聚焦在塔河油田构造带上，左看右看，时远时近。办公室主任走进他的办公室，愣住了。他不知道焦总这么专注在研究什么，也不好打扰。

忽然，焦方正眼睛一亮，显得异常兴奋。转身准备坐下时，看到办公室主任，把手一挥，示意他别打扰自己。焦方正坐在桌前写下“塔河之下找塔河”几个字，这才笑着问办公室主任有什么事。

目送办公室主任走出自己的办公室，焦方正越想越兴奋。通过这段时间的研究与思考，他心里已经有了一个很大的设想。

很快，焦方正提出“立足大发现，实现大发展”，创造性地提出了“塔河之下找塔河、塔河之外找塔河、提高采收率再造一个塔河”的“三个塔河”发展思路，使塔河油田油气勘探开发建设事业实现了快速高效运行，使西北石油局实现了连续跨越式大发展。

塔里木河，在维吾尔语中意为“无疆的野马”。干流长1100多公里，从叶尔羌河源头算起，总长2179公里，是我国最长的内陆河。塔里木河自南向北、自西向东地围绕着塔克拉玛干大沙漠而流，沿途汇聚了百余条大河小溪，编织成一条巨大的绿藤，哺育着南疆400万各族人民。20世纪60年代后，库尔勒以南100多公里处的小海子水库成了塔里木河的最终归宿。

绵延2179公里的塔里木河，像一条盘踞在千古荒原上的巨龙。每年夏天一进入汛期，滚滚洪流奔腾着，几公里外都能听到它威猛浩荡的咆哮。

塔里木河流域分布着我国最大的原始胡杨林带。胡杨耐盐碱、抗风沙，因此有“沙漠绿洲卫士”的美誉。每到仲秋时节，塔里木河两岸层林尽染，火红的胡杨林如火一样燃烧、血一样流淌，就像在大漠中身穿红色工装、为寻找大油田而默默奉献的血气方刚的石化人。

望着这片人迹罕至的大漠，你会感叹大地构造的神奇。谁会想到，在这条河流的下面竟然埋藏着一个古生界海相亿吨级大油田！按照“生物变油”的理论，那可是距今5亿年前埋在地下的恐龙及藻类等生物经生化反应而成的“黑金”——石油。

由此可见，塔河油田是塔里木河之下的另外一条河——石油河。在此开采石油，无异于“龙腹取胆”！

焦方正“三个塔河”的构想不是没有根据的。他在中国石化油田事业部的岗位上任过职，心里比任何人都清楚：虽说塔里木盆地的油气勘探取得了一些重大突破，但与盆地评估的油气资源量相比依旧微不足道。目前的勘探程度还相当低，与这个中国最大的内陆盆地应有的开发潜力一点儿也不匹配。他深信，塔里木盆地的油气勘探肯定还会出现奇迹。

塔里木盆地在频繁的构造运动的改造下，形成了近东西向排列的“三隆四坳”构造格局，自北而南分别是库车坳陷、塔北隆起、北部坳陷、中央隆起、西南坳陷、塔南隆起、东南坳陷。

库车坳陷属前陆坳陷，是海西末期沿天山山前发育的北陡南缓的中、新生代坳陷。总面积1.6万平方千米，中、新生界厚达11000米。由于燕山和喜马拉雅运动的强烈挤压，中、新生界褶皱强烈，逆衡断层发育，深浅层构造推履滑脱形成了一系列线状背斜带。

塔北隆起位于库车坳陷与北部坳陷之间，为加里东—海西期以来形成的东高西低的隆起带，近东西向弧形延展，面积3.65万平方千米。海西末期塔北隆起抬升较高，侵蚀剧烈，中生界直接超履于奥陶系风化壳之上，上履层厚5000米左右。塔北隆起上断裂和局部构造发育，目前已于震旦系、寒武系、白垩系、下第三系、上第三系获工业油气流，可以确认是一个大型复式油气聚集带。

北部坳陷位于塔北隆起与中央隆起之间，东西走向，面积12.47万平方千米。坳陷内地层发育齐全，古生界厚达5000～9000米。中、新生界厚4000米，是古生代以来的继承性坳陷，也是研究确认最可信的生油坳陷。坳陷的边坡带，断裂、局部构造发育，吉拉克油田就是该区的成功一例。

中央隆起横贯盆地中部，地处两坳之间，东段直接与塔南隆起连为一体，西段与柯坪断隆相邻，面积11.08万平方千米。中央隆起是加里东构造中形成的亘形低隆，海西末期被改造为高隆、断隆；古生界厚3000～6000米，中、新生界仅500～2000米。局部构造发育，已发现塔中4石炭系大油气田和塔中1等含油气构造。中央隆起也是塔里木盆地找大油田的希望所在。

西南坳陷与中央隆起以色力布亚—玛扎塔克断裂为界，南与昆仑山为邻，北西走向，面积14.13万平方千米，是多期叠加形成的前陆盆地。古生界厚2500～5500米，中、新生界厚2000～11000米。沿昆仑山一带地面发育有3排与昆仑山平行的背斜带，褶皱、重断、推履强烈，构造极为复杂。已发现柯克亚上第三系凝析油气田和巴什托普石炭系含油构造。生油研究确认，西南坳陷是石炭—下二叠统生油岩、三叠—侏罗系生油岩的主要贡献区。

塔南隆起，即盆地东南的且末—罗布庄一带，为一狭长的北东向高隆，两侧皆受断裂控制，面积3.38万平方千米。中、新生界直接披盖层厚

0～2500米。该隆起西高东低，古生界一直稳定地受断裂控制的持续抬升的断隆，自中、新生代以来缓慢下降，接受了较薄的盖层。

东南坳陷位于阿尔金山山前，北东走向，面积7.23万平方千米。中、新生界直接覆盖在前震旦系的结晶基底之上，盖层厚100～10000米。该坳陷是一个燕山期以来，由于阿尔金山整体抬升而形成的山前坳陷。

塔里木盆地中已发现的圈闭构造有244个，其中见之于地表的有141个，潜伏于地下的有103个（其中仅塔北隆起就拥有多达56个）。盆地中的3个隆起带实际上又是3个巨型潜山带，与潜山有关的油气圈闭不乏其例。随着勘探的进一步深入，塔里木盆地各领域必将有更多各类有效圈闭被发现，因为多期频繁的构造运动必然会产生多种类型的圈闭构造。

焦方正知道，丰富的资源与短缺的投入矛盾突出，恢宏的奇迹与极大的风险相依共存。

这位陕西汉子身上，蕴藏着秦人那股不服输的倔劲儿。他梦想着在自己履职的这些年，能够在塔里木盆地抱个“金娃娃”。

西北石油局采取了一系列寻找新目标、布设新探井、开辟新区块、扩大新领域的勘探举措，为建设千万吨级大油田奠定了资源基础。

在开发上，焦方正积极倡导“勘探开发一体化”理念，积极引进各种先进采油技术、工艺和材料设备，科学实施“提高采收率再造一个塔河”的开发战略，大大提高了塔河油田的原油采收率。

在科技创新上，面对着塔里木盆地海相碳酸盐岩勘探开发这一世界级难题，焦方正强调，科技是第一生产力，千万吨级大油气田的建设、“三个塔河”战略的实施，离不开科学技术的大力支撑。

有能力、有魄力的焦方正组织和带领科研人员奋力攻关。经过不懈地努力，逐步创立了“碳酸盐岩缝洞型油藏开发理论”，创新了八项碳酸盐岩缝洞型油藏开发技术，并完善了十大配套技术系列，为有效开发碳酸盐岩油藏提供了坚实保证。

多少个日日夜夜，焦方正与工程技术人员一起认真研究论证，果断部署了探索塔里木盆地寒武系深层领域的塔深1井。该井井深8408米，创造了国内陆上最深钻井纪录，并在深层钻探领域填补了国内多项空白。“塔河奥陶系碳酸盐岩特大型油气田勘探与开发”项目获得国家科技进步一等奖，标志着我国在碳酸盐岩缝洞型油气藏领域处于国际先进和领先水平。

在企业管理上，在焦方正的组织倡导下，西北石油局不断建立和完善先进科学的油公司管理体制，在中石化率先成功完成了“一企一制”改革工作，成为中石化系统改革的样板和典范。

“一企一制”改革，建立了从生产运行、成本、投资管理到市场管理的“十大生产经营体系”。2008年，又推行了现代化的市场运行模式，使企业不断向“管理科学规范、市场公正诚信、监控全面有力、发展和谐高效”的现代油公司迈进。

西北石油局全面推行内控管理、预算管理、精细化投资管理等先进的管理方法，进一步规范市场管理，初步探索建立了西部特色的“专注管理、业务外包”的现代油公司管理模式，在塔里木盆地形成了“全方位开放、超常规发展、新联合会战”的增储上产大场面。

企业改革和油公司管理模式持续推进。西北石油局党委一班人，带领广大干部职工，朝着“千万吨级大油气田”的宏伟战略目标阔步前进！

西北石油局探明石油地质储量由2005年的6.02亿吨增长到2009年的10.36亿吨，累计增加4.34亿吨，年均增长1.09亿吨以上，发现并探明了10亿吨级的、中国最大的特大型古生界海相碳酸盐岩油田——塔河油气田，实现了我国古生代海相碳酸盐岩油气勘探真正意义上的重大突破。原油产量由2005年的420万吨迅速跃升至2009年的660万吨，年均增油达60万吨，占中国石化上游年增产幅度的80%。2005年至2009年，累计生产原油2688万吨；天然气年产量由2005年的3.6亿方增长到2009年的13.5亿方，增长了3倍多。2005年至2009年，西北石油局累计实现经营收入 689. 55 亿元，累计实现利润 374. 6 亿元，共上缴各类税费 177. 99 亿元，多项指标名列国内同行业前列。至此，西北石油局已经成为中国石化西部地区增储上产的主力军，塔河油田已经成为国内发展速度最快的油田之一。

西北油田 2006 年跻身中国陆上十大油田行列，2007 年原油产量突破 500 万吨，成为中国石化国内第二大油田，并于 2010 年获得“国家西部大开发突出贡献集体”荣誉称号，到 2013 年，实现了油气产量连续 17 年增长。与此同时，部署在塔中地区顺托果勒构造上的顺南 4 井、顺南 5 井分别钻获日产 25 万立方米、130 万立方米的高产工业气流，标志着西北油田外围新区的油气勘探取得实质性突破，一个大气田的曙光已然显现。

从 2006 年的 472 万吨到 2014 年的 736 万吨，西北石油局原油产量年增速达到 30 万吨以上，增产幅度占中国石化上游的 80%。“十一五”以来，累计实现利润 885 亿元，平均每年实现利润 98. 3 亿元。

在勘探上，西北石油局由单一勘探向勘探开发一体化转变，由先油后气向油气并举转变，先后在塔河、玉北、塔中地区获得重大突破，实现了三级油气地质储量的快速增长。

“十一五”期间，西北石油局实现超常规发展，探明石油地质储量年均增长 1. 1 亿吨以上、原油产量年均增加 60 万吨，创造了塔里木盆地油气勘探开发的奇迹。塔河油田成为我国进入 21 世纪后发现的第一个十亿吨级大油田，也是目前我国最大的古生界海相碳酸盐岩整装油田。

在开发上，西北石油局秉承“开发无禁区、工艺无极限、管理无止境”的理念，从主体区向新阵地拓展、从常规油藏向非常规油藏拓展，大胆向超稠油藏、超深油藏、“蓝色海洋”等传统“禁区”宣战。

创新是一个民族发展的灵魂。焦方正深知，塔里木盆地海相碳酸盐岩勘探开发是世界级难题，没有现成的经验可以借鉴，不创新就没有出路。

焦方正以战略家的眼光和前瞻性的思维，在缜密分析国际、国内能源形势的基础上，提出了“加快发展、勘探先行，实施资源战略、夯实资源基础”的资源战略发展方针，带领西北石油人迎难而上，油气勘探连续取得重大突破和重要进展。

油稠，给开采带来了极大的困难。

一开始，技术人员使用传统的化学降黏方法，效果不理想也不环保。后来，科研人员通过学习借鉴，反复试验，终于研发出了适合西北油田稠油开采的掺稀降黏技术，既经济又环保，较好地解决了稠油开采这个“老大难”问题。

塔河油田属于古生界油藏，埋藏很深，这是油田开发面临的又一个巨大的难题。东部油田的井深一般都在二千到三千米，而这里基本都在五六千米甚至七千米，其他油田成熟的采油设备技术到这里完全“水土不服”。

有些设备需要定制，在西北石油局物资装备处技术人员和厂家共同研发的过程中，物资装备处技术人员在工厂一待就是好几个月。厂家说：“从来没见过你们这么认真的客户，我们的核心技术都被你们掌握了。”

亚洲第一深井塔深1井证明了西北石油人完全有能力探测地下8千米深处的奥秘，而“超深采油技术”则证明了西北石油人同样有实力将8千米深处的石油很好地开采出来！

300万吨、500万吨、600万吨、700万吨……西北石油局原油产量直线上升。2013年，西北油田的油气当量突破900万吨，完成经营收入278亿元，实现利润118亿元，上缴税费93亿元，人均经营收入、利润等多项指标在中国石化排名第一，为中国石化上游的发展和新疆地方经济建设作出了突出贡献。

“敢为人先，创新不止”的塔河精神，就是对那段轰轰烈烈的光辉岁月最好的诠释与注脚。

中国石油化工集团公司党组成员、中国石油化工股份有限公司高级副总裁王志刚用赞叹的口吻说：“西北石油局以一支4000余人的队伍，运行管理了一个年产900多万吨油气当量的大油田，管理矿权面积达到14万平方公里，是非常不容易的。”

值得一提的是，“十一五”期间，西北石油局年均增产达到60万吨以上，占中石化上游年增产幅度的近80%。2012年，西北石油局获得中国石化“特别贡献奖”，为上游的发展作出了突出的贡献。

然而，成功的背后无不饱含着巨大的付出和牺牲。

物探分队长黎启正，躺在从千里之外赶来的妻子怀里，再也没有站起来；物探工程师潘民空，弥留之际仍念念不忘为之奋斗过的塔里木盆地；年仅44岁的段峙剑积劳成疾，倒在了毕生挚爱的岗位上……

还有那些远离亲人、远离朋友，忍受孤独、忍受寂寞，常年在塔里木戈壁沙漠默默奉献的无名英雄，他们将人生中最美好的青春和年华留在了浩瀚无际的大漠长河，将高贵的誓言与灵魂安放在了毕生为之奋斗的西北油田。

一个能够在事业上取得辉煌成就的人，也一定是拥有大爱的人。身为自治区人大代表，焦方正是科学发展观和西部大开发战略的忠实践行者。

他在西北石油局工作的6年间，脑海里时刻跳跃着两个词：一是“发展”，二是“职工”。

焦方正经常说的一句话是：“企业发展要依靠职工，职工要受益于企业的发展。”也就是在这6年间，西北石油局野外职工的工作生活条件大幅度改善，职工生活小区的建设规模明显加大、步伐明显加快，职工的住房水平和各种福利待遇明显提高。

为了解决野外职工生活上的具体困难，解决他们的后顾之忧，在焦方正的倡导下，西北石油局成立了“帮扶站”，建立起了全方位、多层次的帮扶体系。

截至2009年底，西北石油局累计建立帮扶对象240个，完成帮扶事项1960多人次，帮扶到位率达100%，满意率达98%以上。全方位的帮扶受到了一线职工的高度评价。

在关心在职职工的同时，焦方正对离退休职工也给予了无微不至的关爱。西北石油局多次提高离退休职工的各类节日慰问金，慰问金总额较2004年以前增加了30%以上；提高离退休职工的医疗费用报销标准，改善文化娱乐设施，强化离退休管理单位的服务职能，使局、分公司的离退休职工全面实现了“老有所养、老有所学、老有所为、老有所乐”。

“老老实实做人，踏踏实实干事。”这是焦方正的人生格言。他不仅具有石油专家的学识，还具有实干家的扎实。每一个重点区块的勘探开发、每一口重点井的上产，无不浸透了他的心血。

在油田抢险现场，他身先士卒，亲临前线制定抢险方案，先后成功组织了AD4井、BK6井等油田抢险任务，有效确保了千万吨级油田生产的平稳运行。

1998年至2007年，是西北石油局快速高效发展的十年。

从西达里亚、巴什托、雅克拉到大涝坝，茫茫大漠荒无人烟，只有塔里木河古河道在世界上连片最完整、规模最大的野生胡杨林里穿行。河道两岸逶迤而去的胡杨林，成为这里最为肃穆的景物。就是在这片茂密的胡杨林中，到处是西北油田作业区，到处是一派热火朝天的景象，到处能看到“石化红”的风采。步入油田勘探开发快车道的西北石油人，个个都充满朝气，充满干事创业的热忱，充满强烈的事业心。无论是“老石油”还是新员工，都竭力为塔河油田的建设奉献忠诚和热情。在“塔河”这座熔炉里，他们付出最多的是青春，感受最多的是责任，收获最多的是自信。高尚的人生观引领无私奉献的西北石油人为国家能源建设释放出巨大的能量，点燃了中国西北沙漠腹地的人烟。他们在这里与胡杨为伴，使这片荒凉的土地有了历史的记忆和重量，成为这片土地上的英雄。

那个时期，大漠深处随处可见一座座高耸的钻塔。他们常年奋战在蚊虫叮咬、风吹日晒的胡杨林里，常以青春换成功，常把黄昏当早晨。有石油的地方，就是他们奋斗的方向。大干快上，尽快拿下亿吨级大油田，是他们最响亮最豪迈的人生誓言！

西北石油人谈及当时，言语中的荣耀感令人折服，因为他们在这片广袤的沙漠里，托起了中国石化的脊梁，成就了他们辉煌的事业，刻下了他们人生的烙印。

2003 年至 2009 年，塔河油田进入快速发展期，原油年产量平均增幅 60 万吨，约占中国石化上游年增产幅度的 80%；天然气年产量由 2003 年的 3.37 亿立方米增长到 2009 年的 13.45 亿立方米。塔河油田已成为中国石化最主要的原油产量增长区和接替区。

西北石油局油气勘探开发工作逐步走上科学、规范的发展“快车道”，探明石油地质储量由 2003 年的 4 亿吨增长到 2009 年的 10.36 亿吨，原油产量由 2003 年的 300 万吨迅速跃升至 2009 年的 660 万吨。油田基础建设和地面产能建设工作得到了长足的发展，先后建设了塔河一号、二号、三号联合站，雅克拉、大涝坝集气处理站，建成了原油集输系统、西气东输系统和国内第一条重质油输油管线，实现了原油生产的科学集输处理，为塔河油田实现大发展插上了腾飞的翅膀，人均产量、效益、利润等连续多年在国内陆上油田中名列前茅。

“十一五”期间，西北石油局用中国石化 1/200 的员工数量贡献了中国石化 1/10 的利润，人均产量达到 1150 吨，人均剩余经济可采储量 1.07 万吨，人均利润 265 万元。

同时，西北石油局在科技创新方面也取得了一系列成果。初步建立了塔里木盆地古生界碳酸盐岩海相油气地质理论，创立了碳酸盐岩缝洞型油田开发理论，创新发展了“八大配套技术”；逐步认识了塔河地区古岩溶储集体发育与分布规律，不断扩大塔河油田奥陶系碳酸盐岩缝洞型油藏的勘探领域与层位，在塔河外围及深层发现和落实了一批圈闭，使塔河油田的勘探成功率达到 70% 以上，缝洞型储层预测成功率达到 95% 以上，开发井见产率达到90%以上。

2008 年，西北石油局完成了与勘探西北分公司的重组，从体制上解决了同一地区相同业务管理分散的弊端，提高了勘探开发效率和资源利用程度，预示着西北石油局有了走出塔河、实现再次跨越的战略空间。

这一年，西北石油局已探明石油储量 9. 32 亿吨，三级储量达到 33 亿吨油当量。

在企业管理上，西北石油局率先完成了“一企一制”改革，逐步建立和完善了从生产运行、成本、投资管理到市场管理的“十大生产经营管理体系”，内部体制机制不断向“管理科学规范、市场公正诚信、监控全面有力、发展和谐高效”的现代油公司迈进。在加快自身发展的同时，西北石油局还按照“油地共建大油田，双方共谋大发展”的发展思路，致力于“油地双赢”，为推动地方经济建设做了大量富有成效的工作。同时，坚持“两手抓，两手都要硬”的方针，实现了“两个文明”共同协调发展，先后被新疆维吾尔自治区评为“社会治安综合治理先进单位”“文明单位样板单位”，连续 16 年保持“自治区文明单位”称号，并于 2001 年荣获“全国五一劳动奖状”。

2009 年，西北石油局各项工作取得了令人瞩目的成绩。油气勘探取得了“一个重大成果、一个重大突破、两个重要发现、四个重要进展”的可喜成果，全年实现新增探明石油储量 1. 25 亿吨，新增石油控制储量 1. 6 亿吨，西北油田成为我国目前最大的古生界碳酸盐岩油气藏之一。油气产量持续保持快速增长，全年累计生产原油 660 万吨，生产天然气 13. 45 亿立方米。

西北石油局承担着中国石化增储上产的重任，肩负着加快西部发展的使命。按照中国石化的整体发展目标，结合矿权区的资源现状和新疆石油勘探开发形势，西北石油局初步确定了“十二五”主要规划目标。在勘探方面，到“十二五”末，完成新增探明石油储量 4 亿吨、天然气 1000 亿立方米。在开发方面，到 2015 年油气当量力争达到 1500 万吨，其中原油 800 万～1000 万吨，天然气 50 亿～70 亿立方米。

2010 年 7 月，中国石化集团公司任命刘中云同志担任西北油田分公司总经理，西北石油局局长、党委副书记。

刘中云，1963 年 3 月出生于湖北省钟祥县，中共党员，1983 年 8 月参加工作，研究生学历，博士学位，教授级高级工程师。

这位在胜利油田成长起来的专家型领导干部，特别注重科学技术研究工作，为“十二五”期间西北油田实施“两大战略”，推进“两大创新”，建设千万吨级大油气田作出了积极贡献。

刘中云提出：第一，着力实施资源战略。始终坚持把勘探作为各项工作的重中之重来抓。首先要咬定塔河不放松。一靠勘探开发一体化。二靠立体勘探开发。“把塔河油田的上上下下、左左右右、大大小小、深的浅的、不同类型的油藏吃干榨尽。”三靠降低自然递减率和提高采收率两个撒手锏。其次要“打好新区进攻战”，实现新区资源的勘探突破。

刘中云的这些战略构想，与焦方正的“三个塔河”战略有着异曲同工之妙。这是西北石油局、西北油田分公司实现“十二五”目标的关键。

针对塔里木盆地中异常复杂的勘探对象，刘中云始终坚持油气并举的思路，强调要解放思想，打破常规，脚踏实地，深入细致地做好基础研究工作，不断提升勘探技术水平，力争在新区获取油气勘探的发现和突破，落实更多的优势资源。

刘中云采取的具体措施是加快巴楚和麦盖提区块勘探。西北石油局在巴楚和麦盖提地区拥有 3 万平方千米的探矿权。2010 年 7 月，部署在和田地区墨玉县境内的玉北 1 井，在奥陶系测试获工业油气流，首次实现了麦盖提斜坡奥陶系碳酸盐岩领域导向性油气突破。随后，又部署了 7 口评价井和风险井，采集完成 1100 平方千米的三维地震数据。在突破外围过程中，他主张力争在塔中和天山南地区取得实质性勘探突破，并与中石油联合攻关，破解山前地震采集处理技术难题，加快碎屑岩隐蔽油气勘探开发。

第二，着力实施人力战略。牢固树立“人才资源是第一资源”的理念，完善选才、育才、聚才工作机制，加大核心人才和高层次人才的培养和引进力度，不断优化队伍结构，严格控制用工规模，努力提升队伍素质，加快建设与油公司发展要求相适应的人才队伍体系。进一步完善人才培养机制和科技创新激励及约束机制，加快培养造就一批具有高水平的技术与学科带头人，建设高素质的科技创新团队。加大人才引进力度，继续推行产学研相结合的技术创新机制，充分利用社会资源，扩大对外科技交流与合作，进一步完善科技创新体系。计划到“十二五”末，局、分公司正式职工总数控制在4800人以内，其中管理人员2200人左右、科技人员1600人左右、专业技术人员1000人左右。

刘中云对企业创新有着深刻的思考。他认为，西北石油局必须坚持“两个创新”，方能实现建设千万吨级大油气田的战略目标。

一是要坚持管理创新。要坚持继承与创新相结合，不断调整完善运行机制，全力推进项目化管理，强化精细化管理，优化成本管理，规范市场管理，进一步完善与新形势要求相适应的、具有西北油田特色的“油公司”管理模式。

在刘中云看来，塔河油田持续开发时间长、井况复杂、成本压力大，要转变不计成本、片面追求产量的观念，坚持勘探开发一体化和投资成本一体化思路，强化全成本目标管理。要将成本优化作为“创优争先”的一项硬性指标，优化方案设计和技术措施，优化成本措施结构，优化生产运行管理，深挖降本增效潜力，提升开发管理水平和产能建设质量，增强油气产量的增产潜力。

二是要坚持科技创新。紧紧围绕西北石油局勘探、开发、工程技术瓶颈进行攻关，加快基础技术研究，强化核心技术培育，加大配套技术攻关、试验和推广应用力度，加强前瞻性研究和技术储备，完善科技管理机制，加强项目管理和成果转化，重点做好“三个支撑研究”，为持续快速推进千万吨级油田建设提供科技支撑。

他极力主张做好油气开发支撑研究。围绕夯实资源基础、加快资源战略接替、实现可持续发展开展研究，力争早日取得油气重大突破；围绕提高新井建产率、提高采收率、提高储量动用程度及降低自然递减率开展攻关；做好工程技术支撑研究，工程技术要进一步向勘探开发延伸，紧密跟踪国内外前沿技术，适时引进先进技术，抓重点、分层次开展研究。

西北石油局在一任又一任懂专业、会经营、善谋划的经营管理者的推动下，为进一步提高对海相碳酸盐岩油藏在我国油气资源中的重要认识、建设千万吨级大油气田打下了良好的基础。“十二五”期间，西北石油局成绩斐然，捷报频传。

24
中流砥柱

石油是现代工业的血液，能源是经济发展的命脉。正是这种特殊性和重要性，使得石油不仅仅是一种大宗商品，更是一种重要的战略武器。能源由此也成为地缘政治博弈的重要工具。很多次国际经济制裁的核心往往就是能源制裁，被制裁对象的国民经济乃至军事实力常因此遭受破坏性影响。

比如，在俄罗斯与乌克兰的争端中，俄罗斯掐断天然气供给，乌克兰的冬天就寒冷难耐，依赖俄天然气的欧洲也心存担忧。

但随着石油供过于求的矛盾越来越突出，加之新技术革命的到来，2014 年 6 月，国际油价出现了断崖式下跌。

正当西北石油人踌躇满志地迈进实施“三个塔河”战略的关键时期时，石油行业步入“寒冬期”。

2014 年 9 月 21 日，中国石油化工集团任命原中国石油化工集团西北石油局党委委员、中国石化股份公司西北油田分公司总会计师刘宝增同志，担任中国石油化工集团西北石油局党委书记。

刘宝增是河北地质学院毕业的高才生，1987 年任地矿部塔北油气联合勘探指挥所会计，1993 年任西北石油地质局计财处副处长，1998 年任西北石油局财务处处长，2001 年任中国石化西部新区勘探指挥部总会计师，2004 年任中国石油化工股份有限公司西北油田分公司总会计师。

从刘宝增同志的任职经历不难看出，他是财务管理的行家。

2015 年 4 月 1 日，中国石油化工集团党委对西北石油局班子进行了调整，任命西北石油局党委书记刘宝增书记兼任西北石油局副局长、中国石化股份公司西北油田分公司副总经理，主持全面工作。任命胡广杰同志担任中国石化集团西北石油局局长、党委副书记，西北油田分公司总经理。

胡广杰，1973 年 7 月出生，甘肃景泰人，1996 年 1 月入党，1997 年 7 月参加工作，在职研究生学历，工学硕士，高级工程师。

他曾在成都理工学院油藏工程专业学习，毕业后在西北石油局采油大队采油三队工作，在华东石油大学油气田开发工程专业进行深造；历任西北石油局采油大队采油三队副队长、西北石油局塔河第一作业区联合站站长、西北油田分公司塔河采油二区副经理、西北油田分公司塔河采油二厂副厂长、西北油田分公司塔河采油一厂厂长。

西北石油局新班子产生以后，他们的压力非常大。首先，影响最大的就是油价的下跌。西北油田由过去的盈利大户变成了亏损户，这给干部职工的思想带来了很大的压力。其次，党的十八大之后，要贯彻新发展理念，从追求速度和规模转向追求效益和质量。这是一个很大的转变，不光是要转变发展方式，还要转换增长动力。

在石油行业遭遇“寒冬期”的关键节点，中国石化集团公司调整西北石油局及西北油田分公司的领导班子，是临危受命，还是机缘巧合？

不管怎么说，任命一位有着党委委员和总会计师经历的、久经考验的优秀骨干，在应对“寒冬”时充分发挥“行家”在制定经济决策中的作用，就管理与经济效益而言，无疑是最佳选择，颇有深意。

实践证明，中国石化集团公司对刘宝增同志委以重任的决策，是正确的。

刘宝增上任后，深知肩上的担子沉重。集团公司的领导、西北石油局的上万名职工家属都在眼巴巴地看着他呢。

多少人为他捏着一把汗！

刘宝增中等个头，脸色微黑，目光深邃冷静。笑起来眼睛眯着，身上既有豫北人的热情质朴和石油人的粗犷豪爽，又有资深财务专家那种严谨认真、一丝不苟的职业气质。

从某种意义上说，财务出身的领导干部更懂得规避风险和防范风险。

他没有辜负集团公司领导的希望和广大职工的期待。他不断提升西北石油局管理的专业化、精细化、科学化水平，积极采取一系列改革措施，凸显了杰出的领导才能、管理智慧与人格魅力。

刘宝增同志上任以后，团结带领西北石油局党委一班人，缜密分析和研究国际低油价对采油板块的严重影响，制定出符合石油上游板块实际的管理举措。西北石油局成本管理以全员成本目标管理为抓手，细化过程管理，强化分析与控制，落实可量化考核的责任体系，稳步推进精细化管理，扎实组织开展“四个增效”活动，成本管理工作由浅入深、从弱到强，取得了长足发展，形成了一套基本方法、两个先进理念、两条控制系统和以“增产增效、优化增效、挖潜增效、降本增效”为主要内容的四个增效管理活动，营造了浓厚的成本管理文化氛围，取得了局、分公司成本管理工作的良好局面。

若不是刘宝增未雨绸缪，西北石油局就有可能被新的危机所困。

刘宝增每天工作非常忙碌，没有别的嗜好。他总是早早起床，迈开大步，行走七公里锻炼身体，保持旺盛精力投入工作。即使在走路的时候，他的意识之河也在汩汩流淌，思考“战寒冬”的战略。这是他的人生中一道沉重的命题。

他像一位指挥大战役的将军，运筹帷幄，在理想与现实间厮杀，在进退维谷的抉择中煎熬……

可以肯定地说，中国石化集团西北石油局、西北油田分公司的干部职工是非常幸运的。石油行业遭遇“寒冬期”，中国石化集团党组在如此紧要关头，为他们配置了优秀的领导班子成员。

瘦高个儿的胡广杰，镜片后面一双眼睛闪烁着智慧的光芒。人很和蔼，气质雅然。他上任以后，就开始思考：“国际油价下跌对石油行业来说是非常严峻的考验。这是一场必须打赢的大战。必胜的信念靠什么？靠大油气田。问题是，发现大油气田需要时间和过程，不是一朝一夕的事儿。如果没有发现大油气田，怎么办？我们左右不了国际油价。油价低，哪怕油价再低，我们也肩负着党和国家赋予的神圣使命，肩负着集团公司的任务和要求，我们必须要担当起来。虽然如果我们不干了会减少亏损，但国家要发展，这事关国家的能源安全……”

到了下班的时间了，胡广杰仍留在办公室里一支接一支地吸烟。他在冥思苦想。

“国际油价大跌是一把‘双刃剑’。对我们这个行业是一个考验，但从深层次来讲，也是一个动力。它增加了我们寻找新的大油气田的紧迫感，它要求我们必须把勘探开发成本降下去，这样才能在低油价下盈利，才能够生存下去。所以企业要讲究效益。这里面就体现了企业管理者的管理智慧。”

西北石油局的书记和局长堪称“最佳搭档”。他们都有着坚定的党性观念和大局意识。

2016 年 1 月 29 日，习近平总书记主持召开中央政治局会议，对加强党的领导提出明确要求，强调只有增强政治意识、大局意识、核心意识、看齐意识，自觉在思想上政治上行动上与党中央保持高度一致，才能使我们党更加团结统一、坚强有力，始终成为中国特色社会主义事业的坚强领导核心。这一深刻论述，不仅为各级党组织全面从严治党指明了方向，而且为党员干部修身做人、谋事创业提供了重要遵循。

就政治规矩而言，党章是党的总章程，集中体现了党的性质和宗旨、党的理论和路线方针政策、党的重要主张，规定了党的重要制度和体制机制，是全党必须共同遵守的根本行为规范和总规矩。在党的政治纪律方面，核心就是要坚持党的领导，坚持党的基本理论、基本路线、基本纲领、基本经验、基本要求。党员干部不论在什么地方、在哪个岗位，都要恪守党的政治纪律和政治规矩，永葆共产党人的政治本色，确保红色江山永不变色。

刘宝增和胡广杰都是中国石化集团党委培养出来的优秀党员。他们“牢固树立高度自觉的大局意识，自觉从大局看问题，把工作放到大局中去思考、定位、摆布，做到正确认识大局、自觉服从大局、坚决维护大局”。他们自觉站在党和国家大局上想问题、看问题，坚决贯彻落实中央决策部署，确保中央政令畅通。他们牢固树立正确的政绩观，有“功成不必在我任期”的理念和境界，努力防止和克服各种急功近利的行为，不贪一时之功、不图一时之名，全身心地秉承国有企业负责人的责任与担当，一心一意干打基础、利长远的事。他们树立正确的权力观，时刻牢记自己手中的权力是党和人民赋予的，只能为民所用，决不假公济私，更不以权谋私，视事业为生命。

风清气正、干事创业的政治生态、管理生态，在西北石油局得到了充分的展示。所有来到西北石油局的中石化总部领导和其他板块的同事，都能感受到这一点。

刘宝增说，这得益于前面的基础打得好。

第五章　格局决定结局

25 鏖战寒冬

相传早在黄帝时期，大约公元前两千多年，仓颉从鸟兽足迹中受到启发，创造了象形文字。此后，一字一世界，一笔一乾坤。

寒冬，是指寒冷的冬天。

国际油价自2014年下半年开始，一路从100美元/桶上方跌至30美元/桶，国际油价仿佛进入“寒冬”。而且这股寒潮持续不退，于2016年1月进入了“深冬”，国际油价跌破28美元/桶，创下近13年来的新低。此后虽探底小幅回升，但总体在低位震荡。

这股寒潮整整持续了三年之久。

石油企业的产业链，是从勘探、采油、运输、炼油到销售的“一条龙”全产业链。借助全产业链，大型企业集团试图增强自身在产业链条上的控制力和话语权。

按照业务进行区分，简单来说，产业链上游是勘探开发，产业链中游是炼油化工，产业链下游是销售。

产业链是一个包含价值链、企业链、供需链和空间链四个维度的概念。这四个维度在相互对接的均衡过程中形成了产业链。这种“对接”机制是产业链形成的内模式。作为一种客观规律，它像一只“无形之手”调控着产业链的形成。

石油产业链按照产、供、销划分，内部还有大大小小、长长短短的多个链条。比如，上游板块除了油气勘探、开发、生产，在企业内部可能还存在储运、管道和销售等环节。

在2014年至2017年国际油价断崖式下跌的“寒冬期”里，中国“三桶油”（中石化、中石油、中海油）上游板块几乎全线亏损。即使一些公司的利润还过得去，事实上大部分也是靠下游业务的盈利掩盖了上游的亏损。

上游板块生产得越多，亏损得越多。

西北石油局过去靠投资拉动，按照中石化集团应对“寒冬期”的战略部署和要求，现在要靠创新驱动。西北石油局处在从传统的发展模式向新的发展模式转变的过程中，同时，又遇到了如何实现资源接替的问题。

西北石油局进疆开展石油勘探开发已经走过了三十几年的历程，2008年西部矿权重组以后进入了第四个十年。在第四个十年，西北石油局按照“三个塔河”的战略构想，要走出塔河。怎么实现“塔河之外找塔河”？虽说目前已有了一些突破和发现，但是几次都遇到了很大的挫折，遇到了新的挑战，“塔河之外找塔河”这个目标一直没有实现。

这个目标没有实现，就意味着西北石油局在后期的发展当中，没有新的可供大规模开发的资源接替阵地。

从开发的角度看，西北石油局要摒弃过去的速度规模情结，转向注重质量和效益的发展模式。过去油价上涨，一路高歌猛进，“十一五”期间西北石油局增储上产，创造了很多辉煌的业绩。但是油价一跌，2015年出现了亏损，就要算效益账、干效益活、产效益油；就不能按能力来安排生产，而要按效益安排生产。没有效益，就要减产。亏损伴随着减产，资源接替又难以落实。新班子的压力可想而知。

2015年，因为亏损，西北石油局科级以上干部的工资奖金都受到影响。降工资、降奖金，直接关系到队伍的稳定。

西北石油局的头上曾经顶着效益的光环。过去，西北石油局是利润贡献大户，每年都创造上百亿元的利润，上缴各种税费200多亿元，不只是对中石化贡献大，对地方经济贡献也大。

除了效益的光环，过去还有各种荣誉的光环。“十二五”期间，西北石油局拿了两个国家科技进步一等奖、两个特别贡献奖，拿了各种各样的荣誉。

还有改革的光环。西北石油局一直是油公司改革的样板、改革的先锋队。而在这种重压之下，西北石油局很多机制不配套的问题就显现了出来。

还有发展的光环。过去西北石油局快速发展，“十一五”期间创造了年均增产60万吨的速度，在同行业当中是很可喜的成绩。

然而，在这种困难之下，在这种重压之下，这些光环正在慢慢地消退。这让西北石油局班子、让企业，重新回到一个非常冷静的状态里，去思考他们当前所处的特殊环境、面临的各种考验。

万仞高峰必会伴随深谷，巍然耸立之后的坍塌一定地动山摇。

面对这些考验和挑战，该怎么办？这就是西北石油局新班子要回答的问题。

刘宝增在局党委会议上一一列举了上述新问题和新矛盾，供班子成员思考并讨论解决办法。

那次会议的气氛既严肃又沉重。刘宝增的语气中弥漫着一股悲壮，大有“风萧萧兮易水寒，壮士一去兮不复还”的豪迈。

他首先提出了“降成本、调结构、补短板、消瓶颈、抓创新、稳增长”的十八字工作主线，这十八个字，不仅体现了新发展理念，也提出了应对当前低油价的思路。

刘书记深谋远虑，站得高，看得远，相当于给班子成员注入了一支“强心剂”。

刘宝增说：“油价在下跌，企业要想摆脱困境，必须把成本降下来。调结构，不光是调储量结构，还要调产量结构。为啥要调储量结构？储量结构里面未动用储量太大，要提高储量利用率。西北油田还有四个多亿接近五个亿的探明储量未动，要提高储量利用率。调储量结构的第二点，就是要把剩余经济可采储量抓好。只有做好剩余经济开采储量，这个成本的折扣才能降下来。”

同志们心里都很清楚，西北油田是目前中石化上游板块中成本最低的油田。吨油盈利能力、吨油完全成本、成本费用利润率、已占用资本回报率（ROCE）、总资产报酬率、主营业务利润率等主要经营指标连续多年排名油田板块第一。在国际油价刚下跌的时候，西北油田 1 吨油的完全成本是 1600 元。

刘宝增强调：“调产量结构，要把轻质原油的产量做大。轻质原油效益好。我们原来都是稠油，稠油占到 95% 以上。要把轻质原油产量做大，努力多产天然气，天然气效益好啊。

“创新实际上讲到的是一个动力转化的问题。落脚点还是放在稳增长，最后还要促发展。补短板，主要是考虑到我们人才上的短板、机制上的短板。瓶颈呢，主要是在一些核心技术、关键技术上。

“应当说，十八字的工作主线，对于西北石油局这几年战寒冬、求生存、谋发展，打好这场攻坚战，有着至关重要的作用。”

当时有人不理解，问刘宝增：“没必要用‘求生存’这个说法吧？有这么夸张吗？”

刘宝增回答，作为一个资源型企业，仅靠结构性优化不是出路。他认为，现如今，我国依然很需要油气资源，面对这样的形势，西北石油局想要继续做大做强，就必须取得新的油气发现与突破。“关键还在于资源。”

说得再明白些，如果没有资源可供挖掘，企业的效益从何而来？

胡广杰非常赞同刘宝增的思路。他认为：“提质增效转型、推进供给侧结构性改革，就是要通过技术创新，抓创新，降成本。这十八字工作路线与国家的政策不谋而合，企业要进一步持续发展、高质量发展。如果没有低油价，可能我们企业的发展道路会更加被动。我们应该客观认识低油价，只有掌握这个规律、认识这个规律，发挥战略定力，才能够破解这个发展困局。”

胡广杰说：“我的理解，就是五句话。一是把握大势。二是认识规律。这个行业规律实际上就是习近平总书记讲的新常态。所谓的行业规律，就是过去你不赚钱，现在你赚钱了，过去你是暴利，现在你不赚钱了，这就是规律。要认识这个规律。我们要从要素拉动，转化为创新驱动，迈向中高端。三是科学实施。科学实施建立在对地质的认识、科学的决策、高效的勘探、效益开发之上。四是持续发展。我们推动的不是箭头朝上，我们推动的是保证一定的增长速度，而且是持续发展、高质量发展。不是说今天上了1000万吨，明年掉到500万吨了。这不是持续发展，这实际上也不是对国有资产的保值增值，而是浪费贬值，还会造成一系列产能流失。当然，还有最后一个，党的领导。党的领导就是把国有企业的政治优势转化为发展优势。”

在这个工作主线的引领之下，西北油田首先强化了高效勘探。

西北石油局领导班子有一个非常统一的认识：尽管油价低，高效勘探的力度一点都不能减。

大家非常清楚，作为一个油田企业，资源是发展的根，没有资源是不行的。

西北油田采油一厂处于中石化上游板块的最前沿。这时，他们想到焦方正“干毛巾里拧出三滴水”的名言，准备在成本上精打细算。

采油一厂根据每一口井的单位操作成本计算出经济极限日产，降低处理液量，让每一口油井都有一本“效益账”。严格按照“无效益不上、风险大不上、效益不确定不上”的原则，提前做好措施潜力分析及效益论证。油藏研究紧盯“多产效益油”的中心任务，2015 年第 1 季度，优先上修一批潜力非常明确的油气井，对 6 口新层补孔及碳酸盐岩段间潜力大的油气井实施上返酸压作业，累增油 3000 多吨，每天增油能力 80 余吨，增油及经济有效率均达到 100%。同时，大力推进低成本油相微颗粒不动管柱堵水技术，共实施 9 井次，增油及经济有效率 89.9%，累增油 1000 多吨。

2017 年，采油一厂全面推进“提质增效升级”工作，实现利润 17.4 亿元。面对产量任务严峻、低效区块亏损严重、经营管理难度加大等不利因素，通过开展区块目标管理、经营运行分析大赛、管理现代化创新大赛、SEC 课题研究等活动，涌现出资产挖潜创效、办公用品“借阅式”管理、AT1 区块综合治理等 60 余项优秀管理建议，创效 1.2 亿元。

2015 年，采油二厂围绕“苦战寒冬，提质增效”目标，从以产量论英雄到以效益论成败，从第一大采油厂向第一大效益厂转变。在圆满完成调产基础上，增量成本大幅下降，同比减少 1.4 亿元。

2016 年油价达到最低 26 美元/桶的时候，西北石油局雅克拉采气厂也是盈利的。人们不禁要问：“为什么”？

答案很简单，那就是“成本控制”。近四年来，雅克拉采气厂完全成本和操作成本持续下降，油气收入不降反升。收入在增加，成本在下降，贡献的利润自然在增加。

2015 年，就在南疆最热的 7 月，日处理天然气量 21 万立方米、液化气 15 吨、轻烃 5.5 吨的雅克拉采气厂大涝坝集气处理站装置设备进入故障多发期，为安全生产带来了很大隐患，停产检修势在必行。

厂长梅春明经过认真测算，将原计划 10 天的工期压缩至 3 天 3 夜。工期的变更，对施工提出了严苛的要求。机关科室业务人员多次到采油气管理二区进行现场对接，把施工方案、施工用料、场地丈量、安全准备、应急预案等预制的工作流程提前部署到位，将所用管材配件编码后预放到每一个施工点，对6大专业、21大项、87个子项目全部现场印证核实，为检修开工创造了条件。

7月20日上午，梅厂长在检修动员会上说："同志们，别看南疆的气温这么高，但是咱们仍处于行业'寒冬期'……现在是天然气销售的淡季，我们只能利用这个节点进行检修。这样做既能满足生产，又能解决紧急问题。时间紧，任务重，大家对完成这次检修任务有没有信心？"

参会人员异口同声地回答："有！"

梅厂长面目俊朗，是个文质彬彬、风度翩翩的知识分子。高高的个子，白皙的脸上架着一副眼镜，一头茂密的自来卷，一脸书卷气，潇洒而飘逸。他总是面带微笑，可在企业管理方面，处事果断、干脆利索。

当时气温超过40摄氏度，午后地表温度接近70摄氏度。在这样的情况下，雅克拉采气厂大涝坝集气处理站里工人们冒着酷暑，汗流浃背，夜以继日。检修工作在与时间赛跑。

这仅仅是雅克拉采气厂"战寒冬、求生存、谋发展"的一个小例子。

有的同志讲："低油价是我们管理的放大镜，在高油价时期很多东西我们是看不到的，油价越低越能看到我们的管理水平。低油价就是问题的显微镜，暴露无遗。"

梅厂长自信地说："这几年，雅克拉采气厂通过控本、增可采，实现了资源贡献的最大化。一降一升，最后就是利润。2017年产量达到了9.27亿立方米，我们连续三年在中石化操作成本控制等几项指标上名列前三甲。"

雅克拉采气厂是个老区管理单位，共有52口井高压气井，其中开井40多口，自动化程度很高，井站一体化管理实现联动。如果井口出现问题，它会远程自动连锁关井。

经过低油价“寒冬”的风霜淬炼，西北石油局给党和国家交上了一份合格的答卷！

西北石油局通过部署的优化、理论的创新，在2016年实现了顺北油气田的重大商业发现。

2014年9月，西北石油局部署了顺北1－1H井。这口井整整打了一年，于2015年9月9日喜获高产油流。初期日产原油185吨、天然气9万立方米，且是高品质原油。顺北油气田有望成为新的产能接替阵地。

顺北油田位于塔里木盆地中西部，濒临塔克拉玛干沙漠腹心地带。很难想象，最荒凉的地方，却有最大的能量。

荒芜寂寥的塔克拉玛干沙漠顺北区块在车轮和钻机的轰鸣里苏醒了，呈现出勃勃生机。

2015年的9月的一天，刘宝增正在轮台开会，西北石油局班子成员、主管开发工作的副总经理胡文革告诉刘书记，顺北1－1H井获得重大突破。

消息振奋人心！

产量高、油质好，刘宝增立即意识到这口井、这个发现的意义不同寻常。

塔里木盆地在无边的荒凉和朦胧之中更具有强大的魅力，它不仅埋藏着丰富的油气资源和其他矿藏，还处处闪耀着人类文明的火花，到处都是史前先民的遗迹。刘宝增对这片土地充满了信心，他始终觉得这里应当是油气资源的聚宝盆。从目前已经取得的成果来说，还达不到为之自豪的程度。

刘宝增想了想，果断地对胡文革说：“沿着这个断裂带南北展开，加快部署。”

这绝不是一时冲动，而是一个科学判断。他深知，或许，这是决定西北石油局命运的一役！

胡文革给刘宝增拿出了南北各打 1 口井的方案。

刘定增说："不行，你甩开干，至少给我打 6 口井！"

刘书记心里清楚，那个地方井深、建井周期长，打 2 口井要一年的时间，结果还可能认识不清楚，还得再打，那就把整个这个油田的发现时间推后了。所以，在顺北 1－1H 井的南北，同时部署了 6 口井。

胡文革打心眼里佩服刘书记的这种胆识。打顺北 1－1H 井的时候，勘探开发专家的意见就不统一。塔里木盆地石油勘探开发的难度是世界级的，因为其地下岩性复杂，光是打井就要针对不同岩性制定不同的钻井方案。顺北油田与塔河油田虽然同在塔里木盆地，但顺北油田与塔河油田在很多方面存在显著差异。这在世界陆地石油勘探中都是一个未解之谜。

关键时刻，刘宝增语气坚定地说："打！"

有人问刘宝增："难道你不怕近亿元的投资打水漂？"

刘宝增心想："没有张屠户，吃带毛猪不成。"教科书上找不到答案，必须抛开老的理论思路，摸着石头过河。他内心笃定，无惧"寒冬期"带来的震荡，思想上有着充分的准备，所以显得从容而坦然，彰显出一种极具魅力的人格。

以往，西北石油局在塔里木盆地的油气开发都是先找地下的储油气洞穴，再通过三维地震技术找到储油点，也就是给地球做"核磁共振"，显示黑色圆点的地方一般都是储油点。但这一次，西北石油局将思路转为"以超深多成因、多类型裂缝，寻找晚期原生规模轻质油气藏"。通俗来说，以前在勘探过程中，断裂带被认为是油气藏的通道或是"阻挡墙"，而这一次他们发现，有裂隙反应的地方也可以储油。但是，这种油平均埋藏深度超过 7300 米，具有超深度、超高压、超高温的特点，顺北1－1H 井井深达 7500 米。在低油价的"寒冬期"，任何一点失误都将给公司带来巨额损失。

7500 米的油藏对于负责工程技术保障的西北油田工程技术研究院来说

也是一个难题。钻井过程中会遇见复杂地层问题，如二叠系巨厚火成岩漏失严重、桑塔木组火成岩地层易垮塌等，若井身结构和钻井工艺设计不合理，会导致钻井事故多发。钻井液技术专家牛晓带领她的团队现场分析地层岩性特点，抽取现场岩屑样品开展室内研究。经过多少个日日夜夜反复实验，研究出7500米地层稳定技术和钻井液技术，保证钻井顺利钻达油藏。工程技术研究院还自主研发了超深小井眼承压70兆帕、耐温204摄氏度液压完井封隔器，成功率达100%。可以说，从钻井到完井，每个环节都严丝合缝，做到了“既能钻到油，还能控制好油”。

一切都在不允许出一丁点错误的情况下小心翼翼地运行着。

井快打入目的层的时候是最令人揪心的，因为成败在此一举。

钻头一点一点地在地下7000多米处运行着，所有人都关注着它。每向下一点，大家的心就往嗓子眼提起一点。

“出油了!”

这简单的三个字，让所有人紧绷的心都放松下来。

顺北1－1H井的成功，标志着顺北油田的勘探开发向前迈出了一大步。

胡广杰大松一口气，内心的压力一下子得到了缓解。他说：“顺北油田的大突破是勘探理论和工程技术突破的结果，二者缺一不可。”

所以，当他听到刘宝增要在顺北再部署6口井的设想时，高兴地说：“就该这么干!”

的确，他们都是大手笔!

胡广杰参与了顺北6口井部署全过程。新井开钻以后，他时刻关心着进尺情况，一个劲地打电话询问，稍微能抽开身的时候就往顺北前线跑。

瀚海的骄阳、大漠的风沙锤炼出一支无往而不胜的找油劲旅，西北石油局在塔里木荒漠取得了一个又一个胜利。石油勘探总是时起时伏、有涨有落，越是到了山重水复之时就越是预示着大突破、大发现、大发展的来临，这就是找油的哲学。因为石油勘探与决策者的胆识，高科技、高技术、高密度资金的投入直接相关。塔里木盆地勘探程度不高，更为广阔的地域尚属处女地，必须有更科学的研判、更密集的技术和投入以及更坚忍不拔持之以恒的决心才行。

刘宝增的管理智慧与决策胆识，使顺北油田在“极寒期”奇迹般地涌出一股“暖流”。

2016 年 6 月下旬，6 口井陆续打到了目的层，陆续见到了高产油气流。随后，这 6 口井日产均超百吨，一举揭开了大漠亿吨油藏的神秘面纱。

刘宝增及时把这个消息报告给时任中石化集团公司董事长王玉普和分管勘探的焦方正。焦方正受王玉普的委托，于 6 月底专程赶到顺北。看到这个可喜的局面，他认定，顺北油气田正式被发现了。

7 月下旬，刘宝增和胡广杰带着勘探开发的同志漆立新、胡文革一起到北京，向时任董事长王玉普和党组主要领导焦方正、马永升等同志进行汇报。

在低油价的“寒冬期”里，这种喜讯让听汇报的领导们都很激动。

王玉普形容，这是西北石油局在寒冬里送上的一件棉袄！

焦方正等领导同志对西北石油局给予了充分肯定，认为顺北油气田的发现已成定局。焦方正主张对此进行宣传报道。

刘宝增一行又向中国石化宣传工作部主任吕大鹏作了汇报。吕大鹏说：“现在先别报道。王玉普董事长 8 月底要到香港进行路演，最好由董事长在路演时对外公布这个消息。”

8 月 29 日，中国石化集团公司董事长王玉普在香港召开新闻发布会，宣布中国石化在塔里木盆地顺北油田勘探取得重大突破，油气储量预测达到 17 亿吨，其中石油 12 亿吨、天然气 5000 亿立方米。顺北油田的重大油气突破，为处在寒冬中的石油行业带来了暖意。

当天晚上，中央电视台《新闻联播》播出了这个振奋人心的特大喜讯。

为此，西北石油局把顺北油气田重大发现的时间确定为 2016 年 8 月 29 日。

后来，西北石油局又通过了几口井的印证。顺北油气田重大商业发现不仅对西北石油局度过三年的“寒冬期”发挥了重要作用，也对西北石油局未来实现高质量发展发挥了重要作用，还将对西北石油局实现“一个五年、两个十年左右时间分三步走”的规划发挥重大作用。

顺北油气田重大商业发现提振了士气，鼓舞了斗志，让中石化集团和西北石油局的干部职工看到了未来发展的希望，又一次实现了他们心中的梦想!

西北油田有了一个稳定的资源接替阵地，实现发展目标的信心更足了。

刘宝增说：“顺北油气田的发现，不仅实现了‘塔河之外找塔河’的战略构想，而且是西北油田发展史上继沙参 2 井突破和塔河油田开发之后的第三个里程碑，为国家‘一带一路’建设增添了活力和动力，为我们建成千万吨级大油气田、实现‘原油产量一千万吨、天然气产量一百亿方’的奋斗目标落实了资源阵地。”

顺北油气田是西北油田在塔里木盆地新地区、新领域、新类型的重大油气突破。2016 年 9 月，局党委决定，成立顺北油气项目部。

目前，顺北油气项目部管辖顺北和跃进两个区块，面积 20067 平方千米。至 2017 年 4 月底，共有采油井 40 口、开井 22 口，日产油水平 907 吨，日产气水平 37.6 万立方米，综合含水 22.8%。其中，顺北油气田包含顺北 1、2、3、4 区块，面积 19979 平方千米，资源量 17 亿吨。规划 2020 年完成控制储量 5.13 亿吨，探明储量 2.94 亿吨，建成 388 万吨油气当量产能（油 268 万吨、天然气 12 亿立方米）。

项目部下设规划经营科、安全生产科和综合管理科 3 个科级机构，定编 12 人。项目部的主要任务一是通过统筹、沟通、协调、推进、监督等工作，推进顺北油气田勘探开发进程；二是积极探索，努力创新管理模式，实现对顺北、跃进区块生产管理，深化西北石油局特色的新型油公司管理模式。

2017 年 1 月 1 日，项目部按照“高标准、严要求、勇担当、创一流”的工作目标，以“区块整体业务外包”的管理模式全面接管两个区块油气生产运行管理，开启了“成本低、结构优、效率高”的顺北新模式！

顺北油气田的发现还有其他意义。顺北油气田是一个被西北石油人称为“断溶体”的构造，教科书里面是没有这个构造概念的，这是理论上的创新。

所谓“断溶体”，实际上是一个油藏特征，指的是地质板块断裂形成之后，会有一个溶蚀的过程。如果没有溶蚀，它的储积体规模就是有限的。那么溶蚀原理是什么？有人提出来，开始可能是地表水流到这个断层里溶蚀，后来上边盖层形成之后，又有了热液从下面上来的溶蚀。但这仅仅是一种分析和推理，现在还没有找到充足的证据，对溶蚀的认识还不是十分清楚。

学过实践论的人都懂得，认识产生于实践的需要，实践的目的在于改变世界以满足人的需要。要改变世界必须认识世界。实践及其发展的需要是认识产生的根源和发展的动力。在现代，实践的发展使科学成果层出不穷，促成了新科学的诞生。人类实践发展的无止境，决定了认识发展的无止境。同时，实践是认识的目的。认识必须满足实践的需要，为实践服务。实践提供了认识的可能。只有实践才能提供认识所必需的信息，也只有实践才使人们获得并不断发展对信息加工的能力即思维的能力。因此，实践是检验认识真理性的唯一标准。

毛泽东曾经指出：“实践、认识、再实践、再认识，这样形式，循环往复以至无穷，而实践和认识之每一循环的内容，都比较地进到了高一级的程度。”

这就是马克思主义认识论，这个论断揭示了认识与实践的依赖关系。认识是一个辩证的无限发展过程，是主观和客观、理论和实践的具体的历史的统一。

认识“断溶体”这个构造概念的原理也是一样的。

地下油藏形状各异、性质千差万别，塔里木盆地的各个油田还有许多未解之谜，等待着人们去认识、去破解。

比如顺北1－1H井，2015年9月就已投产，到现在还没见到水。搞油田开发的人都清楚，油气能够被开采出来，一定是水提供的能量。没有水，怎么会产生那么高的油柱？

为了寻找答案，刘宝增对搞开发的同志们讲：“咱们不是不知道水在哪里吗？你们在断层旁边打，往下打，进山以后，看它见不见水。打了以后，进山几百米以后，你再斜着打，打断层，看能不能见到水。

“2017年就部署了顺北1－10井这一口井。打了400多米了，再侧钻，还是油，没有水。也就是说，这个油柱高度远远超过400米。现在光见油不见水，对这个油藏就认识不清楚、储量就算不准。所以还要在技术上继续攻关，要通过不断地勘探、开发去深化认识。”

刘宝增说：“每打一口井都有新的认识，每做一次三维都有一次新的认识，还需要认识、实践、再认识、再实践。随着时间的推移，西北石油局对顺北油气田的油气富集规律、油藏特征、断裂体系等就能够有一个清晰的认识。就像当年塔河油田发现的时候一样，认识也是逐步深入、不断深化，这是认识的规律。后来拿了两个国家科技进步一等奖。

“近年来，通过科研攻关，西北石油局对构造的认识越来越深化。无论是勘探还是开发，还是这个工程，都不断地催生出一些新的技术、新的理论、新的方法。”

刘宝增自信地说：“从开发方面讲，过去说以产量论英雄，现在要转到以效益论英雄；过去按规模确定产量，现在要用效益来确定产量，这是很大的转变。那生产呢，就提出了怎么样算效益账、干效益活、产效益油的问题。在这种情况下出现了一种利润倒逼机制。过去的观念是，甩开膀子干，能产多少产多少。现在不行了，现在就得按效益来决定，这是一个转变。按照调结构的要求，西北石油局在老区块加大储量动用力度！同时增加剩余经济可采储量，在低油价的情况下，也能够实现剩余经济可采储量的稳定增长。”

实践证明，这个决策是完全正确的。

老油田在低油价下，剩余经济可采储量大幅度缩水。

2014 年，整个油田板块剩余经济可采储量大概为 3. 5 亿吨，到 2016 年，剩余经济可采储量下降到 1. 5 亿吨。

2016 年 1 月，国际油价降到每桶 28 美元的最低点。在这种情况下，西北石油局积极采取应对措施。一方面，通过技术创新降低老区块采油成本，通过加快评价，双管齐下，实现了剩余经济可采储量的缓慢提升。“保能力、增可采”的口号，为后期油价企稳回升、实现产量恢复性增长打下了坚实的基础。

经营上降成本的效果很突出。

2014 年，西北石油局的盈亏平衡油价是每桶 57. 55 美元，2017 年降到了 47 美元，降了 10 美元。这 10 美元体现了管理的智慧。

增加剩余经济可采储量，同时通过降能减排落实成本控制目标，这也是双管齐下。

另一方面，西北石油局继续推进油公司的深化改革。这几年，西北石油局有很多新的举措，改革的步伐并没有停止，特别是在党的建设方面有很多创举，提出了油公司模式下党建模式的创新。

比如，提出了组团式共建、区域化联建、网络化促建的“三建”模式，提出了落实党建责任的清单化、流程化、节点化“三化”问题。在夯实基础方面，重新优化了支部的设置，包括支部书记、支部的配备，真正把基层党组织打造成了教育党员的学校、团结群众的核心、攻坚克难的堡垒。

在干部队伍建设上，坚持“三让三不让”的用人导向，一大批“政治过硬、责任过硬、能力过硬、作风过硬、专业过硬”的年轻干部成长起来。现在，西北油田不光有“80后”的厂长书记，采油厂班子成员基本上也都是“80后”。

在党风廉政建设方面，西北石油局的基础非常好，这几年在党的建设方面也取得了很大提升。2016年、2017年连续两年在中石化系统党建考核中获得A档，而且2017年在A档里名列前茅。

刘宝增说：“这几年我们宣传思想工作抓得非常紧。去年我们新闻宣传影响力的排名已经超过了中原，仅次于胜利。这在过去是不可想象的。”

胜利油田报纸、电视台的员工加在一起有上千人，而西北石油局还不及人家的一个零头。在人数少的情况下，新闻宣传的影响力仍得到了极大的提升。

2017年，西北石油局提出“生产要稳中有升，经营要扭亏为盈。要实现油气产量的恢复性增长”。2016年，西北石油局原油产量降到700吨以下，原油产量630万吨，天然气产量17亿立方米，原油产量增长了35万吨，天然气产量增加了1亿立方米。2016年，西北石油局亏损27亿元，2015年亏损十几亿元。所以，2017年初西北石油局提出要扭亏为赢，需要很大的勇气。

2017年初在北京开工作会的时候，刘宝增和胡广杰给中石化集团公司董事长王玉普签下了“2017年盈利3500万元”的“责任状”。

从北京返回新疆的飞机上，刘宝增对胡广杰说：“不行，我们班子要开会，自我加压！”

两人的想法不谋而合。于是他们提出，年内要实现利润5亿元。他们把利润目标报到总部、报到油田事业部，上级很高兴、很受鼓舞，但同时还有一点担忧和怀疑。

刘宝增说："我们绝对不是吹牛皮，说大话。"

确定5亿元的目标，他们是有底气的。底气在哪里？在管理智慧和技术创新！

2017年上半年一过，统计表明，5亿元的目标已经完成。所以在2017年年中工作会议上，他们又把利润目标确定为10亿元。

年终核算，2017年，西北油田实际利润12亿元、账面利润7.28亿元，超额完成了年初制定的目标。

随着效益的提升，西北石油局班干部职工的薪酬状况也得到了改善，把前两年下降的部分补了回来，让职工群众得到了实惠。

油田特管中心党委书记赵立虎说："特管中心作为分公司油气生产的关键保障单位，面对'极寒期'，按照局领导的三个转变，从思想、理念、体制、机制等方面加快转变，精简机构，优化人员，很快将新增业务与原先业务有机整合为一体化的生产链，发展突出质量与效益，实施低成本、高效益、精细管理的生产经营策略。"

特管中心主任钟辉说："我们以服务保障油田开发为己任，充分发掘各专业化管理队伍的潜力，不断提升专业化队伍保障能力。2016年，根据分公司进一步深化改革的工作部署，我们进行了机构改革，合并了一个职能科室和两个专业化分队，并承担了多项新业务。今后我们将树立大环保的发展理念，充分发挥专业化市场化管理优势，打造一支严谨、务实、精细、高效的油田专业化保障队伍。"

1998年毕业于西南石油学院的魏斌，现在是油田供电管理中心副主任。他说，西北石油局4000千米的输电线路，分布在2万平方千米土地上，点多、线长、面广，覆盖南疆三个地区、五个县。

2015年，塔河油田电网线路已达3700千米，但负责运维的电管中心供电队外线班人员多年来一直不足百人。线路发生事故时，由于人员少、线路长，平均需要 6 小时才能找到故障点、恢复送电，油气生产的持续性得不到保障。但是，面对国际油价“寒冬期”，每个油田职工心里都紧紧地绷着一根弦，谁也不敢在这关键时期掉链子。为此，中心引入了由北京泽源惠通科技发展有限公司研发的 10 kV 线路故障定位系统。该系统通过安装在 10 kV 线路上的多只故障指示器判断故障区间，并将判断结果远程传至电力调度值班室，提示值班人员。该系统极大地缩小了故障点查找范围，平均 2 小时就能找到故障点，供电可靠性得到大幅提高。但是，经过一段时间的运行，2016 年，这套系统软件方面的缺陷逐渐暴露出来了。首先是系统软件后台频繁死机，无法显示故障区间。厂家技术人员对后台进行多次调试，仍无明显好转。其次是该系统不具备 WEB 发布功能，线路故障信息无法共享到各外线班组、各科室，事故处理的联动性得不到充分发挥。将该需求反应至厂家，得到的答复是需支付十余万元的研发费用。最后是厂家有意大幅抬高故障指示器价格。当时，该系统已在塔河油田电网大面积推广使用，厂家认为塔河油田已经是“骑虎难下”，无法轻易弃用该系统，因而在后续采购故障指示器时大幅抬高采购单价。

对此，中心决定自行研发一套10 kV线路故障定位软件系统，克服原系统的技术缺陷，同时打破厂家价格垄断的局面。中心指定魏斌作为该10 kV线路故障定位系统开发项目的主要负责人。在利用一个星期的时间对原故障定位系统故障判断原理、软件后台工作流程进行充分了解后，魏斌决定使用 VB 语言编写程序作为计算分析的核心，使用组态王软件作为线路故障画面的显示工具，搭建一套全新的 10 kV 线路故障定位系统。

在搭建软件系统方面，魏斌没有经验，只能在摸索中前进。如何使 VB 程序自动接收来自故障指示器的故障信息？如何实现 VB 程序与组态王的通信？组态王如何根据故障信息在线路模拟图中动态显示故障区间？诸如此类的问题，是魏斌必须迈过去的一道道坎。

了解到该项目的难度后，魏斌在队领导帮助下推掉了日常工作，全身心投入系统的研发工作中。

为实现 VB 程序自动接收来自故障指示器的故障信息的功能，魏斌向中心申请购买了一台短信猫，利用 8 天时间阅读其长达十几万字的说明书、示例后，终于成功使用该短信猫作为桥梁，实现了故障指示器信息自动传入 VB 程序的功能。值得一提的是，该短信猫和 VB 程序能兼容各个厂家生产的故障指示器。

在了解旧系统的故障判断程序时，魏斌意识到，判断依据冗杂、程序过长，是导致旧系统频繁死机的重要原因。为避免重蹈覆辙，他利用 7 天时间对故障判断程序进行了数十次的修改和调试，最终在实现故障判读零失误的同时，将程序简化到不足百行，避免了系统死机情况的发生。

为使用组态王软件搭建 10 kV 线路模型、实时显示故障信息，魏斌借助该软件的使用说明书及网络，学习图元编辑、动画制作、命令编写等操作，搭建、调试 10 kV 线路模型，并成功利用该组态软件自带的 WEB 发布功能实现了 10 kV 线路故障画面的 WEB 发布功能。项目开展约一个月后，整套系统搭建成功，并顺利通过了各项功能测试，正式投入运行。截至目前，运行时间已达 2 年，其间 10 kV 线路发生数十次故障，该系统均能正确判断及报警，正确率达 100%。

更重要的是，该系统的 WEB 发布功能实现了故障信息共享，促进了中心事故处理的联动性，缩短了事故处理时间。而且，该系统兼容各个厂家的故障指示器，打破了原系统厂家的价格垄断，故障指示器单价大幅下降。

目前，油田供电管理中心在 110 千伏八区变电站首次实现机器人巡检，通过可见光和红外线巡视，每天定时定点巡视；同时开展无人机巡线，节省了大量的人力和物力。

2015 年，西北石油局在 735 千米的外输管道就实现了自动收集生产数据和自我检测等智能化功能。1772口油气井在的4家采油气厂的数个监控中心实现了生产信息实时传播，1000余视频监控点提供的清晰图像交替显示在监控大屏上，千里油区如同长了“千里眼”，信息化油气井占比达93%。

信息中心主任蒋勇说：“如今，我们已经把油田4000余平方千米的采油井站空间变成了零距离，主要的采油气单位基本实现了生产运行信息化、安全管理可视化，生产效率和安全性提升了一倍以上，每年减员增效超5000万元。”

在西北石油局党委的正确领导下，西北石油局实施效益经营，聚焦精细开发，在“寒冬期”呈现出革弊布新、转型发展的强劲势头。

油气处理环节也是增效的关键点。塔河一号联合站中质油在满足掺稀油正常供应的情况下，利用现有储罐储存密度小于0.87的原油，按照中质Ⅰ类进行销售。从2017年年初开始，利用现有流程及储罐优化生产，累计储存、外输合格中质Ⅰ类原油3.1万吨，增效620万元。

刘宝增认为，油价是成本上升的天花板，降成本是应对低油价最现实的手段。西北石油局通过下硬任务、定硬措施、花硬功夫、搞硬考核，真正把成本降下来，从而扩展了效益空间。

通过经营转型和聚焦提质增效升级，西北石油局资源结构调整和油品结构调整进一步加快。此举增加了天然气日产能力60万立方米、轻质油日产能力1600吨，减少低效负效液量81万吨，降低稠油产量57万吨，实现增效2.29亿元，压减费用1.34亿元。建产开发成本降低4美元，措施、注气成本实现了50美元/桶条件下的经济有效，盈亏油价从56美元/桶降至50美元/桶。

2014年至2016年，西北石油局应对“极寒期”的办法是扬长避短，使轻质原油产量实现“三连增”，2016年产量达到161万吨，较2014年增长11万吨，其油品结构中高价值的凝析油也从2014年的33万吨上升到

2016 年的 54.4 万吨。高效益的轻质原油实行分储分销，在国际油价最低落的情况下，实现轻质油增销 13.1 万吨，增效 1.06 亿元。

面对“极寒”，刘宝增书记提出“资源为王，高效勘探完美接力”的策略。

胡广杰说：“我们通过转方式、调结构，强化价值引领，突出降本减亏，努力实现效益最大化。这也为我们在中石化上游板块率先扭亏为盈打下了基础。”

两位领导的豪情，似乎能把冰雪融化！

2016 年底，塔河油田托鹰 1 井喜遇轻质油层，日产轻质原油 80 立方米。这是西北石油局“塔河之下找塔河”取得的又一突破。

国际原油价格大幅下降，稠油开发经济效益下降。西北石油局及时调整勘探策略，通过区带评价与优选，将塔河深层勘探目标锁定在经济效益良好的托甫台轻质油气区，科学论证部署了托鹰 1 井，终获高产轻质油气流。

2017 年初，油价持续回暖，西北石油局围绕“原油可持续、天然气快增长、改革破困局、创新谋发展”的发展战略，持续推进精细效益开发。1 月，西北石油局原油日产水平由 2016 年第 4 季度的 16000 吨/天提升到 16300 吨/天，天然气生产能力稳定在 500 万立方米/天，实现生产稳中有升、经营扭亏为盈，当月盈利达到 1.01 亿元。

三年的“寒冬期”，西北石油局打了一个翻身仗，让干部职工坚定了实现下一步发展目标的信心。同时，通过“战极寒”，磨炼了干部职工的意志，锻炼了队伍。

风霜淬炼是一种智慧，中流砥柱是一种精神。格局决定结局，这种思维最终被打上了历史封印。

26 砥砺奋进

习近平总书记在党的十九大报告中明确提出："中国特色社会主义进入新时代，这是我国发展新的历史方位。"西北石油局的发展也由此进入新阶段。

2017 年 8 月 27 日至 29 日，中国共产党西北石油局第四次党员代表大会胜利召开。大会审议通过了中国共产党西北石油局第三届委员会工作报告和纪律检查委员会工作报告，总结了五年来局、分公司各项工作取得的成绩，分析了面临的机遇和挑战，确定了当前和今后一个时期工作的指导思想和奋斗目标。

局党委书记刘宝增代表中共西北石油局第三届委员会作了题为《贯彻全面从严治党部署，持续推进政治优势转化，为实现"两个一"发展目标而努力奋斗》的报告。

报告中指出，五年来，面对世情、国情、党情、企情的深刻变化，局党委认真贯彻落实党中央、自治区党委和集团公司党组的各项决策部署，团结带领各级党组织和广大党员群众，在深化改革中勇于担当，在推动发展中砥砺前行，在执着探索中凝心聚力，在企业近 40 年的发展历程中，谱写了浓墨重彩的绚丽篇章。

企业发展不断迈出新步伐、展现新气象。五年来，西北石油局经历了油价的低位震荡，经历了"寒冬期"的考验，经历了保效增效的重重挑战，紧紧围绕"降成本、调结构、补短板、消瓶颈、抓创新、稳增长"的工作主线，承压奋进，苦干实干，实现了油气储量持续增长，实现了稳油增气的向好发展，实现了各项业务协调并进，实现了生产经营等各项工作平稳有序受控。

"五年来，我们坚持转变观念、积极作为，走出了具有油田特色优势的转型之路。

"五年来，我们坚持油气并举、创新驱动，走出了敢为人先创新不止的探索之路。

"五年来，我们坚持解放思想、破除困局，走出了深化改革蹄疾步稳的攻坚之路。

"五年来，我们坚持价值引领、提质增效，走出了综合实力不断增强的奋进之路。

"五年来，我们坚持立足大局、牢记责任，走出了忠诚履职矢志不渝的担当之路。

"五年来，我们坚持从严管理、压实责任，走出了建设平安绿色油田的固本之路。"

党的建设不断展现新作为、开创新局面。在西北石油局爬坡过坎、攻坚克难，坚定信心、推进发展的进程中，各级党组织始终坚持"融入中心抓党建、抓好党建促发展"，通过持续加强党的思想、组织、作风、反腐倡廉和制度建设，不断推动党的政治优势、组织优势转化为发展优势、竞争优势。西北石油局荣获"全国文明单位""中央企业思想政治工作先进单位""集团公司企业文化建设先进单位"等多项荣誉称号，2016 年在集团公司党建工作考核中首获 A 档。

“五年来，我们坚持抓思想、强责任，构建了科学有效的责任体系。

“五年来，我们坚持抓班子、强核心，引领了改革发展的正确方向。

“五年来，我们坚持抓基层、强基础，激发了基层组织的生机活力。

“五年来，我们坚持抓预防、强监督，营造了风清气正的政治生态。

“五年来，我们坚持抓引导、强文化，凝聚了共克时艰的强大合力。

“五年来，我们坚持抓群团、强服务，保持了和谐稳定的良好局面。”

会议指出，今后一个时期，是稳中向好、稳中求进的窗口期；是爬坡过坎、攻坚啃硬的关键期；是提质增效、大有作为的机遇期。局党委要重点抓好以下工作：

第一，勇担发展重任，全力提质增效升级。一是突出重点领域，实施高效勘探，力求资源接替新发现。二是立足稳油增气，注重效益开发，探索稳产提效新途径。三是强化价值引领，着力增效盈利，促进经营管控新提升。四是实施创新驱动，加快科研攻关，取得关键技术新突破。五是持续深化改革，增强发展活力，迈出转型升级新步伐。六是强化安全环保，坚持严抓严管，创造基础管理新水平。

第二，加强党的领导，打造三新重要阵地。坚持党的领导不动摇，增强管党治党的思想自觉和行动自觉。坚持服务生产经营不偏离，把推动改革发展作为出发点和落脚点。坚持党的一切工作到支部，促进基层支部建设全面进步、全面过硬。坚持领导和把关作用不能变，打造引领发展的中坚力量和人才支撑。坚持深化党风建设和反腐败工作，营造风清气正的政治生态和管理生态。坚持加强宣传思想文化工作，凝聚推动发展的精神动力和舆论支撑。坚持做好新形势下的群众工作，全力创造和谐稳定的环境和局面。

这次会议在西北石油局广大干部职工中引起了强烈反响，思想行动统一到局党委决策部署上来，转化为为实现“两个一”发展目标而努力奋斗的强大动力。

思想到位了，工作才能扎实；认识提高了，行动才能自觉。

那一天，刘宝增和胡广杰在主席台上不约而同地发出了会心的微笑，眼睛里洋溢着喜悦。那笑容就像是沙漠中的一片绿洲。

2018 年，是西北石油局进疆 40 周年。刘宝增说："前辈们艰苦创业，为我们打下了良好基础。经过几代人的努力，我们一步一个脚印，创造了辉煌的业绩，企业规模、职工生活发生了翻天覆地的巨大变化。我们要继承和发扬老一辈的优良传统。今年提出的核心任务是勘探大发现。"

胡广杰兴奋地告诉笔者，2018 年西北石油局勘探第 1 季度就开局良好，顺北 7 井又实现了重大发现，实现了"开门红"。这不仅拓展了顺北油气勘探成果，也进一步深化了对顺北油气田的认识。"最近又有好消息传来，塔深 6 井有漏失。这让我们又看到了'塔河之下找塔河'的希望，又取得了一个重要进展。"

2018 年，西北石油局在天山南面的实验领域加大了勘探力度，前景比较乐观。2 区块的顺北 4 井也有望在一个新的区域实现新的突破。同时，在 3 区块也有勘探工作展开。2018 年会是一个丰收年。

由此可见，西北石油局重点领域——顺北油气田、塔河深层、天山南，全面开花。

西北石油局 2018 年的目标是要实现油气双增产。原油产量目标 653 万吨，天然气 18 亿立方米，比 2017 年增加 1 亿立方米。同时，西北石油局对开发商的要求是实现剩余经济可采储量的稳定增长，SEC 的储量替代率必须达到 100% 以上。西北石油局 2018 年要实现利润再翻番，计划利润超过 20 亿元。2018 年第 1 季度已实现利润 7.3 亿元。盈亏平衡油价每桶油再降低 3 美元，从 2017 年的 47 美元降到 44 美元。

刘宝增自信地说："今年西北石油局在去年实现盈利的基础上，在发展新阶段开好局、迈好步，至关重要。我们是有信心的。"

从 1978 年进疆到 2018 年，西北石油局走过了 40 年的光辉历程。

40 年的历程，是一部波澜壮阔、艰苦卓绝的奋斗史，也是一部敢为人先、锐意进取的创新史。它书写了一种奇迹，描绘了一种辉煌。

西北石油局副总政工师余满和同志，中等身材，体型精瘦，长相英俊，眸亮鼻高，沉稳率真，思维敏锐，看问题颇有独到见解。他对西北石油局 40 年的发展历程作了一个清晰明了的概括。

“纵观西北石油局的发展历程，第一个十年有三个关键词：转战、突破、会战。第一个关键词是‘转战’，从青海转战到塔里木，从塔西南转战到塔北。第二个关键词是‘突破’，在沙参 2 井有了突破。第三个关键词是‘会战’，有了突破后将地矿队伍召集起来会战。第一个十年脉络清晰，但当时也有困惑。虽然我们坚信塔里木盆地有油气，但多年没有找到。当时地质找矿在理论上有局限性，多数为陆相，国内在海相上少有发现；技术上也有局限性，物探资料的处理，当时的水平也做不到。但是冥冥之中，有愿望，有理想，这里应该是我们能够有所作为的地方。当时，地矿部找矿的愿望也很强烈，大庆、中原都已找到油气，趋势是向四川盆地、塔里木盆地找。当时聚焦在塔西南，有一些小型的发现。而如何从塔西南转向塔北，需要采访一些地质专家。这里有一种思想的转变和理论的发展，需要客观地去展现。

“第二个十年的三个关键词是探索、坚持、发现。从 1988 年到 1997 年，虽然没有轰轰烈烈，但从某种意义上讲，对西北石油局来说也是非常重要的十年。其中既有艰辛的探索，也有坚守的执着。在当时会战失败无功而返，整个社会环境是全民经商，各单位想方设法搞三产。但我们的领导班子、我们的地质专家还是有一种坚持，坚信这里会有突破。在这个时期我们有几种探索，有勘探开发层面的探索，有企业管理层面的探索，包括当时的油公司体制也是一个试水。没有这十年的探索和坚持，就没有后来塔河大油田的发现。这十年也是我们这支队伍不断自我革新的过程，锻炼了队伍，锤炼了精神。这十年，我们有彷徨，有疑惑，也走过弯路，但是从没放弃要在碳酸盐岩领域有所突破的坚守。

“第三个十年是塔河大油田发现、塔河大油田建设的十年。这十年是浓墨重彩的、亮丽的、扬眉吐气的、峰回路转的十年。这十年的三个关键词是改革、创新、成长。一是改革。当时，建设油田是我们的短板，但通过之前十年的积淀和积累，我们已经有了创新和改革的基因，我们不怕困难和改革，我们为了建设油田可以完成自我革新。当时有一个困难的选择，是走东部油田的老路，还是另辟蹊径。当时的领导看到了东部油田的颓势，于是选择了油公司的模式。我们需要砸碎瓶瓶罐罐，另起炉灶，探索新的市场规则和模式。二是创新。塔河油田开发的理论、技术都需要去创新，没有现成的可供采用。我们不能靠运气去找油，我们需要不断地创新技术手段去找油，努力使钻井成功率更高。当时形成的串珠理论，准确率就很高。从最开始的自喷到之后的机采、注入能量，我们的开发技术也在不断创新，采收率不断提高。三是成长。在这个过程中，我们油公司的体制机制、队伍的心智都在成长。首先是管理的成长。我们过去是事业单位，慢慢走到企业。如何从小企业变成大企业，如何从弱企业变成强企业，如何从没有规范的企业变成像模像样的企业，这十年主要解决了这些问题。一整套油公司的体制机制都需要我们从头去建立、去实践、去解决问题。其次是队伍的成长。一开始，我们大部分老职工还抱着老思想，不舍得打破瓶瓶罐罐，没有远大目标。后来，焦方正同志看到塔河油田这么好的发展态势，提出了‘三个塔河’的目标，让我们的眼界宽了、思路广了、站位高了，愿意去拥抱世界、引领潮流了。而在过去，这些是不敢想象的。

“第四个十年是从 2008 年到现在。2008 年之后，油价在下跌。国际石油行业的变化，对快速发展的企业来说，是检验我们是真正强大，还是伪强大的契机。第三个十年的快速发展，掩盖了很多发展中的问题。我们的体制机制是否符合市场，我们的管理水平是否能支撑企业发展，我们的技术手段是否到位，这些问题我们都无暇顾及。所以第四个十年从某种角度上来说，对西北石油局意义非凡。我们有机会重新审视自己在风浪中能否经受住考验。第四个十年的三个关键词是，突围、求变、重生。一是突围。塔河油田的面积是固定的，我们想要突破千万吨级该从哪里入手？好在2008年中国石化扩大了我们的矿产面积，让我们有机会去实现千万吨级大油田建设目标。我们认识到，光有塔河油田是达不成目标的，要在塔河之外、塔河之上、塔河之下‘找塔河’。这十年，我们先在豫北，后在顺南、顺托、顺北找突破，画出了一条清晰的突围路线。随着外围的突破，在勘探层面上我们搞清楚了塔里木盆地，搞清楚了我们的事业该往哪个方向发展。二是求变。第一个‘变’，油价变低了，要求我们在管理上要变革，抵御寒冬，经得起风浪和考验。第二个‘变’，是我们对从塔河到豫北、顺北等新油藏储层机理的认识有了新发现，‘断溶体’地质理论就是这个时期的新认识、新突破。三是重生。我们在‘寒冬期’走出了低谷，率先实现了盈利，这支队伍在风险中更加强大。

“四十年来，我们的领导层把关掌舵、高瞻远瞩，起到了关键作用。在领导的引领下，我们更加坚实、更加自信地向前走。我们可以自信地说，我们已经超越了中石化‘第一个五年’的目标，已经通过了可持续发展阶段，迈向了高质量发展阶段。”

余满和不愧是西北石油局的新闻发言人，他用高度概括的语言、准确生动的词语，严密精辟、清晰形象、铿锵有力地为西北石油局进疆40年的历程作了一个完美的诠释。

历史有很多巧合。西北石油局经历的每一个十年几乎都是从低潮中走过，不断在挫折中解放思想、大胆创新，螺旋式上升，最终实现大突破。

27
强大的文化基因

1983 年 3 月，全国地质系统基层模范政治工作者表彰大会在北京隆重召开。王震同志在大会闭幕式上的讲话中提出“以献身地质事业为荣，以艰苦奋斗为荣，以找矿立功为荣”。自此，“三光荣”精神被全行业确立为核心价值理念，产生了积极而深远的影响。

历史已经昭示，由老一代地质队员培育起来的“三光荣”精神，已成为地勘行业的传统，深深扎根在全国地质工作者的灵魂之中，是地勘行业文化建设的核心内容和基本要求，更是地勘行业改革发展的永恒动力和不竭源泉。

一个企业有了这种文化自觉，就不会失去精神家园和立本之基，就会真正建立起文化自信。这一切决定了这个企业能够拥有深厚的思想、丰富的想象、奔放的创意、旺盛的自我超越精神，更决定了这个企业的实力和未来发展。

在传承和发扬企业文化的过程中，西北石油局以创新为灵魂、视卓越为生命，依照艰苦奋斗的精神和锲而不舍的执着追求，经过西北石油人不断总结、提炼，破解企业文化密码，形成了以“敢为人先，创新不止”为核心的“塔河精神”“塔河精神”成为新时期、新阶段激励和鼓舞西北石油局全体干部职工扎根西部、献身祖国石油事业的强大动力和精神支柱。西北石油人用流淌在血液和汗水中的“塔河精神”，成就着一个茁壮成长的大型石油企业。

西北石油局坚持以人为本的管理理念，把促进企业的快速发展作为企业文化建设的出发点和落脚点，不断融合各种社会可用资源，注重员工的培训和岗位锻炼培养，坚持企业发展与员工成长相统一，努力创造优美高雅的企业文化环境，“内强素质，外树形象”，形成了一支创新不止的卓越团队，企业知名度和美誉度不断得到提升。

两年一届的西北石油文化节，不仅是西北石油局企业文化建设成果的集中展示，更是广大西北石油人朝气蓬勃、昂扬向上的良好精神风貌的集中展现。

比如，采油一厂的“一根针”文化。采油一厂总结出“深、细、精、专、钻”的“针”的属性，形成“上面千条线，现场一根针”的执岗理念、“工作千条线，管理一根针”的管理理念，还将文化植根于油田专业化服务队伍之中，并与各油田专业化服务队伍一道，打造“1 +1 >2”的文化管理团队，构建“一根针”的大文化体系，促进队伍和谐稳定发展。

采油二厂采油、集输一线操作岗位上，大部分是来自东部油田的专业化队伍。油公司体制下，甲乙双方的党建工作如何开展，成了一个亟待解决的难题。

采油二厂党委书记潘从文说：“油公司模式下，甲乙双方必须在一个方向和目标下前行，通过共建，统一思想、凝聚共识，才能形成增油上产的强大合力和推动力，保证生产经营任务的顺利完成，最终实现风险共担、利益互惠、成果共享”。

因此，该厂党委把市场全局作为观察处理问题的出发点和落脚点，坚持“开门搞党建”，打破地域和隶属关系限制，把这些专业化队伍的党支部当作编外党支部，跨支部共建抓学习、抓思想引领，实现党建工作的全覆盖。

在低油价“寒冬期”，甲乙双方员工在采油二厂党委带领下，聚焦提质增效，心往一处想，劲往一处使，凝聚了“战寒冬、求生存、谋发展”攻坚战的强大合力。

除此之外，采油二厂还根据油气田含硫化烃浓度高的高危行业特点，全面推行“365安全文化”建设，不断提醒员工“必须居安思危，时刻不忘安全，天天安全才是真正的安全”的安全生产文化理念，形成了企业自身的文化特色。

正因如此，东部油田的员工和西北石油局的员工一样，把哪儿都当自己家，在哪儿都省着花。“以乙方的态度和身份尽甲方职责”成为各专业化队伍的工作理念，使其主动适应西北石油局市场，以优质高效的服务赢得甲方的信任、市场的认可。河南二厂项目部一直自觉主动地从思想、管理、队伍、文化上融入西北石油局，主要体现在党员的模范执岗上，体现在党员的带头作用上。

该厂“雪莲号”女子计转站积极创建学习型家庭、低碳型家庭、廉洁型家庭、节约型家庭、平安型家庭、和谐家庭的“家”文化，无论是经营管理、油田开发、安全运行、井站维护，还是生产服务、后勤保障，女工们都能用红柳般的坚忍、流水般的温柔、慈母般的勤劳，精心呵护自己的“家业”，严格履行各自的岗位职责，曾获得全国女职工建功立业标兵岗、“安康杯”竞赛优胜班组、自治区巾帼文明示范岗等省部级荣誉，成为西北油田对外展示形象的“窗口”和一张靓丽的“名片”。

企业文化建设的“软实力”逐渐在塔河油田凸显出来，各单位的文化建设如雨后春笋般培育起来，相继建立了“同心园”“兄弟连”“金钥匙”“大漠红”四个党建思想文化创新工作室，并且建章立制，先后出台了《采油二厂党建思想文化创新工作室建设方案》、政研项目任务书，使党建工作落地生根。采油二厂要求，将党建思想文化创新工作室“作为进一步提升采油厂党建工作水平，深化‘学、转、促’专项活动，推进‘三抓’工作的又一具体举措，按照《采油二厂党建思想文化创新工作室建设方案》要求，抓实工作，持续推进；作为谋求工作与时俱进，不断创新发展的一项重点工作，积极探索，勇于创新，传承新时期大国工匠精神，打造品牌，提升品质；作为进一步实现党建工作与生产经营管理工作深度融合的有效做法，突出‘小、实、精、快’的要求，致力于解决现实问题，在节点控制、瓶颈突破、疑难破解上做到精准发力；作为推进思想政治研究工作的有益补充和独特形式，集中优势资源，将工作重心放在基层，积极打造‘大政工、大党建’格局；作为推进‘三建’工作的一个共建平台，各创新工作室主动发挥‘产业链一体化’共建优势，进一步拓宽交流领域，寻找和分析共性问题，探讨解决对策，真正使融合式党建发挥积极有效的作用”。建立党建思想文化创新工作室，赋予了基层党支部和广大干部员工新的任务和目标：以党支部为支撑，项目化运行，工作室牵头，组织全员参与进来，搭建好共同成长的平台。

采油二厂“4321”党建可视化体系历经8年探索实践、升级改造，3.0版“4321”党建可视化系统使党建责任由“软任务”变“硬指标”，制度流程使党建标准由“弹性”变“刚性”，视觉识别使党员形象由“隐形”变“有形”，成果展示使党建成果由“静态”变“动态”，助推了党建与生产的深度融合。

采油二厂党委书记潘从文说，党建思想文化创新工作室在建设过程中，要主动发挥好“五个平台”积极作用：一是发挥好学习平台作用，营造全员学习、团队学习的良好氛围；二是发挥调查研究平台作用，打造全员参与、齐抓共管格局；三是发挥创新平台作用，形成大众创新、全员创效局面；四是发挥破解难题平台作用，聚焦提质增效升级，稳中求进共促发展；五是发挥人才培养平台作用，锻造一支思想进取、心态阳光的采油团队。

采油三厂把企业文化着力点向班组倾斜，通过开展“班组文化墙”建设活动，激发员工的工作热情，增强员工的集体荣誉感、岗位责任感，调动每个班组和员工争当先锋的积极性。采油三厂根据不同班组的实际情况，为班组提供、创建特色主题，如“扎根塔河，精心值岗”“和班组一起进步、成长，争做优秀员工”等，激励员工奋发向上。

各班组主题，既有对班组的期望，也有对班组员工的要求。主题实在、贴切、向上，增强了班组的凝聚力。班组凝聚力是安全生产的前提和保障。其中，受益最大的是最为偏远的跃进加强班。这个班员工年龄相对较小，有活力、有技术，但凝聚力不强、人员流动性大。“班组文化墙”活动开展以来，这个班在安全监督布鲁代的带领下，没有一口井非计划停产，没有一人出现违规操作行为，人员流失情况大幅减少，每月都超额完成生产指标，成为名副其实的跃进“先锋班”。

雅克拉采气厂将“铸魂、固本、聚力、塑形”作为自己的企业文化，着力打造“敢为人先，创新不止”精神面貌，塑造了良好的现代企业形象。

“一厂一品”的企业文化建设，内化于心，外化于行，成为具有强大生命力的思想基础和凝心聚力的风景线，为西北石油局科学全面协调发展、打造千万吨级大油田奠定了坚实的基础。

西北石油局强大的文化基因，本质上源于“三光荣”精神，潜移默化于广大干部员工的思想和思维，从根本上支配着企业团队的行为方式，既弘扬优秀传统，又融入改革创新，内涵丰富，底蕴深厚，功能强大，优势显著，是西北石油局在长期地质勘探开发、建设和改革的伟大实践中形成与发展的核心价值理念，是西北石油局的血脉之根、生命之源，是塑形、塑魂的精神动力。

28
向科学技术要效益

石油是深埋在地下的流体矿物。

石油开采不是打一口油井把油抽出来那么简单。在开采石油的过程中，油气需要从储层流入井底，再从井底上升到井口的驱动。

用石油行业专业人士的话说，石油、天然气、地下水三者相比，天然气的密度最小，石油次之，水的密度最大，因而石油和天然气积聚于地下水上层。向斜的岩层向下弯曲，适合密度大的水储存于地层中。而背斜向上弯曲，形成了一个不易使石油和天然气散佚至空气中的“储油储气罐”。也就是说，背斜是良好的储油构造。

储油构造，又名圈闭。地壳运动会使原来处于水平状态的岩层发生倾斜、褶曲或断裂，从而形成各种不同的构造形态，即“地质构造”。有的地质构造有利于油气聚集，有的则不利于油气聚集，甚至会使已经聚集起来的油气由于构造封闭条件被破坏而散失。能够聚集油气的地质构造叫作储油构造。

世界上各个油田的圈闭不尽相同，有构造圈闭、地层圈闭、复合圈闭等多种储油构造。而原油的物质成分又分为油质、胶质、沥青质等，是个比较复杂的体系。

比如，塔河油田采油二厂开采的原油就是稠油。

看其标本，就像一块煤炭。

这么坚硬，是如何从地下抽出来的呢？

据采油二厂厂长张炜同志介绍，西北石油局在塔河油田探明的储量中，高黏重质原油占70%以上。采油二厂原油生产的主力储层为碳酸盐岩油藏，这种油藏经历了多期的构造和油气运移，储集条件、构造条件均十分复杂。它不同于中东地区和我国东部典型的裂缝性碳酸盐岩油藏，不但油藏平均深度在6000米以下，而且具有超深、超稠、高温、高压、高黏、高矿化度、高含硫化氢的“两超五高”的特点。原油在常温下是沥青状的黑色固体，人可以站在上面。这么黏稠的油藏举世罕见。

国际上通常将稠油称为重油，将黏度极高的重质原油称为天然沥青或沥青砂油。全球的常规油和重油分布不均衡，具有西稠东稀的特征。国际稠油分类标准为，相对密度大于0.92的原油称为普通稠油，相对密度大于0.95的原油称为特稠油，相对密度大于0.98的原油称为超稠油（相当于天然沥青）。塔河油田的原油就属于典型的超稠油，平均原油密度达到1.07左右，呈沙粒固体状。纵观全国各油田稠油密度，塔河油田堪称全国之最。

对于这么黏稠的原油，世界各大油公司都无能为力，一筹莫展。

“但是，被我们攻克了！”张炜自豪地说。

地下的稠油不会像地面上的塔里木河一样流动，而是像地面河流形成的无数个积水湖泊一样，许多大小不等油气湖里装的是黏稠的液体。

我国于20世纪80年代就着手对稠油进行研究和开发。根据稠油油藏的不同特点，其开采方式也各有所异，但总体是朝着降黏和使分子变小、变轻的方向发展努力。目前，提高采收率最成功的方法有两大类：一是注入流体热采或驱替型方法，如热水驱、蒸气吞吐、蒸气驱、火驱等；二是增产型方法，包括水平井、复合分支井、水力压裂、电加热、化学降黏等。这两类技术的结合使用，已成为当今稠油开发的主要手段。

张炜说，优选好合理参数，是有效开发稠油的关键。为了使塔河油田稠油成为可采储量，从 2001 年开始，西北石油局对国内外稠油开采工艺进行了调研，在自喷井中先后引进了电加热自喷、掺稀自喷等工艺，在机抽井中引进了螺杆配合掺稀机抽、抽稠泵配合掺稀机抽和过泵加热等稠油开采工艺。这些稠油开采工艺经过几年的由室内到现场、由现场试验到实际生产的发展创新，成功地解决了塔河油田深层稠油的开采问题。目前，塔河油田应用最多的是掺稀降黏工艺，以塔河油田油井所产的稀油为降黏介质，降黏效果较好且相对稳定，不存在后续的处理问题，不增加处理成本，应用效果、适用性最好。这项工艺在采油二厂实施以来，先后在 80 井次进行了掺稀降黏生产，到 2017 年 12 月底，该工艺技术已累计为该厂增油 2364 万吨，并且使塔河油田十区难动用的稠油储量得到了有效的开采，为西北石油局的增储上产作出了巨大的贡献。

目前，掺稀降黏工艺在塔河油田实施的油井有自喷井、螺杆泵机采井、管式泵机采井、抽稠泵机采井、空心杆过泵机抽井及水力喷射泵机采井，逐步形成了该地区特有的配套掺稀降黏工艺技术。

除此之外，西北石油局技术人员创造性地提出将稀油和高压气一并注入难以开采的超深特稠油井内，以此来增大生产压差，增加油井产量，提升井筒温度，降低井筒原油黏度，有效降低掺稀比，从而解决了长期困扰超深特稠油井开采的尖端难题。

据了解，塔河油田所采用的这项新工艺，填补了世界性超稠油开采技术空白，荣获国家科学技术进步一等奖，成为全国各油田超稠油开采的典范，为兄弟油田稠油开采积累了丰富的经验。

随着人工智能技术的飞速发展，智能化已经深入人类社会的各个领域。

2009 年 10 月成立的采油三厂，探明储量面积 887 平方千米，探明地质储量 4.5 亿吨，油气集输管线总长 3272 千米。8 年来，累计生产油气当量 1600 余万吨，其中原油 1593 万吨、天然气 9.83 亿立方米，为企业创效 550 多亿元。

采油三厂位于新疆塔里木盆地北缘，地理位置偏远，生态环境复杂，反恐形势严峻，常年受风沙、洪水影响，管道安全环保风险大。2013 年，该厂开启了“两化融合”建设之路，在总部智能化油田建设“老区可视化、新区自动化、海上和高含硫区块智能化”的整体思路指导下，结合沙漠油田的生产特点，在建设与实践的过程中攻克了一系列技术难关，取得了“5 项突破、6 项实践创新、4 项管理模式转变”的突出成绩，累计优化用工 363 人。

以前，该厂职工每天要开车颠簸数十公里去巡井，自从实施智能化以来，作业区油井（抽油机）都装上了传感器，日常数据通过传感器发回作业区，极大地改善了巡井工的工作环境。

采油三厂党委书记李柏林说：“抽油机如果出现异常，监控系统就能够及时发现并安排处置措施，这样的工作效率是人没法比的。现在除了油井的日常环境维护，作业区职工去现场的次数已大大降低了。”

对于油田上司空见惯的抽油机而言，在传统的生产方式下，油井每天抽多少油，必须按照生产计划进行，因此需要人员固定巡井。而每口井每天大概只能巡一次，有时候甚至连一次也轮不到。这种延续了几十年的粗放的管理方式，渐渐与油田生产的规模化、专业化发展要求形成巨大反差。更重要的是，一旦有油井空抽，往往不能及时发现；同时，过度抽油，油层会出沙，泥沙会堵塞出油通道。这些都会给油层带来意想不到的伤害。给油井装上传感器后，这些信息就能及时传递给管理者，他们可以据此迅速对一口井的工作状况进行分析，进而调整抽油机的频率，或者减少抽次，或者干脆停几天，等地层能量恢复以后再进行作业，以起到保护油层的作用。

2016 年 7 月，采油三厂成为中石化首批“智能油田”建设试点单位。

2017 年 8 月 1 日，采油三厂在 10 - 6 计转站建成西北石油局智能油田首座井站一体化示范区，真正意义上实现了“监控可视化、运行一体化、分析智能化、指挥精准化”，打破了过去单井、巡线、站库、运维管理界限，改变了过去油井业务、站内业务、管线业务分割的状态，标志着智能油田建设已进入深度应用阶段。

这其实就是一种精细化管理。

抓效益就是抓根本。面对“极寒期”，采油三厂以降低成本为核心工作，坚持低成本领先战略，所有的经营运行都紧紧围绕创造价值开展。通过细化成本管控模式、健全管理创新制度、深化预算管理、效益配产等方式，先后独立创新、应用推广了单井效益评价、“五单四定”、SEC 储量与增量成本、统筹增量成本与降低折耗关系等 8 项管理模式，成功新增经济可采储量 75 万吨，使现金操作成本较 2015 年降低了 2.2 亿元，连续 4 年超额完成油气生产增效任务，为企业的深化改革提供了不懈的动力。

采油三厂员工平均年龄 33 岁，是西北石油局最年轻的一支油气开发和生产经营团队。在“高起点、高标准、严要求”的建厂方针指导下，成立了 5 个创新工作室，培养出 50 多名管理创新带头人，先后荣获省部级以上荣誉 60 余项，取得了 35 项管理现代化创新项目、73 项科技改革新成果，均在油田各行业、各领域得到了广泛应用，从领导干部到岗位员工全员参与率达 98%，在复杂的油藏条件和艰苦的生活环境下，保持了生产运行安全平稳、员工队伍和谐稳定、各项经营指标持续向上的良好局面，实现了质效双优的跨越式发展。

“科学技术就是生产力，我们不仅要通过技术创新破解各种难题，还要向技术要效益。”这是胡广杰常说的一句话。

匠心独具，用技术向生产要效益。

西北油田分公司副总经理漆立新对“向技术要效益”有着切身的体会。

在西北石油局实施“塔河之外找塔河”战略的过程中，科研人员转战南北，历经挫折，终于在顺北区块发现了具有良好显示的油气藏，部署了风险探井顺北1井。

漆立新说：“这口井于2014年完钻，虽然没有取得油气突破，但是取全、取准了顺北的地层资料，让我们更加坚定了顺北拥有大油田的信心。”

西北油田分公司副总经理胡文革说：“根据我们对顺北1井的评价，还没找准‘穴位’，所以我们继续攻关。2015年油气开发部接手顺北区块，首先全方位深度破解顺北1井地质资料的‘疑难杂症’，通过与科研团队一起反复分析，发现顺北1井地层旁边的断裂带极有可能存在大型油气藏。于是，2015年在顺北1井地层旁边的断裂带上部署了首口开发评价井——顺北1-1H井。这口井最终不负众望，2015年9月，该井试采初期日产原油量高达185吨，日产气9万立方米，含水几乎为零。原油品质是塔里木盆地中的‘优等生’——凝析油，可以制作高端化工原料，经济效益远远高于普通原油。”

顺北地区的油气藏平均深度超7300米，相当于喜马拉雅山的高度，这就意味着西北石油局要打出一系列地下“喜马拉雅高度”的超深井。面对“超深、超高温、超高压”的钻井施工，国内外没有成熟的经验可供借鉴，工程技术人员只好艰难地探索。

工程技术管理部部长何伟国说：“顺北1-1H井施工时遇到了极大的困难，我们用了多种方法，在40天里24次对二叠系地层进行堵漏。这让我们下定决心，一定要破解顺北地区二叠系地层严重漏失的钻井难题。”

在顺北1-5H井和1-6H井施工中，工程技术人员采用聚合物胶凝堵漏剂等复合配置随钻堵漏材料，优化工艺措施，给钻井打“封闭针”。桀骜的二叠系地层被驯服了。

问题一个接着一个。志留系地层水化掉块严重，那里超高温、超高压，工程技术人员采取成膜隔离的措施进行处理。成膜钻井液在钻井 6000 米以下的志留系地层，形成了一道坚硬的防护膜，使得两口井的钻进和完井作业均没有出现复杂情况。

顺北油藏结构复杂，顺北 1－4H 井需要精确钻探 8000 米到达目的层。工程技术人员通过对定向工具和超深小井眼轨迹控制技术进行深入研究，优化完善后的超深小井眼定向井技术成为“百步穿杨”的保障。顺北 1－4H 井顺利钻至完钻井深 8049.09 米，一举刷新同类型超深小井眼水平井斜深世界最深纪录，同时还创造了水平井斜深中国陆上钻井最深纪录。

2016 年，西北石油局持续攻关钻完井综合提速提效技术，攻克了顺北地区裂缝发育、地层易垮塌等钻井难题，初步形成了钻完井集成优化技术，应用分层提速、随钻封堵、小井眼水平井定向等技术，安全高效地完成了 6 口开发井钻井任务，平均钻井周期比邻井缩短 35 天，节约投资近 6000 余万元。

胡广杰说：“随着我们对顺北地区勘探开发技术的不断完善，未来 5 年到 10 年，西北石油局将重点围绕顺北地区开展勘探开发工作部署，做好投产井精细化管理，同时建设联合站、油气处理站等设施，力争‘十三五’期间建成原油年产 150 万吨和日产天然气 200 万立方米的产能规模。”

29 精英辈出

精英人才，通俗地讲就是杰出人才和关键人才。他们具备专业知识、特殊技能、核心技术等，其工作岗位在所在单位举足轻重，其在所从事领域很有权威。他们有品德、有能力、有影响力。

精英人才都是脚踏实地、兢兢业业干大事成大业的人，最关注的是能否实现其自身价值。要实现其自身价值，就要求企业必须能发挥精英人才的专业知识、特殊技术、核心技术等职业特长，为其搭建成就事业、实现价值的理想平台。

精英人才是企业最稀缺的人才资源。企业对精英人才的扶持，就是对企业前途的把控，精英人才在实现自我价值的同时，也为企业作出了巨大的贡献。

西北石油局历来对精英人才非常重视，求贤若渴。

西北油田勘探开发研究院和石油工程技术研究院人才济济，是精英人才最集中的地方。

2008 年 5 月，中国石化集团公司整合重组原中石化勘探开发研究总院西北分院和西北油田勘探开发研究院，总院派驻 50 人以上的科研队伍常驻新疆，与研究院科研人员充分融合、并肩战斗，研究力量得到极大充实，研究区域从塔河油田扩展至整个塔里木盆地。

西北石油局整体并入中石化以后，在集团公司领导下，塔河油田进入了整体探明和规模开发的新阶段，塔河油田不断扩大。勘探开发研究院通过三维地震资料的连片工业化应用，根据奥陶系油藏的缝洞空间分布特点，提出“平面分单元、纵向分带，把一个区块划分成多个缝洞单元”的做法，形成了具有塔河特色的“缝洞单元”概念，完善了缝洞型油藏差异化开发的理论和技术对策。开发过程中的井位部署、注水替油、动态分析均以缝洞单元为对象展开。

2013 年以来，按照西北石油局“走效益勘探和精细开发之路”的工作部署，勘探开发研究院及时调整研究思路，大胆探索实践，继续加大台盆区烃源岩研究力度，不断向深层领域进军。

近年来，通过基础研究，勘探开发研究院在以塔河油田为主体向外围勘探的过程中，逐步形成了“立足原地烃源岩，围绕古隆起、古斜坡，沿着深大断裂带，寻找晚期原生规模油气藏”的勘探思路，发现了有别于塔河油田的顺北油气田，“塔河之外找塔河”取得实质性突破。

勘探开发研究院近两年取得的科研生产成果有：初步建成顺北油气田，形成新的储产阵地，实现了“塔河之外找塔河”的战略构想；取得了塔河中深层油气勘探的重大油气突破，初步勾画了“塔河之下找塔河”的宏伟蓝图；通过践行注水、注气等降低递减、大幅提高采收率手段，坚定了“提高采收率再造一个塔河”的信心决心；发展了海相碳酸盐岩油气勘探开发理论，并完善了具有广泛推广意义的关键技术方法，达到了国际领先水平。

自成立以来，伴随着西北石油局的发展壮大，勘探开发研究院的科技工作者攻克重重难关，在塔河油田发现、外扩和走向全盆的勘探开发征程中，取得了不凡而骄人的业绩。一是创新和发展了塔里木盆地海相碳酸盐岩缝洞型油气成藏理论和碳酸盐岩缝洞型油藏开发理论；二是集成创新了十项特色技术：沙漠区碳酸盐岩缝洞型油气藏地震勘探技术、复杂山地地震勘探采集与处理成像技术、塔河古岩溶储层表征与评价技术、缝洞型碳酸盐岩储层预测与圈闭评价技术、叠合盆地碎屑岩隐蔽圈闭识别与评价技术、复杂储层测井评价技术、缝洞型油气藏精细描述技术、碳酸盐岩缝洞型油藏储量计算与分类评价技术、缝洞型油气藏提高采收率技术、塔里木盆地油气地质分析实验技术。

1996 年至今，勘探开发研究院共申请各项专利 25 项，其中“三叠系碎屑岩油气藏识别方法”“碳酸盐岩缝洞型储层体积预测方法”等 12 项专利已授权成功。参与获得国家科技进步一等奖 2 项，获得集团公司重大突破奖 1 项，省部级特等奖 5 项、一等奖 17 项、二等奖 29 项、三等奖 38 项。

西北油田勘探开发研究院是西北石油局在塔里木盆地勘探开发科研生产的重要技术支撑。成立 21 年来，勘探开发研究院创新发展了塔里木盆地海相碳酸盐岩缝洞型油气成藏理论和碳酸盐岩缝洞型油藏开发理论，集成创新了大沙漠区碳酸盐岩非常规油气藏地震勘探技术等十项特色技术，为西北石油局可持续发展发挥了重要的参谋作用，为中国石化增储上产提供了强力的技术支撑，为祖国西部大开发事业作出了突出的贡献。

2015 年初，西北石油局提出对塔河 9 区 TK915－10 井、TK915－11 井两口关停井重新进行开井评价，结果日产天然气能力增长 8 万立方米；TK915－4 井转层酸压测试、TK915－2 井井下电泵排水采气，两口井合计日产天然气增长 5 万立方米。这一组数字让西北油田勘探开发研究院气藏开发科研人员兴奋不已。

于是，从 2015 年 2 月起，西北油田勘探开发研究院对西北油田 9 区奥陶系凝析气藏打出复产增效组合拳，让该区块 7 口低产低效井先后措施恢复生产，赢得产气量的“起死回生”，日新增产天然气近 15 万立方米，日产总量达到65万立方米。

9区奥陶系凝析气藏是西北石油局近年来首个全面投入开发的碳酸盐岩缝洞型凝析气藏。特殊的储集体类型，给本已复杂的凝析气藏开发带来了更多的难题。受到气藏综合含水率上升、储层能量下降的双重影响，区块全面开发两年就出现油气产量快速递减现象，天然气产出能力从初期最高的日产80万立方米降低到50万立方米，已投产的22口生产井中半数成为低产低效井，为区块天然气效益开发带来了不利影响。

勘探开发研究院根据西北石油局的要求，立即成立开发科研攻关项目组，全面开展9区奥陶系产能恢复论证工作。在气藏地质、气藏工程、气藏数值模拟研究等综合研究的基础上，提出针对该区块凝析气藏的“主体区措施挖潜+东扩区注水保压+关停井开井评价+侧钻井提高动用”的连环组合式措施复产方案，目标为日产天然气增加30万立方米以上、日产总量达到80万立方米水平。

石油工程技术研究院是目前中石化西北地区规模最大的油田工程技术研究中心。承担西北石油局钻井、采油、修井、测试、储层改造、地面规划、油田防腐、质量检测等专业技术的方案设计、工艺研发及推广应用等工作；负责实施西北石油局下达的各类相关项目的研究任务；承担国家、中石化、西北石油局下达的各项科技攻关项目。拥有英国EPS公司采油工程设计与分析、试井解释系统，美国PETCOM公司剩余油饱和度评价系统，美国尖端公司、NSI公司压裂设计分析系统，法国KAPPA公司生产测井解释系统，美国Landmark公司钻井设计与分析系统等较为完善的工程设计与分析处理系统软件。

该院于2003年5月通过ISO 9001质量管理体系认证注册。现有员工230人，共设置了8个专业研究所、6个管理科室和2个前线工作站点。业务涵盖了从完井、测试、采油、储改、修井到地面规划、油田防腐、质量检测等一系列石油工程专业技术的方案设计、新工艺研发及推广应用等工作。由于油公司机制下施工队伍已经市场化，因此工程技术方案的质量和创新就显得尤为重要，其科研能力的高低也决定着油公司发展后劲的大小。目前，该院拥有科研技术人员 170 余人，其中“80 后”占 60%，研究生占 54%、本科生占 39%，是一支年纪轻、学历高、专业性强的队伍，在公司的发展中起着十分重要的作用。近年来，石油工程技术研究院以“打造一流工程院、建设品质工程院、构建和谐工程院”为目标，大力弘扬“敢为人先，创新不止”的塔河精神，成功创立了“三优四强五结合”的工作方法，并取得了丰硕的科研成果。先后承担国家重大专项、中石化重大先导项目以及“十条龙”等各类生产科研项目 155 项，申报国家专利 22 项，获得国家级专利技术 12 项，获得省级成果奖、集团公司成果奖以及局级技术创新奖 40 余项，在国家级核心期刊发表各类技术论文 300 余篇。

这些成绩得益于西北石油局大力实施人才优先战略，重视青年人才培养，给青年人才提供了快速成长的机会和通道。“十一五”以来，西北石油局共获得省部级以上科技成果和国家新技术专利 39 项，其中 70% 以上由 35 岁以下青年科研人员承担完成。

“十二五”以来，西北石油局累计引进新疆籍大学毕业生 226 人，其中少数民族学生 49 人。

勘探开发研究院和石油工程技术研究院是西北石油局两大科研支撑。为加快青年人才成长，两院采取“高带中、中带低”和“一带一”“多带一”等措施，大力开展“师带徒”活动，建立了一级带一级、一级促一级的“拉动式”人才培养模式。通过“师带徒”的“传帮带”，有效缩短了人才培养周期。据统计，近两年两院先后组建“师带徒”86 对，培养各类技术人员 110 余名。

西北石油局专业技术队伍和技能操作队伍中，90% 以上是年轻人，不少是刚参加工作的大专院校毕业生。为了全面提升员工素质，西北石油局采取搭梯子、建台子等形式，把岗位当课堂，把井场当训练场，开展了“一日一练，一周一培训，一月一考核，一季一竞赛”等多种形式的“岗位大练兵、技能大比武”活动，涌现出一大批技术标兵、操作能手。

在油价“寒冬期”，石油工程技术研究院明确提出，要以“提供最具前沿价值的石油工程解决方案”为使命，大力推进自主研发和科研成果转化，深化体制创新和机制创新，努力建成作风过硬、技术精湛、参谋到位、支撑有力的创新型科研团队，充分发挥最富活力的“第一资源”和最有价值的“第一资本”作用。

现年 37 岁的何龙，是一位转业军人的后代。他生在新疆长在新疆，2009 年油气田开发工程专业博士毕业。当时导师劝他留校任教，被他婉言谢绝。他选择回到新疆，成了西北石油局采油气工程专家。

何龙刚到西北石油局不久，就遇到了水平井规模堵水的技术攻关。当时国内外水平井堵水动不动就得花费 100 多万元。由于成本高昂，一口口潜力井难以得到规模治理，严重制约了砂岩上产大局。何龙主动将堵剂研究的重担挑起来，充分发挥理论优势。在攻关最紧张的那半年，他持续前线值班 3 个多月。为了获取足够的堵水颗粒，他与采油厂的工友们一起不眠不休，天天干到后半夜。一方面，因地制宜，将干化池污水颗粒变废为宝，另一方面，立足工区、广开思路，不断调研，拓展新类型，终于形成了 12 种不同粒径的系列低成本颗粒。

为了做好颗粒的室内驱替实验，他又带领 2 名技术人员，在实验室连续奋战，每天都在 110 ℃的恒温箱里钻来钻去，连管线、导流程，满头大汗，满手原油，常常睡不到 4 小时。驱替实验做完，为了现场堵水能够用对、用好各种颗粒，他又一头扎进现场施工的每一个环节，头顶烈日，在晒得滚烫的配液罐上现场校核，在四面透风的泵车上看准压力变化，对 30 多口井一口一口地摸排，掌握第一手资料，边施工、边总结、边调配方，半年下来，足足瘦了 10 多斤。在堵剂研究的有力支撑下，终于形成了适应塔河油田的耐温、抗盐、低成本堵水工艺系列，2009 年以来现场增油 30 万吨，与前期相比，有效率增加了 9%，成本从 100 多万元一口井直接降到 16 万元一口井，工作量从一年最多 3 ~5 个井次，猛增到 50 多个井次。

2011 年，在中石化集团公司采收率高级研修班上，胜利油田的毕义泉问学员们，什么样的技术人员才是好专家？有人说专业精深，有人说著作等身，有人说专利如雨。毕义泉笑了，他坚定地说："勇于创新，善于创新，把不可能变为可能，把难题变坦途。这才叫专家！"

这句话深深地铭刻在何龙的心里。近年来，他专啃采油工程技术硬骨头，主持了 1 项国家级项目、4 项集团公司级项目、10 余项分公司项目，获省部级奖 4 项、局级奖 4 项、发明专利授权 4 项、实用新型专利 7 项。

2015 年以来，他带领的由 22 名成员组成的技术攻关团队，平均年龄 33 岁，绝大多数都是党员和硕士，是一支高素质的专业技术团队。何龙将团队成员每 3 人分为一组，以构建低成本工艺为目标，攻关形成了 9 项降本增效潜力巨大的配方，较现用体系性能明显提升，应用后药剂成本降幅 30% ~60%，2016 年降本 3659 万元，2017 年预计降本 6092 万元，全年增油 5 万吨。

碳酸盐岩油藏就像一个巨大蚁穴埋藏在地下，而原油就分布在纵横交错的沟沟缝缝里。开采"超深""超高温""超稠""超高矿化度"的碳酸盐岩缝洞型油藏是世界级难题。

初期开采，原油自喷。地下的压力下降后，原油无法自喷，就要通过注水、注气，驱替沟沟缝缝中的原油。注到地下的水就像洪水，而水驱流道调整技术就像大禹治水，需要在构造里面打"田埂"，引导油藏按照技术人员设计的"渠道"驱动原油产出。

"田埂"怎么打？打在哪？这是研究人员需要解决的难题。

石油工程技术研究院成立了碳酸盐岩油藏水窜治理攻关小组，专攻"碳酸盐岩油藏水窜治理"这块最难啃的骨头。项目组围绕"缩缝调流、卡缝调流”两种方式对“怎么调”进行研究。

何龙建议“堵死老流道、憋开新流道”，攻关小组负责人焦保雷主张“慢慢垫老道、逐渐改变分流比例”。最终，项目组决定甩开膀子去试验！

马克思有一句名言：“在科学的道路上没有平坦的大路可走。”

塔河油田以缝洞型油藏为主，开采难度大。目前，已有20个注水单元因注水突破导致效果变差或失效。水驱动用程度低，仅27%。传统注水、注气，是对大致方位的判断，没法精细把控。而水驱流道调整技术能直达“病灶”，有的放矢，控制水驱的走向，量化水驱采油技术，为塔河油田水驱开发提供了强有力的技术支撑。

经过一年零八个月的奋斗、500多样次的实验、280天的现场施工，项目组形成了8种不同体系的调流颗粒，建立了流道调整设计方法，攻关了流道调整机理和颗粒定点放置图版等，最终精确地指导了现场施工。

该项目于2017年10月成熟应用，石油工程技术研究院水驱流道调整技术累计试验8井组，单井次节约费用10万元，现阶段累增油12000吨，吨油成本300元。该技术填补了世界空白。

石油工程技术研究院的方裕燕是深穿透缓速酸的研发人之一。照常理来说，在备孕、怀孕期间应该少接触化学实验，但是她一直在实验室待到临产前两周才回家。生完小孩，哺乳期还没结束，她就把孩子交给老人，回到实验室继续科研攻关。在她的眼里，这些瓶瓶罐罐的药剂就跟自己的孩子一样，是“十月怀胎”的骨肉。

方裕燕针对常规胶凝酸存在反应速度快、距离井筒30米酸液消耗一半，导致近井地带过度消耗、酸液利用率不高、储层远端得不到有效改造和措施后井壁反复坍塌的问题，通过优选与体系配伍性好、可缓慢释放氢离子的缓速增效剂，经过反复评价与优化，历时1年半完成了深穿透缓速酸研发，共开展室内实验128套次，并进行了产品放大样中试，得到了成熟的产品，性能可以满足塔河油田深穿透酸化改造需求。

深穿透缓速酸可替代现有胶凝酸在塔河油田储层温度为 140 ℃的酸化井开展现场试验，应用范围较广。按年均应用 30 井次、单井规模 200 立方米计算，预计深穿透缓速酸年均用量可达 0.6 万立方米。深穿透缓速酸作为 2018 年工程院成果转化的产品之一，目前已完成深穿透缓速酸成果转化材料的编写，待科技处专家委员会鉴定、评议，已完成发明专利的申报，将进行深穿透缓速酸体系性能第三方质检与选井工作，预计 2018 年开展现场应用及成果转化 3 井次，预计转化产值 130 万元左右。

顺南奥陶系属“三超”（超深、超高温、超高压）且含酸性气体的干气气藏，“国际少有、国内仅有”的储层复杂性和特殊性给试气完井投产带来了严峻挑战。

高温高压油气井对封隔器性能要求苛刻，且单井产能不确定，需要耐高温（204 ℃）高压（105 MPa）可回收封隔器保障油气井长期生产。目前，国内外高性能套管封隔器均为永久式或专用工具打捞式，可回收封隔器存在技术空白。因此，需要研制可回收高温高压液压封隔器。

西北石油局工程技术管理部的年轻专家李林涛在广泛调研国内外类似封隔器的基础上，分析各类封隔器结构特点与应用案例，提取技术经验、汲取工程教训，对高性能封隔器结构优化进行研究，对胶筒结构、卡瓦结构、解封方式、可靠性能进行改进，研制了耐温 204 ℃、耐压 105 MPa 的可回收液压封隔器。

为模拟井下情况，李林涛多次修改实验方案。目前室内实验证实，工具已达到设计能力，下步将选井开展现场实验。

西北石油局的顺北区块奥陶系碳酸盐岩储集体以裂缝、溶洞为主，完井期间泥浆漏失严重，平均单井漏失泥浆 1073 立方米，后期更换油管作业将进一步增加泥浆漏失量。现场迫切需要一种可多次回插的储层保护工具。

该工具可使用油管或钻杆下入，下入过程中管柱为全通径，封隔器坐封后操作丢手工具使管柱与封隔器脱离，同时储层保护工具关闭，封堵井筒，阻止泥浆漏失；再次下入回插管柱回接至封隔器，储层保护工具同时打开，恢复生产。该工具具有可多次开关、全通径、可与现有封隔器灵活配套使用的特点。

2010年研究生毕业的李林涛，现已是测试所副所长、创新技术带头人。他坚持科研攻关，不断优化工具结构，绘制各类零件加工设计图纸，对各种工况工具状态和受力进行反复分析。经过3次高温承压性能测试、2次模拟功能测试，创新研发了封堵、锚定、机械液压双丢手、压井功能“四合一”的完井工具，性能达到耐温177 ℃、耐压70 MPa，超国内外同类产品。

李林涛生活简单，下班喜欢“宅”在办公室；他工作细致，对自己的要求近乎苛刻；他只争朝夕，抓每项工作都立足早与快，时刻把握工作进度，做到争分夺秒、干净利落；他带领团队放开思维，集中精力琢磨创新，成果显著。他已承担多个国家、中石化、西北石油局科研项目。短短几年，他带领测试所获得国家专利15项，省部级、西北石油局等创新奖励20多项，解决现场问题100多项。

创新需要放开思维，像做梦一样无拘无束，可谓一种开心的体验；但是这种体验的过程并不轻松，有时甚至是很折磨人的。

李林涛带领测试所工具研发小组成员找问题、确定需求，比如，顺北区块封隔器的难点有小尺寸尾管替液时易导致液压封隔器提前坐封，钢级140 V、表面硬度39 HRC超过进口封隔器卡瓦锚定极限，内径124.26 mm超出常规5 -1/2″封隔器适用范围。然后他提出解决思路：套管小，封隔器更小就可以。套管高钢级，水力锚抓不住；环空大了，胶筒封不住。怎么办？胶筒加长、卡瓦换齿。胶筒长度增加多少？换齿后的锚定力如何保证？每一处优化都经历了李林涛日日夜夜的论证、计算、样机、实验的全过程跟踪。最终在塔河应用的成功率为100%，回插完井工艺将漏失状态的工序由 6 个减少至 3 个。

没有现成的工具，就自己想办法造。

研发道路不平坦，丰满的理想总会与骨感的现实激烈碰撞。工具研发过程中遇到了种种困难，李林涛都带有一颗必胜的心，找问题、查原因、再实验。他常说：“创意，是脑子想出来的；路，是脚踏实地走出来的……”

塔深 1 井钻至 6921 米时出了问题——长时间送钻没进尺。多次尝试加大或减小钻头钻压、改变钻头旋转速度均无效果。

怎么办？

提出钻头，发现随钻扩孔钻头从连接螺纹的根部断裂，连接钻头上部的扶正装置有铁块碎片掉入井底。金属和金属硬接触，旋转摩擦产生热量，导致起出的井下工具下部有长达 220 毫米的金属被烧黑、下端有严重的摩擦痕迹。

孔眼里掉进了东西，不捞出来就无法继续钻进。而成熟的打捞工艺无非是内捞或外捞。内捞即下入小工具从井下落物的内孔打捞；外捞则是利用井下落物外径与井眼孔径间的间隙，下入大工具，从外面捞起井下落物。

看到起出的工具，现场所有人员都倒吸了一口凉气！

熟悉钻井工艺的人都知道，孔眼是依靠钻头旋转钻出来的，钻头有多大，钻出的孔眼就有多大。钻头落井就意味着外面没间隙，这表明外捞不可行。

钻头的内部结构主要为泥浆流通通道。为保障钻头的整体结构强度，钻头内部流道较小，说明内捞也不行。

当时的深度为 6921 米。

进，距离设计井深 8000 米还有上千米进尺。钻头处理不出，后续钻井施工将无法继续。

退，挪井口重新钻探。方案可行，但该井已施工了“四开四完”，庞大的9000米钻井机组和近百名工作人员前期近300天的辛苦，包括所有的入井物资（仅套管用量就接近1000吨）将付之东流。

风雪交加的除夕夜，在井场临时搭建的野营房里，宗铁副局长立即召开紧急会议，商议对策。

会场上气氛凝重。

宗铁首先充分肯定了前期工作取得的成绩，客观正视井下异常情况。他认为，超深探井的钻探施工必然存在巨大风险，目前的难题只是走向油气大发现中的一个环节。当前的困难的确很大，但他坚信，任何工具只要能入井就一定能出井！井下落物不会成为无法逾越的天堑。他鼓励大家发掘前期工作经验，集思广益、畅所欲言，战胜油气勘探开发中的“拦路虎”。

与会人员不分职位高低、不论工作年限，随时寻求外援。参会人员畅所欲言，充分表明自己的对策措施。“强磁打捞—铣齿牙轮敲碎—高效磨鞋磨铣—套铣式打捞—侧钻绕障”的施工方案逐渐明晰。

正月初四，该井顺利实施打水泥塞回填作业，将前期断落的钻头封存在井底，下入螺杆钻具侧钻，绕开井底障碍。施工恢复正常，向油气层挺进。

2016年初，石油工程技术研究院地面所的技术人员发现，托甫台塔河南区块是西北油田凝析油的高产区块，开井25口，原油密度达到了凝析油的标准，目前日产量1000万吨。凝析油和原油都是一起运输、一起销售，而在当时，每吨凝析油的价格比原油高700元。大家大胆地提出一个想法：如果能将凝析油单独处理、单独外输、单独销售，效益将是多么可观。

于是石油工程技术研究院的技术人员立刻展开紧张的技术调研和论证。通过系统更改设计和改造流程，实现了托甫台凝析油的单独处理、单独外输、单独销售。这个消息就像“寒冬期”里的一把火，温暖了技术人员的心窝。

2016 年 1 月，面对国际原油价格低至每桶 20 多美元的严峻形势，石油工程技术研究院展开了一轮全员降本增效大研讨，地面所技术人员产生了凝析油“分出分销”的思路雏形。

2016 年 1 月 30 日，地面所技术团队着手凝析油分销潜力及对分公司原油产量影响分析，2 月 10 日（大年初三）在轮台向胡广杰局长汇报，获得了分公司领导的充分认可。

2 月 23 日，技术团队向赵化廷副局长汇报托甫台原油分销方案，最后确定了“分处分销”模式改造思路。

2 月 26 日，技术团队完成原油“分处分销”可行性研究报告，29 日得到投资发展处批复。

3 月 5 日，技术团队完成施工图纸设计。

3 月 31 日，经过 2 个月的奋战，现场施工结束，“分处分销”系统正式投产。

在这短短的 3 个月时间里，石油工程技术研究院的技术人员完成了很多不可能的任务。方案设计较常规工程缩短 50%；建设工期较常规工程缩短 57%；投资 349 万元，投资回收期仅 15 天；年度创效达到 2.29 亿元。

石油工程技术研究院，依靠自主研发、具有自主知识产权的“注气提高采收”低成本开发接替技术，实现了西北石油局塔里木缝洞型碳酸盐岩油藏的二次开发，近 5 年来累计增油 185 万吨、降本 2 亿元。

采油二厂副厂长刘玉国，1995 年毕业于西南石油学院油藏工程专业，毕业后被分配到井下作业大队。从修井、工程作业到综合测试，干一行，爱一行，专一行，成为同事公认的全面手。2006 年，塔河油田酸压的井比较多，有时候需要用裸眼进行分割酸压，下裸眼封隔器。下裸眼封隔器之前都要下模拟通径，基本上需要两天时间。刘玉国经过认真思考，大胆地提议把这个工序去掉。他认为，井眼是 5.7 寸的钻头，上面还有 4.6 寸的钻挺或者加重钻杆，钻具组合打出的井眼，肯定要比模拟通道好，没必要做模拟通径。从那以后，钻井、修井都取消了模拟通径工序。400 多口井，仅此一项，每天就能节约 20 多万元，到目前，已节约开支约 1 亿元。

2010 年，刘玉国到了采油二厂。那会儿产量不稳，日报有时上下浮动达八九百吨。究其原因，就是稠油井开采难度比较大，工艺有自喷井、电泵井、机抽井。电泵井占比较大，电泵井产量接近 40%。电泵躺井率很高，在 10% 左右，领导很头疼。电泵取出来后，看到电机烧、电缆烧，就用了国外的电泵，结果三个进口电泵下井后，也都没有超过三个月。

刘玉国就想，掺稀井口出来的油，经过掺稀混配以后，到了地面，充分混合，黏度并不是很大，为什么还会出现这种情况？应该是工况比较差。必须找到核心问题，否则再精细管理电泵井也不行，一样控制不住，从表面上解决不了问题。后来他发明了两个专利。一个是电泵尾管悬挂装置，解决电泵不能下得太深及混合不充分的问题。电泵尾管投入使用以后，掺稀混配点可以下移到很深。电泵可以在 3000 米，但是混配点可以下降到 6000 米。电泵尾管投入使用以后，电泵工况运行得很好。混配点下移以后，掺稀量也降了很多。

另一个是双绝缘双护套，解决因电缆破损导致的电泵躺井问题。以前的电缆属于单绝缘丁腈橡胶，后来刘玉国专门针对塔河的稠油，对电缆的绝缘和尺寸进行了一个标准的设计，叫双绝缘双护套。电缆增加了一个薄膜，再加个前后套。电缆改完以后，基本上解决了因电缆破损导致的躺井问题。此外，这项技术还能节约稀油。比如 TH12209 井，节约了 60 多万吨的稀油，电流还是很平稳。这都是可观的经济效益！

塔河油田 10 区、12 区超深超稠油藏在井筒举升过程中，随着温度的降低，黏度急剧增大，需配合掺入大量稀油生产，在机械举升方面存在很多困难。如常规抽稠泵排量小、有效泵效低，无法满足高掺稀量油井举升需求，并且存在滞后率高、抽油杆易断脱等矛盾；同时，电泵系统对稠油适应性差，控躺难度大，开采成本高。

针对诸多现状，刘玉国带领技术人员，通过不断的理论测算、技术论证以及现场试验，在常规70/44抽稠泵的基础之上对泵间隙、小柱塞尺寸以及进油口等进行优化改进，研制出70/32抽稠泵，并在此基础上不断改进、试验，最终成功研制出更适合塔河油田稠油开采的83/44大排量抽稠泵。83/44大排量抽稠泵理论排量达到161.3立方米，基本能实现对塔河油田稠油区块电泵井的替代，并且在TH10206井试验成功，获得国家实用新型专利。

采油二厂采油二队管辖的TH10206井因电泵长期超排量、超负荷运转，电泵磨损较大，导致频繁因电泵故障上修检泵，检泵周期仅159天，远远低于采油二队平均检泵周期450天。针对这种情况，采油二厂用自主研制的83/44大排量抽稠泵替代电潜泵，泵挂深度2200米，工作制度上调至最大冲次3.6次/分钟，目前日产油62吨，不含水，与前期电泵生产期间排量相当，能有效地替代电泵。

以前，电泵井管理难度比较大，频繁躺井，而且检泵费用比较高，检一口电泵井大概需要80万元，像TH10206井，基本每150天就需要检泵一次。用83/44的大排量抽稠泵替代电潜泵，既节约了成本，又增加了产量，还减轻了采油队的工作量。

稠油开发没有先例，全靠自己探索，一项技术的创新就需要一种锲而不舍的精神。

刘玉国对取得的成绩有着独到的见解。

在工艺技术和规范管理的合力作用下，稠油电泵躺井率由2011年的10.4%逐步下降至2016年的2.4%，曾经创下了100多口电泵井零躺井的记录。近4年来，累计减少电泵躺井169井次，减少产量损失8.4万吨，节约稀油62万吨，经济效益数以亿元计。电泵尾管技术也解决了塔河2小区、4小区北部特超稠油井无法机采问题，提高动用地质储量280万吨，产油 22.2 万吨。由于该技术应用成效显著，获 2014 年度西北石油局集体二等功。

刘玉国拥有 10 多项专利。这些专利能够创造效益、解决实际问题。2017 年，他被评为教授级高工、中石化突出贡献专家。

何龙、刘玉国等专家都说，能在西北石油局工作很荣幸，公司给他们提供了平台去思索，能够为对热爱的事业出一分力也是一种幸运。他们在老一辈石油人身上学到了艰苦创业、乐观向上的奉献精神和“敢为人先，创新不止”的塔河精神。

30
责任与担当

新疆地处祖国西北边陲、欧亚大陆腹地。独特的地理位置，使这里成为促进人类文明交流的“十字路口”。古老的“丝绸之路”横贯东西，众多民族在这片辽阔的土地上往来迁徙、繁衍生息，在漫长的历史长河中，共同创造出绚丽多彩的西域文明，逐渐形成了多民族居住、文化一体多元的格局。

新疆与中原地区之间的联系由来已久。公元前60年，西汉政府设置“西域都护府”，新疆列入汉朝的版图，成为祖国不可分割的一部分。两千多年的历史充分表明：每当西部边疆发生外敌入侵的时候，新疆各族人民都能自觉地与全国人民一道，同仇敌忾，抵御外来入侵，维护祖国统一和尊严，为捍卫西北边陲安全和保持国家领土完整英勇奋斗。统一和发展始终是新疆历史的主流，也是各族人民的共同追求和向往。

西北石油局作为中央驻疆企业，从进疆之日起就邀请专家学者为广大员工讲授新疆的历史和反分裂斗争的形势，激发大家热爱新疆、建设新疆的热情，加强对各民族的了解，自觉增强民族团结、维护祖国统一，高举民族大团结的旗帜，弘扬伟大的爱国主义精神，像维护自己的眼睛一样爱护民族团结，像维护自己的生命一样维护社会稳定，自觉做民族团结进步事业的建设者、促进者、维护者。

西北石油局充分发挥中央驻疆企业的社会责任与担当，自1996年起，坚持对口帮扶阿克苏柯坪县。20多年来，据不完全统计，先后投入各类资金超过5100万元，为柯坪县的民生建设贡献了力量。

2014年2月底，新疆维吾尔自治区党委针对新疆工作的特殊时期，特别是新疆社会稳定和长治久安的三期叠加的关键时期，决定用3年时间从全区地县乡4级政府机关、中央驻疆企业事业单位，选派20万名干部到农村，开展“访民情、惠民生、聚民心”活动。此次活动将实现“基层全覆盖、干部全覆盖、任务全覆盖”3个全覆盖。

自治区发出了动员令以后，中国石化西北石油局党委高度重视，深入贯彻落实习近平总书记系列重要讲话精神，特别是关于新疆工作的重要指示，紧紧围绕社会稳定和长治久安总目标，坚持依法治疆、团结稳疆、长期建疆，结合自治区“聚焦总目标，重点抓落实，推进常态化，做到三不出”的工作要求，按照“党政同责、一岗双责、齐抓共管、失职追责”的要求，立即成立了以局党委书记为领导的组织机构，在企业内部进行了全面的动员，并根据自治区党委的部署，精心挑选作风过硬、责任心强的党员干部组成“访惠聚”工作队，迄今已先后派遣了5批次108名党员干部驻村开展“访民情、惠民生、聚民心”工作，远赴千里之外的柯坪县与县乡下派工作成员组成混编工作组，共同开展“访惠聚”扶贫、维稳工作。

柯坪县位于新疆南部、阿克苏地区最西端，处于天山支脉阿尔塔格山南麓、塔里木盆地北缘。“柯坪”为月氏语，意为“洪水”或“地窝子”。全县总面积12047平方千米，地形复杂，荒漠、戈壁、山区面积占总面积的72.4%。柯坪县历来是一个多民族聚居的地方，全县总人口4.7万人，辖四乡一镇、33个行政村、2个社区、180个村民小组，主要由维吾尔族、汉族、柯尔克孜族、回族等民族组成。农业人口3.4万人，占全县总人口的75%；维吾尔族人口4.3万人，占全县总人口的96%。当地气候干旱少雨，水资源严重匮乏，生态环境十分脆弱，是全国风沙浮尘天气最多的县之一，亦是国家级贫困县，县财政一般预算收入仅2411万元。

塔里木沙漠中耀眼的红工装是中国石化西北石油局的显著标志，人们把这种红工装称为“石化红”。半军事化管理的西北石油人，无论走到哪里，都会身着他们的红工装，整齐划一，格外引人注目。

红色，犹如一团燃烧的火焰，给人一种激情四溢、精力充沛、魅力十足、异常活跃的感觉。红色，象征着热情与活力，忠诚与温暖，坚强与自信。那是寒冬里绽放出的炽热火焰，是心中的至情至性，是浓浓的深情，是温暖人心的火苗。队员们的内心之火闪烁的光芒，是永不磨灭的信念和勇往直前的征程，时时刻刻照亮着国企职工的责任担当和家国情怀。不管遇到什么样的困难，他们的口号是“困难面前有我们，我们面前无困难”，所有的经历都将是灵魂的洗礼与净化。

西北石油局“访惠聚”工作队进驻柯坪县玉斯屯库木艾日克村以后，及时了解了村里的情况。玉斯屯库木艾日克村在册居民420户、2186人，实际常住人口376户、2013人。人均耕地面积0.4亩。2013年，全村农牧民人均收入4632.47元，全村共有贫困户33户、低保户268户，享受低保人数522人。村委会共有6名村干部，2名大学生村官，54名党员，7名“四老”人员，7名宗教人士。重点人口6人。村里有清真寺7座。

工作组刚入驻的时候，情况并不乐观，遇到许多困难。首先是语言不通。虽然带了翻译，但是与村民交流起来相当费劲。其次是宗教文化差异。小小的一个自然村就有7座清真寺，可想而知当地的宗教氛围有多么浓厚。

西北石油局党委研究决定，积极实施“短、平、快”民生项目，解决群众困难，惠及当地百姓。

工作组得知村里有50户农牧民家里没有电视机，西北石油局购置了

50 台电视机，送给这些农户，确保他们能及时了解党和国家的政策。2014 年 5 月，为解决玉尔其乡农牧民生活物资交易难问题，西北石油局又投资 100 万元在玉尔其乡援建了一座占地面积 3 万平方米的农贸市场。玉斯屯库木艾日克村村民赛买提·达吾提因病返贫，西北石油局投资 5 万元，为他修建了一座标准化羊圈，同时通过扶贫项目，为他购买了 7 只扶贫羊。仅仅一年时间，赛买提·达吾提羊圈的就在工作组的帮助下，由最初的 7 只羊发展到了 22 只羊。按一只羊 1000 元计算，可以创收 2.2 万元。加上院子里养的 200 只鸡，年收入可达 3 万多元。扶贫先扶志。赛买提·达吾提对未来的生活充满了信心。玉斯屯库木艾日克村村委会房屋陈旧、办公条件差，西北石油局又投资 45 万元进行维修改造，使村委会面貌焕然一新。

这些惠民项目的实施，在玉斯屯库木艾日克村群众当中引起了强烈的反响，赢得了广大农牧民的心。全村老百姓都知道这些实惠是穿红衣服的石油人无偿捐赠的。自此，老百姓看到穿红衣服的石油人，就像见到了亲人，说他们是党和国家派来的世上最好的人，由衷地感谢党的恩情和祖国的关怀！

工作组积极协助乡镇党委做好村党支部和村委会的换届工作，积极配合村“两委”实现软弱涣散“摘帽”和“星级”提升，大力配合村党支部抓好农牧民党员的发展工作。按照“一户一摸排、一户一评价、集中定对象”的原则，采取“五步三公示一公告”工作法，积极配合村“两委”民主确定两村贫困家庭 65 户、213 人，做到了扶贫对象的精准识别。

西北石油局副总政工师、党委办公室主任余满和嘱咐工作队成员：“要通过倾听贫困户的所思所想，记录他们存在的困难，把困难摸准、摸透、摸深、摸实，为群众排忧解难、脱贫增收出谋划策。要扶真贫，真扶贫，结真情。”

工作队依托油田大后方的支持，积极推动产业项目落地，帮助村民增收致富。

为动员全员力量推动扶贫工作有效开展，西北石油局党委创新开展了“两个一百”结对帮扶活动，优选100名党员志愿者与100个贫困家庭“结对子”、100名团员志愿者与100名贫困学生“手拉手”，参与党团员达到321人，累计投入资金近500万元，帮助贫困家庭95户。

党建思想文化建设的加强逐步影响着村民的言行。工作队选树优秀党员领导干部、脱贫致富能手，在周一升国旗、农牧民夜校、入户走访等多种场合进行宣讲。先后组织开展“勤劳致富树风尚，先进模范立典型”表彰大会、“勤劳自强当能手，脱贫致富建家园”签字仪式及青年座谈会等活动，在全村范围内树立勤劳致富的良好风尚。村民们逐渐改变了“等靠要”的思想，每周一都会准时参加在村委会广场上举行的升旗仪式。望着冉冉升起的国旗，全都唱起了激昂的国歌。

余满和深有体会地说：“村子发展得好不好，基层组织强不强是重要因素。我们参考企业党建模式，持续提升村子党建工作水平，以党建引领村子更好发展。”

实践证明，扎实有效的国企党建工作模式的运用，极大地提高了村级组织思想引领工作水平。

几年来，西北石油局“访惠聚”驻村工作队采取一系列有力措施，“帮扶救困”“产业扶贫”“教育惠民”“思想扶贫”给这个村子带来了实实在在的变化。

柯坪县玉斯屯巴格勒格村村民艾海提·托乎提把幸福的感觉都写在了脸上。住的房子变成了抗震房，养的羊再不愁销路，庄稼收成有了保证，最小的孙子到教育设施齐全的幼儿园上了学。

与艾海提·托乎提一样，在这个国家深度贫困县，越来越多的人感受到了西北石油局援建扶贫带来的改变。他们先后完成了农业灌溉工程、800亩红枣示范园建设、120套抗震安居房建设、400余户庭院改造、双语幼儿园建设、农贸市场建设、村民文化活动中心建设等多个社会主义新农村建设项目。

西北石油局“访惠聚”工作队驻村以后，查困“源”，找贫“根”，摘贫“帽”，实实在在帮助少数民族同胞过上了幸福生活。

新疆的秋天，短暂而美丽。辽阔的原野，大片大片的棉田铺展开来，像雪一样洁白的棉花，在秋日里随风摇曳。

又是一年棉花丰收时。73 岁的阿依古丽·吐尔汗老人，儿女不在身边，家里没有劳动力。她家里的棉花采摘问题，被上巴格力村驻村工作队员们看在眼里、记在心上。

秋高气爽的日子里，一大早，队员们便来到老人的10 亩棉花地里忙活了起来。

采摘、晾晒、分拣、售卖，工作队几乎没让老人操过心。几天的忙碌过后帮老人拿回了一大沓子的人民币。阿依古丽脸上笑成了一朵花，逢人就夸：“石油人亚克西!”

驻村队员吾买尔江·艾力说：“我们村共6 个村民小组，312 户、1388 名村民，其中贫困户85 户。上至百岁老人，下至幼龄儿童，每一家的情况都装在了脑子里，每一个人的需求也都记在了心里。阿依古丽奶奶是我们帮扶的重点对象。”

解民意要知民情，知民情从走访入户开始。西北石油局“访惠聚”工作队进百家门、握群众手、坐群众炕头、入田间地头，通过拉家常、交朋友、结对子等途径，了解各类家庭困难诉求，立档建卡，及时解决群众的实际困难。

工作队通过走访农户，收集完善村民家庭人口、社会关系、思想动态、家庭收入等信息，帮助解决反映出来的各项问题。

当他们了解到村民就医有困难时，与解放军474 医院联合开展了“送医下乡”活动，仅一次义诊就为1000 余人进行体检，免费发放了6 万多元的药品。在活动中，医护人员免费为村子以及 2 所幼儿园内的儿童进行先心病筛查，包括阿依则巴·阿里木在内的 6 名儿童被查出患有先心病。经过一番精心准备，西北石油局将患儿送至乌鲁木齐接受先心病手术，油田员工还自愿为儿童献血，确保手术顺利完成。

阿里木的妈妈看着孩子静静地躺在乌鲁木齐空军医院的病床上，眼含热泪地对孩子说："你一定要记住，救你的恩人是西北石油局！"

目前，6 名儿童手术成功，健康成长。

西北石油局"访惠聚"工作队注意到当地许多贫困家庭成员没有一件像样的衣服，就建立了"爱心衣站"，将企业职工自发捐赠的衣服定期向贫困和困难村民发放，对各村孤寡老人、残疾人等困难群众实现"送衣入户"，截至目前已发放衣物 5000 余件。

柯坪县饲养绵羊历史悠久。柯坪盐碱地多，在这种特殊的自然条件下，用传统方式饲养的羊，肉质细嫩，没有膻味，特别是柯坪县的肥羔羊肉在全疆享有盛名，当地老百姓家家户户都饲养绵羊。但是，当地生产的羊肉，由于交通不便，基本上是自产自销，卖不上好价钱，制约着当地养殖业的发展。

西北石油局党委书记刘宝增了解到这个情况以后，提出了"柯坪羊上餐桌"的理念，并且把"柯坪羊上餐桌"作为西北石油局的重点扶贫项目。

西北石油局扶持当地农户组建"农户 + 合作社 + 油田"的产销一体化运行模式，以每公斤高于市场价 5 元左右的价格收购，年度促进农牧民增收 35 万元以上。同时，在收购、宰杀运输等环节为村里提供就业岗位 8 个，解决了部分闲置劳动力的生计问题。负责该项目的李瑞和王智介绍，目前每周都有近 1300 公斤的羊肉从柯坪县拉到油田，年度羊肉销售额达 400 万元以上。

"中午吃抓饭，柯坪羊味道正宗啊。"在西北石油局职工餐厅，精心烹调的羊肉总是受到热烈欢迎，这不仅因为它本身的鲜美，也因为它承载了扶贫的爱心。

如今，在柯坪县的一些贫困户家里、在养殖合作社，都可以看到很多可爱的小绵羊，在棚圈里悠闲地晒着太阳，“咩咩”欢叫着跑到饲料槽进食。

有了销售渠道，当地群众发展养殖业的积极性更高了。现在，柯坪羊肉的价格可达每公斤 65 元，而羔羊肉可达 70~80 元。

西北石油局通过帮助柯坪县实施“扶贫羊”“脱贫鸡”“致富鸽”等项目发展经济，解决了 30 个贫困户家庭经济发展难题。

为适应不断变化的新形势，“访惠聚”工作队还成立了“便民帮扶”服务站，帮扶对象覆盖贫困户、被打击收押人员家属、教育转化人员家庭以及孤寡老人等特殊家庭人员。目前已建立帮扶对象档案 52 份，发放帮扶联系卡 152 余张，提供农业帮扶 91 次，解决孤寡老人生活困难和留守儿童转校 53 件，联系上岗就业 21 人……

“今天终于帮玉素甫老人接通了水管线，心里一块大石头落了地。帮助群众解决困难是我们工作队的使命，困难有大小，但帮扶困难群众一定要用心思。”这是喀拉库提村工作队副队长陈刘杨在民情日记本上写下的一段话。

驻村 9 个月的时间，陈刘杨已密密麻麻写下了近 10 万字的日记。而同样的日记本，第 4 批“访惠聚”工作队的 32 名驻村队员人手一本。

西北石油局驻村 4 年来，“访惠聚”工作队持续做实精准建档立卡。如今，建档立卡贫困人口大大减少。据不完全统计，村民每户年平均收入已增长 1000 余元。村民的生活得到了实实在在的改变。

以往各单位在扶贫工作中，大多是向贫困户发放大米、清油等慰问品和慰问金，帮扶办法局限在“输血”方面。西北石油局认为，既要“输血”，更要“造血”。授人以鱼，不如授人以渔。

就业是最大的民生，也是当前脱贫攻坚最有效、最快的一种方式。收入增长的背后是观念的转变。

西北石油局把产业扶贫作为解决贫困户增收难题的一把“金钥匙”。2015 年中央精准扶贫政策出台以后，西北石油局深入推进“精准扶贫”方略，持续深化“造血式扶贫”，赢得了自治区党委、政府的高度认可，受到了当地百姓的普遍赞誉。

柯坪县地理位置偏僻，耕地面积少，土地贫瘠且水资源匮乏，农业经济发展困难，农村富余劳动力多，就业渠道窄。为了解决柯坪县“剩余劳动力就近就业”的问题，刘宝增书记没少动脑子，想了很多办法。依托油田每年近 600 万元的劳保工装市场，积极引进拓宽就业的产业项目，实现就业人员数量增加。在刘书记的指导下，工作队先后与 12 家服装企业进行了多轮洽谈、考察，在柯坪县委、县政府的大力帮助和支持下，成功引进武汉天鸣集团投资 1000 万元在柯坪县开办了阿克苏兴科服饰有限公司。项目于 2016 年 6 月底落地，9 月初正式开始生产运行，第一批已解决 60 人就业，人均年收入达 2 万元。

在中石化集团的大力支持下，中石化西北地区油田企业的所有工装订单全部由兴科服饰有限公司承担，产业规模进一步扩大，产业产值第二年就由 500 万元上升到 1000 多万元，就业人数达到 70 人以上。

兴科服装工厂坐落在柯坪县城，这是西北石油局携手地方政府在柯坪县内组建的第一家服装企业。厂区面积 1600 平方米，就业人员全部都是少数民族妇女。她们不仅在服装工厂学会了缝纫技术，每个月还有了一份稳定的收入。

应聘进厂工作的妇女们，一走进这家服装厂就被那舒适、宽敞、明亮的工作环境深深地吸引住了。她们哪里见过这阵势啊，一百多台（套）各类生产设备齐刷刷地摆在生产车间里，上班的员工坐在机器前裁剪、缝纫、烫熨，流水作业，井然有序，一派繁荣景象。

女工米热古丽·阿不都克热木说：“我们这个地方从来没有过这么漂亮的工厂，我在这里上班感到特别自豪。很多人羡慕我的工作，不用风吹日晒，和在政府机关上班的人差不多。工厂根据干的多少发工资（计件工资——笔者注），我每个月的收入差不多两三千块。这都是石油工作组给我们带来的好事情。我知道我每天做的衣服是给他们穿的红工装，心里很高兴。我感谢他们。”

米热古丽·阿不都克热木家里有 5 口人，以前全靠丈夫库尔班·沙依木打工维持生活。自从米热古丽·阿不都克热木到服装厂工作后，每个月多了 2000 元收入，家庭生活有了很大改善。

除此之外，工作队还积极引导村民开展特色小产业经济扶贫项目。通过市场调研、设备选型、技术指导，扶持贫困家庭生产出柯坪县第一张自产豆腐皮，开创了县域食品产业自给自足的先例，每月可增收近 4000 元。

胡广杰说：“一人就业，全家脱贫。我们要通过稳定就业确保稳定收入，实现当地贫困人口长久脱贫。”

柯坪县最大的“巴扎”就是中石化西北石油局在玉尔其乡援疆的农贸市场。每个礼拜天是玉尔其乡的“巴扎”日，全县各乡镇的农牧民都会自发地来赶“巴扎”。

“巴扎”在维吾尔语中是“集市”的意思，在相对落后封闭的新疆南部，“巴扎”是经济交流和文化活动的中心，是南疆少数民族群众生活中的重要活动场所。对于南疆的各族群众而言，“巴扎”永远都有着特别的吸引力。它如同心灵的召唤，无论男女老少，无论地里的农活有多少，人们都会去赶“巴扎”。在 21 世纪，“巴扎”仍以它特有的功能，炫耀着几千年来的不凡业绩。根深蒂固的情愫不肯消弭于历史的长河和现代人的视野中，老百姓对之难以割舍，也在情理之中。

每周六玉尔其乡的大“巴扎”总是热闹非凡。这个集物资交易、文化演出等功能于一体的“巴扎”占地 3.1 万平方米，由西北石油局投入 100

万元建成，为村民提供了近200个销售摊位。上库木力村和喀拉库提村有近50户村民长期在此销售禽类、蔬菜，每户年均增收近万元。

每逢“巴扎”日，乡间道路上车流如织，行人匆匆，人声嘈杂。汽车、摩托车、拖拉机、三轮车、牛车、马车、毛驴车，潮水般地涌向一个方向，你追我赶，有时候会挤在一处，将本就不宽敞的小路挤得水泄不通。着急赶路的汽车驾驶员快把喇叭按破了，车仍旧堵在驴、马、羊和人之间动弹不得，心急如焚的汽车驾驶员无奈地做着鬼脸叹息。

农贸市场的地坪是用水泥混凝土打造的，可不像公路上尘土飞扬。规划整齐的钢结构彩板顶篷遮光挡雨，早到的人们抢占地盘，按照分配好的交易区域摆摊设点。服装布匹、家用电器、日用百货、餐饮美食、活禽牲畜，各有各的区块。晌午，市场里人头攒动，摩肩接踵，净是晃动的身影和晶亮的眼睛。

所有的摊位前都繁荣兴旺。卖茶饭的“阿西派孜”（老板）嘴里喊着：“哎——没有结婚的羊娃子肉，不香不要钱！”音色悠扬，悦耳动听，似大漠上空飘来的天籁。

共享农贸市场繁荣景象的柯坪全县各族人民都知道，这是穿红衣服的石油人给他们带来的福祉。每当人们从市场围栏前走过，看到墙壁上用维汉两种文字书写的“中石化西北油田分公司援建”几个大字的时候，感激之情就会油然而生。

据工商管理人员介绍，每个“巴扎”日，市场的成交量都在几十万元以上。赶“巴扎”就像在数九寒天喝了一碗热腾腾的羊肉汤，甭提多舒服了。

毋庸置疑，玉尔其乡农贸市场已经成为柯坪县一道靓丽的景观。

为做强做大经济农作物产业，工作组依托油田资金实力，大力开展“温暖助农”工程。他们开展农田滴灌、水利维修等工程建设，通过发放优质棉种、开展“送科技下乡”活动等帮助农民增产增收。2013年，投入

500 万元援建的柯坪县标志性工程项目——4350 亩红枣滴灌科普示范园建成，辐射引导红枣规模化、标准化种植面积 2 万亩以上，直接受益农民达 1.2 万人。

有阳光的地方就会有光明。在柯坪县，有“阳光”的地方就会有孩子们的欢声笑语。

沿着下巴格力村干净整洁的主街道走到村委会的东侧，中石化阳光幼儿园两层童话般的楼房映入眼帘。这里有着宽敞明亮的教室、完备的生活教学设施和整套的消防安保系统，保证着孩子们的学习、生活和安全。该幼儿园占地 1200 平方米，由西北石油局投入 330 万元建设而成，入园的孩子食宿全免，解决了当地近 300 名适龄儿童的学前教育问题。这也是继中石化星星幼儿园之后，西北石油局援建的第二所幼儿园。

吐尔洪·马木提的两个孩子 9 月刚刚上了小班。他满足地说：“孩子们赶上了这样的好学校。他们在新幼儿园里学得好、吃得好、玩得好，心情特别好。谢谢石油人给我们盖这样的好学校，我一定把孩子们培养成对国家有用的人。”

孩子是家庭的未来，而教育是未来的“根基”。筑牢教育根基、推动教育惠民，在西北油田人看来，是帮助村民摆脱贫困的长效之举。

“公益课堂”成为西北石油局扶贫助学的亮点品牌。他们每周两次，为孩子们讲授国语、辅导作业、讲解科普知识，让青少年从小树立对中华民族的认同和对中华文化的认同。截至目前已开课 160 余次，开展国语、爱国、科学教育及课业辅导 3500 人次。

“每次站在讲台上，看到孩子们渴望知识的眼睛，都觉得不能辜负他们的期望。”经常给孩子们上课的张维说。

为了加强对柯坪县维吾尔族大学生的社会教育，西北石油局组织维吾尔族大学生代表来到采油二厂“走亲戚”，看望与他们“结对认亲”帮扶助学的石油人。这是西北石油局开展的“柯坪县民族大学生‘探亲’之旅——油田体验一日行”活动。活动中，采油二厂的领导干部还与民族大学生们签订了“彩虹计划”结对协议，为每名学生捐助了1000元。

地丽胡玛·肉孜等5名大学生返校后立即给油田的亲戚们写来了感谢信：“是石油人给了我安心学习和完成学业的机会，因为你们我的人生才有了色彩，谢谢你们无私和真诚的帮助！”

西北石油局针对因学致贫、因病致贫家庭，在职工中广泛开展“捐资助学献爱心”活动，采取“一对一”“多帮一”的对口支持方式，建立捐资助学长效机制，仅2018年就累计募集助学款39.7万元，资助19名贫困大学生完成学业，解决近300名贫困中、小学生的上学困难。

据统计，对口帮扶柯坪县以来，西北石油局在教育上共投入资金近千万元，新建和改造学校2所，资助贫困学生500多名。

江苏科技大学建筑环境与能源工程本科专业大四学生迪丽努尔，放假回到柯坪县家乡，看到西北石油局“访惠聚”工作队为改变她家乡贫困落后面貌付出的真情，十分感动。迪丽努尔说：“明年我就大学毕业了，我哪儿也不想去，就想到中石化西北石油局去工作。我要成为柯坪县第一个穿红工装的人，以此报答党和政府对我们的关心和培养。”

2017年金秋十月，党的十九大胜利召开。刘宝增书记对驻村工作队提出要求，他说：“党的十九大是我们党迈进新时代、开启新征程、续写新篇章的历史性盛会。认真学习宣传贯彻党的十九大精神，是全党全国当前和今后一个时期的首要政治任务。驻村工作队是落实党的路线方针政策和各项工作任务的战斗堡垒，是党代表人民执掌政权的前沿阵地，担负着团结教育广大人民群众与‘三股势力’‘两面人’斗争的重要职能，在动员和组织党员干部群众学习宣传贯彻党的十九大精神中肩负着特殊重要的责任，在决胜全面建成小康社会、全面建设中国特色社会主义现代化国家的伟大征程中发挥着全局性的重要作用。学习宣传贯彻好党的十九大精神事关党和国家工作全局，事关中国特色社会主义事业发展，事关最广大人民根本利益，事关党的十九大确定的各项重大决策部署的落实。”

刘书记强调，工作队学习领会党的十九大精神，必须从原原本本认真学原文做起，坚持全面准确。要认真研读党的十九大报告和党章，着重把握以下十个方面：深刻领会党的十九大的主题，深刻领会习近平新时代中国特色社会主义思想的历史地位和丰富内涵，深刻领会党的十八大以来党和国家事业发生的历史性变革，深刻领会中国特色社会主义进入新时代，深刻领会我国社会主要矛盾的变化，深刻领会新时代中国共产党的历史使命，深刻领会实现第一个百年奋斗目标和向第二个百年奋斗目标进军，深刻领会社会主义经济建设、政治建设、文化建设、社会建设、生态文明建设等方面的重大部署，深刻领会国防和军队建设、港澳台工作、外交工作的重大部署，深刻领会坚定不移全面从严治党的重大部署。

刘宝增要求工作队成员牢牢把握正确导向，旗帜鲜明地用党的十九大精神统一思想、凝聚力量，做到不含糊、不放松。严格落实意识形态工作责任制，切实加强对各级各类宣传舆论阵地的管理，决不给错误思想言论提供传播渠道。对错误观点和歪曲解读，要积极引导、及时辨析，解疑释惑、明辨是非。

十九大胜利闭幕后，工作队迅速掀起宣传贯彻十九大精神的高潮。为了让十九大精神家喻户晓，2017 年 12 月 27 日上午，刘宝增书记亲自到柯坪县玉尔其乡玉斯屯库木艾日克村会议室向村民宣讲。

他说：“公元前 60 年，西汉王朝在西域设置西域都护府后，柯坪就成为祖国不可分割的一部分。柯坪历史悠久、底蕴丰厚、人文荟萃，是古‘丝绸之路’北道必经之地，境内分布着多处汉唐以来的屯垦戍边遗址，其中汉代修建的齐兰烽燧遗址，其高度、基座周长堪称全疆现存烽燧之首。齐兰古城遗址，原名阔纳先尔，从汉代起就是龟兹国与疏勒国往来的重要驿站。唐代以后，图木休克地区建立了蔚头州，此地为蔚头州的东大门。清朝后期，阿古柏分裂政权曾在这里与左宗棠军进行过激战。此遗址面积很大，残存建筑物的功能复杂，其民用建筑、军事建筑、宗教建筑、农垦遗址等的基本结构仍清晰可辨。我们要认真学习贯彻党的十九大精神，坚持以习近平新时代中国特色社会主义思想为指引，贯彻落实以习近平同志为核心的党中央治疆方略，贯彻落实自治区党委维护稳定的部署要求，大力宣传党的政策，特别是民族宗教政策，弘扬社会主义核心价值观，主动发声亮剑，深刻批驳‘三股势力’的谎言谬论、‘双泛’流毒，铲除宗教极端思想滋生蔓延的土壤，筑牢反恐维稳钢铁长城。”

刘书记从举世瞩目的党的十九大胜利召开，大会郑重提出习近平新时代中国特色社会主义思想，并把这一重要思想确立为党的指导思想，进一步确立了习近平总书记在党中央、全党的核心地位，过去五年的工作和历史性变革，我国社会主要矛盾发生新变化等方面宣讲了党的十九大精神，并且紧密结合柯坪县历史、民族史、宗教演变史，作了精彩的阐释。他的声音铿锵有力，充满激情。

100 多名村民和西北石油局 20 多名驻村工作成员聆听了宣讲。经过现场翻译，现场听宣讲的村民不时报以热烈掌声。1000 多平方米的会议室，座无虚席，会场秩序井然。

宣讲结束后，笔者问一位听讲的老人：“能听懂吗？”

“有翻译，听得懂。”

“那您记得住吗？”

“记得住。刘书记讲了党的十九大精神，说中国特色社会主义进入了新时代。还说，柯坪很早就是中国的地盘了。”老人坦率地说，“几千年前的事情我不知道，但是齐兰古城遗址（位于柯坪县阿恰乡齐兰村东 6 公里——笔者注）我见过，这个可以证明。柯坪是中国不能分割的地方。”

“您认识刘书记吗？”

“见过，不认识。刚才翻译说了，才知道他是大‘卡迪’（领导）。”

“您知道他是哪个单位的领导吗？”

“知道，穿红衣服的都是石油人，我们这里大人小孩都知道。”

刘宝增书记这次是为“结亲周”活动而来的，他的结对户就是玉斯屯库木艾日克村的一户村民，户主叫祖力皮亚木·买买提。

2017 年 12 月 25 日黄昏，刘宝增书记带领第 3 批“结亲周”人员一行 7 人，背着行囊，带着礼物，从乌鲁木齐赶到柯坪县玉尔其乡玉斯屯库木艾日克村。在“访惠聚”工作组简单吃过晚餐后，刘书记便携带行李，来到自己“结亲”的祖力皮亚木·买买提家，嘘寒问暖。刘书记把专程为亲戚家三个孩子买的衣服和鞋子拿出来，让孩子们试穿，很合身。大孩子高兴地用汉语说：“谢谢‘阿塔’（爸爸）!”然后在炕上走了两步，还摆了一个模特的造型，把一家人逗得哄堂大笑。

孩子在刘书记身上得到了父亲一样的关爱，打心眼里认下了这个汉族“阿塔”。

刘书记对祖力皮亚木·买买提说：“兄弟，我要在你家住上一周，和你们同吃、同住、同劳动、同学习，好不好?”

“好！我太高兴了!”祖力皮亚木·买买提对刘书记说，自己也是前两天才从阿克苏回来，他感谢刘书记帮他在阿克苏找到一份管理果园的工作，这是他近几年来收入最多的一年。刘书记说：“咱们是亲戚、是兄弟，不要感谢我，要感谢共产党和人民政府。你有果树栽种管理技术，只要诚实劳动，还怕过不上好日子吗?”

祖力皮亚木·买买提的“洋岗子”（媳妇）沏了一壶热茶，左手拿碗、右手提壶走进来。茶倒进碗里，一股清香扑鼻而来。她将茶碗递到刘书记面前说：“天寒地冻，你们路上辛苦了，喝茶暖暖。”

一口浓浓的茯茶，扫去一路风尘和早起的困倦。

刘书记问祖力皮亚木·买买提，院子里堆的木料是做什么的。祖力皮亚木·买买提说，他想在院子里栽几棵葡萄，木头是用来搭葡萄架的。

“这事交给我们来办。你的木料太短了，不够长，接起来不安全。我去买几根长木料，搭出的葡萄架保证让你满意！”刘书记说。

“哪能让你们干这种重体力活儿，我自己会干。”祖力皮亚木·买买提回答。

“怕我们干不好的话，你指导，咱们一起干！”

刘书记的话，把祖力皮亚木·买买提和他的“洋岗子”逗乐了，每个人的脸上都洋溢着发自内心的笑容。

“你们歇着，我给你们包‘曲曲’（馄饨）去。”祖力皮亚木·买买提的“洋岗子”说。

刘书记带领西北石油局副总政工师、党委办公室主任余满和，组织人力资源处处长张春冬，勘探开发研究院党委副书记、副院长李宗杰，物资供应管理中心党委书记张海霖，油田治安消防中心主任刘文斌，采油一厂纪委书记、工会主席武波给亲戚家搭葡萄架。大家齐心协力，有的负责挖坑，有的负责锯木头，仅半天工夫，一个崭新的白色葡萄架就竖立在了庭院一边。葡萄架全是用15厘米的方木搭建的，从院内的花池边横跨院落，斜搭在房顶上，格外引人注目。

笔者仿佛看到葡萄架上绿油油的藤蔓像龙一样舒展开身躯，茂密的藤叶间缀满了一串串珍珠般晶莹的颗粒，成为院子里一道崭新的风景，也在每个人心底升腾起一种崭新的希望。

大家一看到院内的葡萄架，就会回想起搭建葡萄架时的情景，想到亲戚对他们的帮助，在享受葡萄带来的甘甜时，内心该是怎样地甜蜜啊。

“买买提，你来验收，看看葡萄架搭得怎么样，合不合格?”刘书记问。

“亚克西!”祖力皮亚木·买买提高兴地说，“比我搭得还要好。”

这时，随行的工作人员说，馄饨馅和面都和好了。大伙又洗手进屋，开始了另一场分工合作。有的擀馄饨皮，有的包馄饨，锅碗瓢盆间飘荡着幸福的说笑声，声声悦耳，情浓意更浓。刘书记手把手地教祖力皮亚木·

买买提的“洋岗子”包馄饨。

人多力量大。头一锅馄饨煮熟了，女主人招呼大伙吃饭。祖力皮亚木·买买提脸上幸福满溢。他用生动的语言表达着自己内心的激动，道出了一个维吾尔族农民对“结亲”活动的由衷赞叹、对汉族亲戚打心眼里的认可。

他说：“我能结上你们这样的亲戚，心里比斗鸡打鸣还要自豪，比和全世界十八岁到二十岁的姑娘恋爱还要开心！”

一分耕耘，就会有一分收获。就像院子里种下的葡萄，终归是要开花结果的。

“快点吃吧，馄饨要凉了。”女主人说。

就在大伙开始用餐时，柯坪县县委书记柯旭推门走了进来。真是来得早不如来得巧，祖力皮亚木·买买提开玩笑道：“柯书记是闻着味来的?”

“我是来向你们报喜来的。”柯书记说，“今年初，西北石油局选派的第4批‘访惠聚’工作队32名干部入驻柯坪县4个村，其中3个工作组在年度评选中荣获自治区优秀工作组称号，2人获优秀工作组组长，8人获优秀工作队队员。”

柯书记有些遗憾地说：“其实，你们工作队的32名同志都是好样的，只可惜受名额限制……但是，在我们老百姓的心中，你们全都是优秀！”

话音未落，掌声响起。欢乐的气氛比热气腾腾的馄饨还要滚烫！

接下来的几天里，随刘宝增书记一起来的余满和、张春冬、李宗杰、张海霖、刘文斌、武波等西北石油局领导同志，分别到自己的亲戚家里与亲戚同吃、同住、同劳动、同学习，大家吃农家饭、睡农家炕、干农家活，就像一家人一样，没有丝毫的生分，扎扎实实地开展民族团结“结亲周”活动。

张春冬说：“‘结亲周’活动是‘民族团结一家亲’活动的延伸和升华，实现了各级干部由‘沉下来，住下来’到‘扑下身，扎下根’，从

‘住村里’到‘住家里’的转变。通过面对面的‘零距离’接触，融洽了干群关系，促进了民族团结，维护了社会稳定。”

“城里亲戚们的到来，像冬天里的一把火。你们身上红红的衣服像火焰一样，带来了党和政府的关怀，温暖了我们整个冬天。”吾斯曼老人朴素的话语里饱含着深情。

全国人大代表斯尔江·托合提木拉提发挥语言优势，和队友们一起到村民家里宣讲党的十九大精神，让村民们及时了解党和国家的新政策，为他们指引正确的道路。

驻村以来，工作队注重文化引领方面的投入，持续推进美丽乡村建设。投资 57 万元建设村级文化广场，投资 25 万元配齐村民活动中心配套设施及建设文化墙，丰富了村民文化生活，营造了浓厚的文化宣传氛围。投资 50 万元安装了上巴格力村五一路和巴格力路路灯，让偏僻的乡村绽放出一抹亮色。

依托良好的文化基础设施和文化阵地，丰富多彩的思想文化生活开展得有声有色。

工作队以节日、文化活动为抓手，强化思想引领。利用“三八”“诺鲁孜”“古尔邦节”等节日，深入开展“去极端化”活动，挤压极端思想空间，组织村民开展时装秀、拔河、跳舞等活动，用丰富多彩的活动加强“去极端化”宣传教育。累计组织唱红歌、“去极端化”知识竞赛及体育活动 40 余场次。

工作队聚焦感恩学习教育和民族团结教育，做好“学国语唱国歌”“我是中国公民”专题宣传教育，开展基层党员领导干部和普通民众常态化发声亮剑活动，开展民族团结教育研讨，讲述新疆实施的各项惠民政策等，引领广大农牧民群众维护民族团结，自觉感党恩、听党话、跟党走。

思想是行动的先导，理论是实践的指南。近 2 年，油地党建共建成为提升驻村党建水平的“法宝”。通过开展油地党建共建，实现了经验共享助力基层组织建设、文化入村助力理论水平提高、特色帮扶助力威信能力提升的效果。目前，西北石油局 2 家单位党委与村党支部结对子，5 个基层“十面红旗党支部”与 8 个村民党小组结对子，10 名工作队党员分别与 10 名村“两委”成员结对子，党的基层建设更加稳固。

柯坪县喀拉库提村 6 小队 77 岁的老党员胡都尤木拜迪·依明，是西北石油局党委副书记、局长胡广杰结的“亲戚”。在多次走访看望过程中，胡广杰了解到，胡都尤木拜迪·依明老人患有哮喘，并且随着年龄的增加，关节炎等疾病使他无法自如行走，平时依靠拐杖出行，严重时还需要有人搀扶，若碰到降温雨雪天气，更是雪上加霜。为了解决老人行动不便的困苦，胡广杰为老人购买了轮椅，并送到了老人家中。

亲戚越走越亲，通过“民族团结一家亲”活动，胡广杰不仅给亲戚解决了生活上的困难，更带去了精神上的支持和鼓励。2017 年 10 月 4 日至 6 日，胡广杰再次来到亲戚家看望胡都尤木拜迪·依明老人。老人感动不已，他拉着胡广杰的手说：“我体会到了党和政府给我的关心和温暖，也会把这份温暖和爱心传递到村里每一个村民心里，尽自己所能，为党和政府多做一些事情！”

“您是荣获过阿克苏地区‘优秀共产党员’荣誉称号的老党员，一定要在反恐维稳斗争中立场坚定、旗帜鲜明，起模范带头作用。希望你能亮出观点、表明态度，给村里的‘四老’人员作个表率。”

胡都尤木拜迪·依明摇着轮椅上了村里的宣讲台，发声亮剑。他说：“民族分裂分子打着宗教的旗号，散布宗教极端思想，毒害青少年，制造暴力恐怖事件，肆意伤害无辜民众，甚至残杀爱国宗教人士。我们每一人都应该团结起来，自觉抵制‘三股势力’的影响，与那些坏家伙划清界限！坚决不做‘两面人’，发现一个就揭发一个，坚决维护民族团结、维护新疆稳定！”

在胡都尤木拜迪·依明的带动下，喀拉库提村的“四老”人员纷纷站出来发声亮剑，表示要为构建和谐社会贡献力量。

玉斯屯库木艾日克村联合党支部在西北石油局捐建的“石榴籽党员活动室”与村里的16名党员共同开展十九大精神学习。墙上张贴的活动记录台账清晰地记录着每一次党员活动的内容和主题。

“石榴籽党员活动室”，这是一个有着美好寓意的名字。石榴花开时，丹朱欲滴，到石榴成熟后，籽粒饱满，颗颗相抱，正如各民族紧密地团结在一起。

老党员木哈塔尔·热依木行动不方便，工作组就不定期组织党员到他家里开展党小组学习活动，还应木哈塔尔·热依木的请求，在他家设立了“党小组活动园地”。

捧出拳拳真心，换来殷殷真情。一年中，村党支部发展党员、预备党员2名，培养入党积极分子40名，其中发展对象21名、入党申请人19名。团员共48名。

2017年是新疆维吾尔自治区打牢社会稳定和长治久安坚实基础的关键时期，鉴于西北石油局在“访惠聚”工作中的突出表现，自治区党委把西北石油局的包联村由2个工作阵地增加到4个，第4批“访惠聚”工作队成员增加到32名。对此，局党委书记刘宝增同志要求工作队紧紧围绕“总目标”，打好维稳“组合拳”，严格履行自治区访惠聚“1+2+5”8项任务，以优良的作风和十足的干劲，维护社会稳定、建强基层组织、推进脱贫攻坚、扎实服务群众。

刘书记强调，民族团结是各族人民的生命线。西北石油局选派的32名工作队成员，肩负局党委的信任与重托，不忘初心、牢记使命，要在自治区党委的统一领导下，与各民族干部职工群众以情交心、以心换心，和柯坪县各族群众一道谋发展良策、想脱贫思路、筑稳定之基，当好央企与地方群众的“桥梁”、传播爱心的“使者”，用汗水和真情不断奏响民族团结的华美乐章，铸就新疆社会稳定长治久安的基石。

"访民情、惠民生、聚民心"活动，犹如一道水闸，闸门打开，水到渠成，浪花飞溅，随便采撷一朵湿漉漉的浪花，都是一首动人的歌。

西北石油局第3批"访惠聚"工作队围绕油地融合共建活动，着力建强基层组织。按照"一级对一级、一级帮一级"的原则，以"三联三助力"为抓手，由石油局二级单位党委联系村党支部、基层十面红旗党支部联系村民党小组、工作队党员联系村"两委"委员，通过经验共享助力基层组织建设、文化入村助力理论水平提高、特色帮扶助力威信能力提升的方式，提升村级基层党建工作科学化水平，提高村党支部的凝聚力和战斗力。以建设"五好党支部"为目标，严格督促村"两委"按照"十项工作制度"、"45678"工作法规范化运行，积极协助村"两委"班子开展自身建设，打造一支永不走的工作队。

西北石油局的央企企业责任与担当不仅仅体现在"访惠聚"和扶贫工作方面。多年来，他们牢固树立政治意识、大局意识、核心意识、看齐意识，不忘初心、牢记使命，牢记中国石化集团的重托，在新疆开发建设的诸多方面具有突出重要的地位，发挥了重要作用。

2001年3月成立的油田治安消防应急中心，是中国石化在西部地区建立的唯一一支集治安保卫、消防、抢险、气体防护、医疗救护、水难救援等应急功能为一体的综合性、专业性应急抢险救援队伍。2007年被国家安全生产监督管理总局确定为"国家石油天然气开采应急救援（南疆）基地"；2012年被自治区确定为"自治区危险化学品救援队"。2017年1月，局、分公司成立保卫处，与中心合署办公。

治安消防应急中心所属3个治安队，所辖区域覆盖西北石油局塔河、顺北、巴什托等全部生产区域。自成立以来，在服务油田、保障企业安全的同时，还勇于承担社会责任，发挥"五防"作用，筑牢"六道防线"，扎实推进"安保网格化"管理机制有效运行，强化"两重两特"常态化升级管控。2017年，安保升级管控97天，完成重大警戒任务17次，配合地方公安开展维稳行动 87 次，抓获涉恐人员 62 人。至 2017 年底，出警抢救、治疗急、危、重病人 1244 次，转运甲、乙方和地方危重病人 1348 人。先后成功扑救 TH10262 井、DKJ1 井、“10・30”地方化工园区等重大工业火灾事故。2017 年 10 月 30 日地方一化工厂发生的火灾，是中心成立以来，面临的险情最复杂、危险最严重、处置最艰难、联动力量最多、规模最大的化工生产区爆炸起火事故。中心被称为“灭大火、打恶仗的应急铁军”，构建了“纵向联动、横向联合、油地共保、全员参与、快速处置”的安保防控新格局。

2018 年，刘宝增光荣当选全国人大代表，并出席了十三届全国人大一次会议，忠实履行了一名人大代表的神圣职责。

刘宝增经过认真调查研究，在全国人民代表大会上提交了两份议案。

一是为更好带动当地基础设施建设，促进经济发展和维护社会稳定，建议油地合资开展塔里木盆地矿权空白区油气勘探。

公开资料显示，塔里木盆地面积 56 万平方千米，是中国最大的内陆含油气盆地。盆地油气远景资源量 222 亿吨油当量，其中石油 108 亿吨、天然气 14. 25 万亿立方米。自国家油气矿权管理新政实施以来，塔里木盆地矿权退出力度逐步加大。自 2014 年起，塔里木盆地矿权退出面积已近 30 万平方千米，空白区面积已超过盆地总面积的一半。

据了解，塔里木盆地矿权退出面积大，空白区矿权出让效果不理想，主要是盆地地质条件复杂、勘探投资风险高、社会企业缺乏技术积累和经验等多种因素导致。

针对空白区，国土资源部以区块竞争性出让、区块招标出让、挂牌出让等不同方式开展了多次对外公开招标，但效果均不理想。有的区块被竞标后，由于实物工作量投入不足，再次被注销退出矿权；有的区块实际投资与承诺工作量投资相差甚远；还有的区块因无人参与竞标而流标。

鉴于此，为进一步勘探开发塔里木盆地油气资源，更好地服务国家能源战略和新疆经济社会发展，刘宝增建议：由中国石化、中国石油等国家传统油企与新疆维吾尔自治区或新疆生产建设兵团组建合资公司，共同开展塔里木盆地矿权空白区的油气勘探工作。合资公司进行属地化注册，有助于带动当地基础设施建设，促进新疆经济发展和维护社会稳定。中国石化、中国石油等油企在塔里木盆地的勘探上具有矿区情况熟、勘探经验丰富、技术积累雄厚等独特优势，有利于勘探部署和工作量快速投入，能够尽快取得油气勘探成果。区块竞争出让时可以优先考虑合资公司，或者采用协议出让的方式。

二是借教育援疆推进国语教育。

刘宝增说，2010 年中央新疆工作座谈会后，国语教育已经提升为国家战略。党的十八大以来，全面普及和推广国家通用语言文字教学、加授本民族语言文字教学的双语教育，是以习近平同志为核心的党中央治疆方略的关键之举、治本之策，有利于增强各民族学生的祖国意识和对中华民族的认同感，有利于促进各民族学生之间的沟通和交流，有利于促进各民族学生的全面发展和终身发展。

中央和新疆地方的一系列国语教育政策实施之后，新疆国语教育取得了巨大成就。国语教育规模不断扩大，新疆维吾尔自治区幼儿园和中小学少数民族国语班和民考汉学生 255. 30 万人，占幼儿园和中小学少数民族在校学生的 82. 55%；国语教育投入不断加大，2017 年建成 4408 所农村国语幼儿园，112 万名农村适龄儿童全部入园，实现新疆农村学前三年免费国语教育全覆盖；国语教育师资建设不断加强，新疆维吾尔自治区坚持“内部挖潜与争取外援”相结合，通过定向培养、特岗招聘等多种方式强化国语师资建设，2017 年落实了 3200 名援疆省市教师支教计划。但是，自治区的国语教学在推进过程中还存在一些较为突出的问题，如合格的精通国语与民族语言的教师数量严重不足和结构性短缺并存、教育基础设施建设不平衡不充分等。

针对新疆维吾尔自治区国语教学师资有效供给不足、国语教学环境支撑较弱、教育教学技术手段传统等现实问题，刘宝增提出如下建议：

第一，坚持队伍建设与人才培养相结合，着力做好国语教师队伍建设。用好教育援疆机制，鼓励援疆省市扩大教师招聘和顶岗支教规模，缓解教师短缺压力。出台针对中西部省份免费师范生来疆培养激励政策，面向内地招生、在疆培养、在疆就业，通过学习、生活、活动、成长在一起，增加对民族文化传统、风俗习惯、风土人情的切身体验和真实感悟，提高人才引留精度。完善教师招聘政策，扩大招录对象范围，拓展招录学科专业范围，开展内高班学生高校毕业后定向招聘、一年多次招录等系列改革举措，解决招聘空岗问题。依托援疆省市提供的各类教师培训项目和资源，以县（市、区）为主体，持续加强县市教师培训基地建设，按照统一学员管理、统一培训标准、统一评价体系、统一结业考核，逐步提高县级教育部门组织实施区域教师培训的能力，提高本地自我培训能力，提高目前教师的国语水平。

第二，坚持加大力度与注重内涵相结合，持续改善教育基础设施条件。做好与援疆省市的需求对接，优先突出南疆地区国语幼儿园、国语学校的建设速度。注重强化功能，在开展基本建设时加强规划、明确定位、拓展功能，项目交付使用后积极协助做好后续运行工作，充分发挥援建教育项目的最大功能和效用。不断完善学校住宿条件，逐步提高寄宿生比例，增强校园国语语境。

第三，坚持创新机制与搭建平台相结合，不断深化教育帮扶合作。探索与援疆省市教育共建共管机制，以县（市、区）为单元，选择部分中小学校，由援疆省市选派校长及管理团队对口管理，进一步发挥学校共建共管合作模式的示范、引领、辐射作用。持续扩大内初班、内高班招生规模。针对援疆教师人数少、任务重的情况，要贯穿“从输血到造血”的模式，使援疆教师队伍将“传、帮、带”落到实处，打造建设一支素质过硬的本土教师队伍。

第四，坚持教育教学与信息网络技术相结合，不断提高国语教育现代化水平。加强国语教育信息化应用可以有效弥补国语师资“一缺两低”（数量缺、业务水平低、汉语言文字能力低）的不足，是现阶段提高教育质量的重要手段。通过教育援疆，不断完善教育信息化硬件建设，不断提高教师应用现代信息技术的意识和能力，不断强化信息化在课堂教学的实践。加大与优秀互联网公司、教育培训机构的合作，开发形式新颖、内容活泼、寓教于乐的国语课件。

拳拳之心，字字关系新疆社会稳定和长治久安，句句倾注深情，表达着人大代表的责任和担当。

第六章 我们的未来不是梦

31
创新达人

西北石油局卧虎藏龙，无论是在两个专业研究院还是在基层单位，都藏着不少科技创新达人。采油一厂采油管理一区生产安全中心主任毛谦明，堪称其中的典型代表。

毛谦明不高不矮，不胖不瘦，圆圆的脸上戴着一副眼镜，一双不大的眼睛闪着智慧的光芒。

毛谦明在采油岗位工作20多年以来，勤学爱问，潜心钻研，以工匠精神完成了20多项技术革新项目，获得了6项国家技术专利。他被誉为塔河油田的“小发明家”，成为中国石化西北石油局技能操作领域的领军人物。2006年获中石化青年岗位标兵称号，2007年获西北油田分公司十大技能标兵称号，2008年荣获中石化劳动模范称号，2009年荣获全国青年岗位能手称号，2010年荣获自治区劳动模范称号，2012年荣获全国五一劳动奖章，2015年荣获全国劳动模范荣誉称号。

毛谦明也是一位“油二代”。小时候父亲长年在野外作业，一年难得见上几回。每次见了父亲，他就钻进父亲的怀里问这问那，父亲常给他讲油田里的新鲜事。

在他懵懵懂懂的年纪，有一年深秋，父亲从野外收工回到家里。母亲让毛谦明叫“爸爸”，他怯生生地看了一会儿，在父亲手里糖果的引诱下，走到父亲面前，被父亲抱在怀里。

混熟以后，他问父亲：“爸爸你到哪里去了，我那么长时间见不到你。”

“爸爸找石油去了。”父亲说。

“石油是什么？”毛谦明问。

“石油就是给汽车、飞机加的油。”父亲回答。

“石油很远吗？”

“远，在几千米的地底下。”父亲说。

“在地底下你能找出来吗？”

“能，我们用机器把它采出来啊。”

小孩子打破砂锅问到底。父亲耐心地满足他的好奇心。

石油的种子，深深地埋在毛谦明幼小的心灵里。多年以后记者采访他时，他说：“我选择做石油工人，主要是受了父亲的影响。”

1973 年出生的毛谦明，1990 年考入江苏石油技校学习。

1994 年 3 月，毛谦明技校毕业后被分配至西北石油局井下作业大队固井队，从此一头扎进油田里，开始了他平凡而又充实的石油人的生活。

1998 年，毛谦明在固井队工作时，一次偶然的机会，他发现固井用的水泥罐虽然身躯庞大，但内部却很脆弱，仅由几根气管线和气囊组成。如果使用时间过长，气囊胶皮老化，会产生裂缝，造成出气不均匀，导致水泥成块状进入搅拌系统。水泥罐常因此停用，影响作业。

发现问题的毛谦明，打着手电筒爬进水泥罐内，反复观察琢磨，然后回到宿舍绘图，再到水泥罐上试验。经过多次试验，最终用透气性能适合的硬帆布替代胶皮，获得了成功。小创新解决了大问题。这个小改造让他获得了当年井下作业大队“五小发明奖”。

从那以后，毛谦明对技术革新产生了极大的兴趣，对工作中使用的各种设备处处留心观察，专找存在的问题。

2001 年 5 月，由于企业改制，毛谦明被分流转岗到采油一厂，成为一名巡检工。

毛谦明负责巡检的 4 号片区道路损坏严重，巡检车无法到达，几十公里外的十几口油井的生产数据无法录取。

毛谦明主动请缨，他说："给我借辆自行车，我去完成任务。"

有人提醒他，这可不是一件简单的事情，沙漠里情况非常复杂，在颠簸不平的沙石路上骑自行车相当费力，还有不可预测的风沙、不可避免的高温和蚊虫叮咬……

毛谦明不怕吃苦，他从父亲和哥哥身上学到了石油人骨气和豪气。他的哥哥毛欠儒是自治区劳动模范，也是他学习的榜样。

"怕吃苦就不配做石油人，做石油人就不能怕吃苦。"这是毛谦明的人生信条。

当时，采油一厂的第一口螺杆泵井 TK426 井、第一口双管加热炉自喷井 TK430 井，是需要每天巡检 3 次的"特殊井"。巡检路上全是虚土，一会"人骑车"，一会"车骑人"，他被同事们戏称为"半自动"。

"只要能取上数据，不耽误生产，谁骑谁都不要紧。"毛谦明说。

2002 年上半年，毛谦明所在的巡检队接到了完井中心测功图、探液面动态监测的任务。面对一无专业技术、二无专业人员的困难，队领导派毛谦明承担起了资料录取的重任。

为了尽快掌握测试技术，他利用轮休时间参加了计算机培训班，坚持每天自费搭公交上课学习。

回到单位后，他常常废寝忘食，想方设法地"折腾"电脑直到半夜。超常的努力让他很快掌握了测功图和探液面仪器设备的操作，成为采油一厂首批监测技术骨干。

大家都说，上班时间如果在厂里找不到毛谦明，那他肯定是又去跑现场了。

毛谦明说："只有多跑现场，才能发现问题、及时处理，确保生产安全高效运行。"

一天，采油三队巡检人员在 3－4 计量阀组站发现外输压力突然升至 3.5 兆帕，外输液量降为零。输油遇阻，但大家都不知道该怎么办。

毛谦明得到消息后，立即赶到阀组站进行应急处理。

"梗阻"是 3－4 阀组站输油的老毛病。该站进站 4 口单井含蜡均超过 10%，加上管线管径小，外输压力一直在 2.8 兆帕的高位运行。

毛谦明就琢磨，用什么办法能彻底根除这个经常"梗阻"的毛病。他到现场观察了半天，冥思苦想好多天，终于想出了一个万全之策：在距离 3－4阀组站 4.1 千米处的 S68 阀组加装一个水套炉，并对 S68 阀组进行适当改造，就能实现油气正常外输。

输油管线改造完成以后，输油系统再也没有发生过"梗阻"的现象。这项技术改进，一年能节约支出 30 多万元，能创造的价值就更大了。

毛谦明常说："我们与创新之间就隔着一层玻璃门。你只要拿起勇于创新的'榔头'，就总会打开这扇门。"

2002 年 8 月，塔河油田遭遇了百年不遇的洪灾，许多油井被泡在水中。毛谦明主动请缨加入抢险突击队，身穿救生衣，脚踏橡皮筏，对被水浸泡的油井进行专线巡检。当同事拿着刊登有他"沙漠泛舟"的照片的《中国石化报》给他看时，他只轻轻地说了一句："真正的英雄在幕后，我的照片以后就不要刊登了。"

2003 年 6 月，毛谦明在洗井现场监控的时候突遇沙尘暴，能见度不足 10 米，大风裹着沙土漫天飞扬。

驾驶员让毛谦明到车里躲一会儿。

毛谦明回答："不行，洗井这件事不能有半点马虎。"

两个多小时后，等洗完井回到车上的时候，毛谦明的鼻翼两侧形成了两条泥沟，整个人就像刚出土的兵马俑一样……

2005 年，毛谦明在巡井中发现，每个月对井口阀门进行保养的时候，密封注脂成了大家最头疼的事情。油井压力高达 20 兆帕以上，反作用力很大，而注脂工具还是老式的手动注脂枪，工作辛苦耗时不说，效率还特别低。

每天下班后，毛谦明拖着疲惫的身体躺在床上，笨重的注脂枪像一块石头压在他的心头。他开始琢磨发明一个节省人力、高效率的自动注脂设备。

善于思考的毛谦明一遍一遍地绘制草图，和同事们讲他的设想。有人劝他："谦明，别折腾了，能人多了，能改进的都改进了。"也有人说："创新没有这么简单。不过，万一能搞出来，那咱们以后工作起来就轻松多了。"

同事的话并没有让他放弃。他从液压机中受到启发，慢慢琢磨，终于，一个靠液压驱动的高压注脂泵的雏形出来了。

那段时间，只要一休假，毛谦明就到处找加工厂，最终找到库尔勒的一家公司愿意与他合作。从完善图纸到模具加工，从安装调试到改进修正，毛谦明一边跑加工厂，一边跑油井现场。为了达到预期效果，在现场进行了上百次试验，有时一干就是一天，连午饭都顾不上吃。

经过一年半的奔波和操劳，一台崭新的"高压气动注脂泵"摆在大家面前。这台高压气动注脂设备具有自动打压、安全可靠、操作简便的特点，只需一个人就能操作，效率比以前提高了 6 倍，目前已经在塔河油田广泛应用，并获得了国家专利。

在毛谦明的发明成果中，既有技术含量高的技改成果，也有组合式工具等简单易用的创新，每一个革新项目都无一例外地紧扣生产难题。

一天早上，一位同事在施工时，刹车装置打滑导致手指被夹在抽油机悬挂器上，鲜血顺着胳膊流下来。经过 1 小时的救援，工友的手指才脱离悬挂器，工友被送到医院救治。这件事让毛谦明连续几个晚上没睡好，他苦苦思索该如何杜绝这种事故。那段时间，毛谦明和同事们反复研究，发明了悬绳器拨叉和传感器装卸工具。这个工具能够代替人工安装测试仪器，杜绝了安全隐患。

输油管线加热炉烟道、烟筒使用一段时间后就需要进行清理。以往，清理烟道、烟筒是用长杆子深入烟道内部进行的，但因烟道呈“U”形，很难清理干净。

毛谦明又想到了发明烟道吹扫机。吹扫机可以将吹扫管深入烟道内来回刮削，直至彻底清理，不但环保节能，每年还可为厂里节约费用 443 万元，极具推广价值。

当同事们为他的这项发明喝彩时，他一脸谦虚地说：“我们的工作就是在生产中不断改进，一点点地进步。”

多年来，毛谦明在技术革新领域一路前行，顺利通过了“采油技师”“采油高级技师”资格认证，从技术“门外汉”成长为采油气生产现场的“技术大拿”。

2011 年 3 月，采油一厂采油三队成立了以毛谦明命名的劳模创新工作室。工作室集学习研究、实验攻关、成果展示、资料汇集于一体，经过几年发展，目前吸纳了 16 名采油、电气焊、电工、油气集输等工种的高级技师、技师和高级工，并拥有了 50 平方米的交流培训室和 400 平方米的创新操作基地。

毛谦明带着工作室成员动起了机抽井盘根盒和盘根的脑筋。他们根据自动收缩卷尺的原理，设计了带有弹簧的新型盘根盒，将盘根改良为一体化螺旋式盘根，并在其中加了尼龙线，大大提高了盘根的密封性和耐用性，大大延长了盘根的使用寿命。

几年来，毛谦明已经带出了十几个徒弟，个个都是能独当一面的业务尖子。2011 年，徒弟赵帅参加西北石油局第三届职工职业技能竞赛，取得了采油工种第一名的好成绩。

赵帅说：“只要有毛师傅在，无论遇到什么难题我们都不怕。毛师傅是我们的主心骨，也是我们学习的榜样。”

2014 年，“毛谦明劳模创新工作室”成为首批全国劳模创新工作室，为毛谦明的创新之路插上了腾飞的翅膀。

毛谦明说：“新时期的石油工人就应当在创新中超越自我、追逐梦想。我是一名普通的石油工人，我热爱我的工作，我热爱油田。习近平总书记说，只有奋斗的人生才称得上幸福的人生。我能在油田一线通过技改创新创造价值，感觉很幸福、很充实。作为一名采油技师，我的职责就是解决好采油气生产现场的难题，培养和带动更多的人参与技改发明。”

光有专利证书还不够。把创新产品转化为生产力，是毛谦明多年来一直在思考和推进的目标。

2014 年，毛谦明给创新工作室立下一条规矩，申请成果前，必须经过一段现场试用期，否则，再花哨的项目也不能申报成果和专利。

为了让规矩产生实效，毛谦明首先从自己的创新成果下手。他发现，自己为解决油井取样误差大的问题发明的“螺旋混配取样器”，虽然大幅提高了原有样品化验的准确率、样子也好看，但经过现场试用，还是有一些不足凸显出来。于是，他重新对产品的内部结构进行研究，经过半年的改进和实验，最终取得了令人满意的效果。现在，毛谦明发明的“螺旋混配取样器”和“抽油机皮带轮防护罩”已成为西北石油局抽油机井的“标配”。

近年来，他带领的全国劳模创新工作室，先后解决现场生产难题 300 多项，创造技术改进与发明“气动注脂泵”“螺旋混配取样器”“加热炉烟道吹扫机”等科技创新成果共计 71 项，其中 17 项获得国家专利，累计降本增效 7000 余万元，其中，他发明的万泰光杆密封器目前已在中国石化各大油田推广、螺旋混配取样器已在塔河油田广泛使用、抽油机皮带轮防护罩已成为新疆各大油田的标准配置，抽油机井口超压防喷装置的发明有效防止了油井抽喷刺漏、进站管线刺漏或站内阀组刺漏等重大安全事故。

现在，毛谦明又为自己设定了一个新的奋斗目标，要学习和借鉴兄弟油田，甚至国外油田的先进现场管理经验，让自己真正成为一名有技术，更有力量的新时期石油工人。

物资供应管理中心质量检验员吕庆钢，也和毛谦明一样，是一位响当当的创新达人。三年“寒冬期”里，他带领同事共制定6个企业标准、获得4项国家实用新型专利，先后荣获西北石油局科技进步奖3个、技术革新奖2个，解决油田物资疑难杂症86项，为企业直接创效达到1亿余元。

11起油管短节失效，经济损失预计达数百万元，吕庆钢每次听到油管短节失效的事儿都会心头一颤。作为为设备把关的质检员，看着库房里摆着的失效短节，他苦苦思考着解决方法。

吕庆钢不断地寻找失效发生的规律。在对这11起失效事件中影响油管短节可靠性与使用寿命的制约因素进行系统研究分析后，他发现油管短节外螺纹管壁厚度每减少1毫米，平均连接强度就会降低10%，而管壁每增加0.89毫米，连接强度就会增加21%。而且上扣扭矩，随着上扣圈数的增加，油管的连接强度逐步升高，当上扣圈数低于临界值时，其连接强度下降较快，每少上一圈，连接强度就会降低15%。

吕庆钢和工友们反复试验，找到了提拉载荷等4种主要影响因素，提出了壁厚偏差、短节偏心度等5个关键控制参数，油管短节类型被简化为5种基本类型，制定了西北石油局油管短节的加工图纸、质量控制标准规范，规范了不同类型油管短节的加工图纸、质量控制标准等，提高了油管短节的质量管理标准，最终形成了1个实用新型专利和3项企业标准和规范。

国内像这样专门对油管短节进行研究改进的企业很少，而西北石油局物资供应管理中心制定了一整套油管短节制造标准，克服了不同厂家生产的短节不同，到生产现场“水土不服”的弊端。

自从有了这套油管短节制造标准以后，物资供应管理中心按照标准采购，已经累计使用油管短节 8000 多根，油管短节失效事件发生率下降为零，再未发生因油管短节断裂引起的误工，直接经济效益超过 1000 万元。

2015 年以来，面对仓库里一堆堆的报废油管，吕庆钢时常唏嘘。他在想如何才能把这些物资重新利用起来，为企业节约成本。

吕庆钢发现，旧油管修复判废比例取决于判定依据的指标。依据的指标太严，就会导致大量旧油管报废，造成浪费；依据的指标太宽，将增大下井后油管失效的风险，影响安全生产，失去修复的意义。

按照新油管的标准，判废比例在 10% ~20%，每年大约有 45 万米油管判废。采用新油管的标准作为判定标准过于严格，不能兼顾安全性和经济性。

别人都下班了，唯有吕庆钢办公室的灯还亮着。他在查阅研究资料。

一天，吕庆钢眼前一亮，兴奋地差点儿叫出声来。

“找到了，终于找到了!”

吕庆钢发现，对旧油管进行判定分级管理，是保证旧油管修复判定安全性和经济性相统一的良好措施。

旧油管分级管理涉及因素较为复杂，不但涉及产品自身的生产标准，而且涉及各种缺陷对油管性能的影响，与油田不同的服役条件也密切相关。不同油田、不同区块、不同井况对油管应用安全性和经济性的要求侧重点不同。重新唤醒这些废旧油管充满挑战性。

吕庆钢和技术人员调研了旧油管修复的技术现状、质量管理现状，旧油管缺陷类型，各种井工况条件下油管载荷、压力和腐蚀情况，建立了旧油管腐蚀坑缺陷模型，确定了含腐蚀坑旧油管剩余强度预测方法。先后完成了 18 组冲击试验、40 组材料拉伸试验、2 组材料金相分析、6 组腐蚀坑宏观和能谱分析、6组试验断口分析、38根全尺寸实物评价试验，详细规定了一级油管、二级油管和报废油管的适用环境，对通径和清洗、外观检验、无损检测和壁厚检测、静水压试验、修扣和更换接箍、标识等环节提出了具体要求，最终形成了1个技术规范。

590根盘活的“特殊”油管顺利入井，开始了新一轮次的“服役”，在TK677井和TH12204井井场，分别下深到2892米和2811米，生产油压分别为0.75兆帕和1.4兆帕，日产油分别为21吨和30吨，生产正常，使用效果良好，直接节约成本47万元。

看着这样的效果，吕庆钢开心地笑了。

通过规范的制定，物资供应管理中心实现了对旧油管的分级管理，二级油管得以在机抽井等工况要求较低的井中应用。这个项目盘活了各采油厂15万根前期已经被判定报废的油管，按80%的修复率，预计可以修复二级油管12万根以上，节约采购资金9600万元。

西北油田工况条件之苛刻，国内瞩目，历来都是各大钢厂希望攻克的技术高地。在与各钢铁厂打交道的过程中，吕庆钢有意引导各大钢厂的技术力量，解决企业生产上的难题。

同事开玩笑说：“老吕你这是‘打太极’，借力打力。”

在西北油田所属油气田内，腐蚀环境十分恶劣，生产井流物具有“四高一低”特点。在$H_2S-CO_2-Cl^-$共存的腐蚀环境体系中，生产环境中溶解氧的加入，使原本恶劣的腐蚀环境体系更加复杂，腐蚀带来的直接损失和间接损失呈现逐年上升的趋势，造成油气田金属管线频繁穿孔，严重制约了油气田安全生产，增加了维修成本和油气损耗。

吕庆钢了解到油气田金属管线在材质的应用上主要以低碳钢管为主，其中西北油田以20号钢为主，然而，部分单井输送管线寿命仅300余天。

物资供应管理中心副主任朱振军说，为解决集输管线日趋严重的腐蚀问题，吕庆钢和技术人员开展系统的腐蚀机理、腐蚀因素、腐蚀规律研究，在项目实施过程中，吕庆钢与宝钢研究院共同攻关，对20号钢、精炼20号钢、316L抗腐蚀钢种以及10种新材质进行了力学性能、焊接性能和抗腐蚀性能等方面的研究，在提高各项性能的前提下，综合考虑了经济性，最终成功研发了BX245材质输送流体管，在宝钢的密切配合下试制成功。

针对西北油田的特殊性，他们为输送管添加了1%的碳元素，增强了抗腐蚀性能，均匀腐蚀速率降低8.01%，点腐蚀速率降低31.59%。按照当时的价格，生产成本比20号钢增加不到10%，具有较高的性价比。该项目科研成果在8条新建单井管线和T702B单井管线腐蚀治理中共应用25千米，提高了单井管线的使用寿命，使用至今已1000余天，未发生一起刺漏事故，取得了很好的效果。

32
谁说女子不如男

在很多人看来，野外工作的石油行业应该是男人的天下。殊不知，西北石油局从组建之日起就有许多毕业于地质大学的巾帼天骄，真的是不让须眉。

勘探开发研究院曾印刷过一本企业文化故事集《超越永无止境》，其中就讲到了很多女性员工的事迹，如韩军的《红旗坡的姑娘们》、郑玉玲的《大漠深处的女操作员》、康志宏的《瀚海中的姑娘》，分别从不同的角度，讲述了20世纪70年代末和20世纪90年代末女同胞和男同胞共同在野外工作的片段。这些故事充分说明，西北石油局的女同志真的能撑起半边天。

笔者在采油一厂采访杨书记的时候，他就向我介绍了采油一厂女员工中的佼佼者——“全国五一巾帼标兵”、第一个女技师马梅山。

马梅山，1980年出生，西南石油技校毕业。毕业时她还不到18岁。定向技校不好考，名额有限，马梅山是那届考上技校的同学中年龄最小的一个。

马梅山家中只靠父亲一个人上班养活四个女儿，马梅山想早点参加工作，减轻家里的负担。

1998 年 2 月 14 日，技校毕业的马梅山带着憧憬和热情来到塔河油田实习。那时候没有网络、没有电视、没有健身房、没有手机、没有固定电话，唯一的娱乐就是看书。

马梅山说，她也是“油二代”。由于经常见不到父亲，她对父亲很陌生，直到现在也是，独处时说话还很别扭。她自己的孩子现在也和她小时候一样，看到她会有一种距离感。

有一件事情一直在她心里挥之不去。孩子小的时候，在她休假期间，孩子问她：“妈妈，你吃我们家的，喝我们家的，啥时候走啊?”

小孩子不理解妈妈是什么、妈妈是干什么的。他觉得你到我家来住几天就行了，这次都住了好多天了为什么还不走。在孩子的印象里，妈妈走了才是正常的。

马梅山刚参加工作时，被分配在西达里亚实习，一待就四个多月没回过家。那时候回一趟家很不方便。没有公共交通，来回只能乘拉油车，两天才能到家，还要在新河县住一晚上，家中长辈很不放心。

实习结束后，她被安排在西达里亚集输站工作。后来因为老三队要开发，缺人，就来这儿了。当时的工作生活条件相当差，住在地坑中的平房里，有老鼠，公共卫生间脏得没法儿下脚。

有一天夜里，洪水下来了。在凌晨睡得最香的时候，马梅山被一阵敲铁盆似的声响吵醒，听到外面有人喊：“发水了!”于是，她赶紧起床，却找不到拖鞋。拖鞋、盆子，都在地上漂着呢。一群连脸都没洗的人赶紧一起堵漏。

那时候是上小班、倒夜班。刚开始三班倒，后来变成两班倒。上 12 小时休息 12 小时，15 天倒一次班，15 天白班、15 天夜班，然后休假回家。马梅山年轻的时候身体好，对这种工作制度很满意，因为调休时就可以回家了。

2010 年，他们搬入新公寓。刚进去的时候就像刘姥姥进了大观园一样。有电视，有固定的床位，居然还有衣柜。以前住的地方没有固定的床位，休假的人把床位让给别人睡，休假回来再找没有人的床位睡觉，寝具之类的都是公用的。

她到塔河 1 号联合站上班的时候，新建站还没有投产。马梅山跟着大家一起学习，面对一大堆书本上没有的流程设备，她主动请教领导、老师傅，并找来石油专业的书籍自学。上级经常会来考核他们的学习效果，很严格。为了多了解一些设备结构、工作原理，她经常泡在检修现场，找报废的设备拆卸研究，渐渐地，就对设备了如指掌了。

2004 年，马梅山经过层层筛选前往克拉玛依，接受新疆维吾尔自治区举办的四大油田技能比武训练。马梅山是西北石油局选派参赛的唯一一名女工，3000 多道各类试题犹如一座座大山横亘在她的眼前，封闭式的集训压得人透不过气来。

面对这一切，24 岁的马梅山没有退缩。训练的过程就是一场淘汰赛。各单位选拔了 15 个人，参赛名额只有 10 个，每周都考试，综合排名，末位淘汰。

马梅山感到压力很大，她铆足了劲，刻苦学习。她心想，自己作为西北石油局选派的唯一一个女子，本来就颇受争议。有人说她是浪费名额，但领导觉得既然报名了，就应该给她一个机会。她要是被淘汰了，不但丢了自己的脸，也丢了西北石油局的脸、丢了采油一厂的脸。

那段时间，对马梅山来说，简直就像参加高考似的。每天最多休息 5 小时，厚厚一本 A4 大小的书，在一个月的时间里自学完，然后背会。白天没有时间，只能晚上自学。

每天都考试，大约在晚上 12 点，考完回去后还要背书。第二天就公布前一天晚上考试的成绩，就知道自己的排名了。

记忆力好是马梅山的优势。所以考理论，马梅山并不担心。但后来难度逐渐升级。白天练习操作项目，学制图、计算机，操作项目涵盖整个石油行业集输工种，操作项目相当多。每个项目牵扯的行业标准都极多，内容也很细，包括动作、语言、速度，就是讲究细节、工匠精神，讲究在最短的时间内保质保量地完成一项操作。有些项目对于技校毕业的马梅山来说，连听都没听说过，毕竟她所从事的工作只是集输系统中的一个环节。马梅山印象较深的项目，叫管路连接。管路连接在她看来就是按要求连接管路，是很普通的一个操作，但浓缩到比赛里，就成了在规定时间内，从一大堆图纸中现场抽取一张，再根据示意图，把管路流程连接起来。其中的难点是需要自己扯丝2～3个，再组装起来，最后还要试压，不渗不漏才合格。这就特别考验一个人的技术水平。

马梅山从来没有接触过“扯丝”这样的工序，所以只能拼命地学，拼命地练。她本来饭量很小，那段时间由于体力消耗大，胃口也大起来了。

接受封闭式训练，不许出校门。每天的生活除了训练，就是睡觉、吃饭。压力大，男选手们靠抽烟解压，马梅山不会抽烟，就买了30多根冰棍，和另外一名不会抽烟的同事一口气把30多根冰棍全吃了。第二天早晨，她胃疼得躺在床上起不来。

马梅山说，当时比赛压力大得她恨不得天上掉下块石头把自己的腿砸断，这样就可以不丢面子地全身而退了。

可那是不可能的。还是要鼓起勇气迎接挑战。

那段时光，痛并快乐着，变成了人生的第一笔财富。

经过两个月的封闭训练，马梅山最终进入决赛。

新疆吐哈油田、塔里木油田、克拉玛依油田、西北油田四大油田选出的四个代表队，全都派出最优秀的骨干上阵应战。举办方明确规定，参加决赛的集输工种前20名，可以被破格授予高级技工资格。

一分耕耘，一分收获。马梅山最终取得了集输工种第19名的好成绩，获得了高级技工的技术职称，成为西北石油局最年轻的女高级工。

这份幸运得来不易，它有着沉甸甸的分量。

马梅山说，她那会儿参加比赛，就像练武功一样。当你学会了铁砂掌，就想要更高的武学秘籍。因为强中自有强中手，你面对的全是武林高手、行业能手，高级技师才是最顶尖的，谁不想抓住这个机会？

2005 年，中石化集团公司在胜利油田举办全系统职业技能大赛，马梅山又踏上了东去胜利油田的征程。

各油田参赛队到齐以后，第一次考试，马梅山论文答辩没通过。她感到十分懊恼："这可怎么办？没上阵就被刷下来，多丢人啊。"

没想到，老师通知说，每个人有两次论文答辩机会。

马梅山带着背水一战的心情，为参加第二次答辩作了精心准备。

这一回，她取得了较好的成绩。

马梅山参加工作以来，在艰苦的野外环境下，磨炼出了乐观豁达的性格。她平时话不多，可工作起来一点也不含糊，骨子里有一股不服输的倔强劲儿。

马梅山在胜利油田参加培训的时候，刚开始不太适应。因为那里的老师的教学方法和新疆不太一样。马梅山反复提醒自己："你必须赢，只能成功不能失败。"

有了上一次参加技能比武的经验，马梅山的心理素质还是比较好的。

她心想，那就从零开始吧。

当时她白天上新课，晚上看新买的教材，几乎不眠不休地看书学习。一周之后，同学问马梅山："你看完没？"

"还没有。"

"那你完了。"同学对她说。

知性、温和的马梅山并没有被别人的一句戏言吓倒。她异常坚定地说："既来之，则安之，我要笨鸟先飞。"

马梅山始终抱着永不放弃的信念，苦练真功夫。

她把学过的内容全部录音，在吃饭睡觉的时候一遍一遍地听，从睁开眼睛就不脱离那些东西，生怕浪费一点时间。

早上八点吃完饭以后，老师让做卷子，没有说什么时候停止，只能一张接一张，机械性地去写答案，只有知识掌握得特别好，才能保证准确率。坐在马梅山后面的一位男生硬是做吐了。

理论考试题量很大，只能不停笔地一直写，根本没有时间检查。

考完这门考那门，完全是车轮战，没有休息时间。

操作项目考核之前根本不知道要考核什么内容，都是随机确定题目，考到最后完全就是考心理素质，稍微紧张一点，就会全军覆没。

经历过这种高强度的训练，任何事情都难不倒马梅山了。

最终，马梅山过五关斩六将，以优异的成绩取得了中石化集输技师的资格。

多年以来，马梅山不论在什么岗位，都能凭借对工作的一股韧劲快速地进入状态。

在担任采油队安全员期间，她协助领导制定安全环保计划方案；组织开展安全环保大检查，对查出的隐患问题及时整改汇总；建立灭火器、检测装置、空气呼吸器及气瓶台账，制订送检计划，做好送检手续；积极组织各类安全活动，如月度“安全卫士”评比授衔，夯实了现场安全管理的基础。

在分队综合室工作期间，作为成本预算员，马梅山独辟蹊径，果断从降本增效着手，通过管理创新，实现降本增效。她参与撰写的《“三分四控”成本精细化管理》，于2010年8月被评为中国石油化工集团公司第十九届管理现代化创新二等奖。

采油二厂的“雪莲号”计转站，先后荣获全国女职工建功立业标兵岗、“安康杯”劳动竞赛优胜班组称号，是塔河油田爱岗敬业的典型代表，同样堪称“巾帼表率”。

寒冬已至，朔风劲吹。笔者前往采油二厂管理一区 6－2 女子计转站，感受她们“奉献超越、以站为家”的“雪莲号”文化氛围。

车子在一望无际的戈壁滩上颠簸，道路两边的红柳和芦苇隐隐约约，像扑面而来的沙尘暴一般无处不在，诉说着它们对秋天的眷恋。

偶尔有一台又一台起伏着的“磕头机”从眼前掠过，一幅悠然而忙碌的情景。

汽车停住的那一瞬，打住了笔者纷乱的思绪。计转站门前用彩色石子拼出的站徽格外显眼。

“口令?”

“创新不止!”

“请出示您的证件。

“请问您来我站有什么事情?”

“经西北石油局党办批准，前来采访。”

值班工人看了看随身携带的硫化氢测量仪表说：“现在硫化氢浓度为 OPPM，属于安全范围，领导请进。”

这是笔者在“雪莲号”计转站遇到的一幕。完全是军事化管理。

油田开采属于高危、高风险行业，所有的作业区全都戒备森严。

陪同笔者采访的胡杨说：“油井都有硫化氢，不能有一点明火，否则就会引起爆炸，后果不堪设想。进入作业区必须戴安全帽，不许带手机、打火机等易燃易爆品。”

通过安检，接待我们的是一位操着河南口音的英姿飒爽的年轻女子，她的名字叫王冰。

王冰向我们介绍了“雪莲号”女子计转站的站徽和她们的“家”文化。

计转站院内的宣传栏里贴着站内女子们工作和学习时的照片。她们像一朵朵盛开的雪莲花，散发着迷人的风采。她们把人生最美好的时光献给了这片大漠，让人敬重。

王冰说：“我们站原来有8名采油女工，负责11口油气井的安全生产任务。从建站至今，已经安全计量接转原油100余万吨。后来根据新疆反恐维稳工作的需要，增加了几名男同志。”

王冰是从河南油田自愿申请来到这里的。塔克拉玛干沙漠气候干燥，降水稀少，年温差和日温差均较大，夏季最高气温40.5 ℃，冬季最低气温-26.5 ℃，全年有三分之一为扬沙天气，自然环境较为恶劣。她刚来的时候很不习惯，但是自己的适应能力强。

6-2女子计转站有良好的传统，就像一个温暖的家，这得益于她们打造“温暖之家、清洁之家、勤俭之家、平安之家”的“家”文化。

“家”文化建设，既凝聚了人心，又促进了安全工作上台阶，确保了各项生产任务指标顺利完成。

深处沙漠腹地，自然环境不必说。井站高含硫化氢，不得有半点疏漏，必须有一套严苛的规章制度。一旦出现硫化氢浓度超标的情况，员工就要佩戴空气呼吸器排查隐患，及时处理。所以，每个值班人员身上都配置了一个检测硫化氢浓度的仪表。6-2女子计转站积极开展HSE活动，建立和保持危害辨识、风险评价和实施控制措施的程序，并通过看板的形式加强执行的力度、养成良好的习惯。

6-2女子计转站里大大小小阀门、仪表上千个，管线几千米，每两个小时就要巡回检查一遍。按照规定，站内每个阀门必须无死角地保养到位。阀门长期受硫化氢腐蚀、风沙影响，开关都难。在规定的时间保养完，对于女同志来说很困难。

厂里要求她们定期开展应急预案演练。说着，王冰就给笔者演示了一遍。训练有素的王冰在30秒之内就把一套沉重的呼吸器瓶背在了肩上。

在工具间，笔者看到，各种工具按照序号大小摆得放整整齐齐，简直就像军营里战士的钢枪一样。

王冰顺手拿起一个针管一样的工具，狡黠地问道：“您知道这个是干什么用的吗?”

笔者摇了摇头。她把“针管”对准一个仪表阀门的螺帽说：“瞧！这是我们用来给螺帽加润滑油的工具。这叫‘打针保养法’。”

女子的细腻不光在情感，也能在工作中发挥出来，真让人大开眼界。

谁说女子不如男？女子计转站的姐妹们，以标准的现场、洁净的设备、规范的资料展现了她们特有的风采。

她们像爱护自己的家一样爱护井站，先后创造性地提出了丝杆护套防尘法、一指开关法、“两调一平”计量规律、自压输送等一系列操作方案，为节能降耗积累了宝贵经验，并在全国油田范围内推广应用。

前人栽树，后人乘凉。这是一笔多么宝贵的精神财富！

33
以企为荣

2017 年 10 月，笔者第一次走进塔河油田。秋天是塔里木盆地最美的季节，而塔里木盆地中最美的风光当属胡杨林。

秋高气爽，风景如画，蔚蓝的天空纯净而庄严。进入秋季的塔里木河，变成了一条缓缓流淌着秋色的河，就像一个成熟的男人，远离了喧哗和浮躁，显得平静、舒缓、深邃又有内涵。

放眼望去，塔河两岸经霜浸染的胡杨林一片金黄、一片火红。金灿灿、红艳艳的胡杨树，像油田放喷管上熊熊燃烧的火焰一样鲜艳，像金子一样耀眼，像身着红装的油田女工一样靓丽，像浑身散发着阳刚气魄和英雄豪情的热血油郎一样帅气，在静默中显示出深邃和内涵。

西北石油人与胡杨为伴，在一片掩埋了无数城池的“死亡之海”中绝世而立，勾起了多少对历史的怀想，又激荡起多少昂扬的生命力量、不懈探索的勇气毅然前行。他们的精神与胡杨异曲同工。

采油二厂管理一区会议室，十几位倒班休息的老职工听说有作家来采风，相继进来凑热闹。

年轻一点的李安国是管理区的副经理。他向笔者一一介绍：“这是王立胜‘王老大’，是我们安全组组长。李玉龙在综合组。这位是龙哥，那是老胡、王林、老魏……今天来的都是有故事的人。”

一张张饱经风霜的脸上布满皱纹，使他们的脸像胡杨树皮一样粗糙，头发如初冬落地的霜，但每个人温和的眼神里都闪烁着慈祥的光芒，像海水一样深沉。乐观、自信的脸上洋溢着阳光一样灿烂的笑容，似乎有许多胜利的喜悦和无限的自豪要与笔者分享。

笔者开门见山：“各位朋友，看年龄你们都是经历过塔河油田开发的老同志，咱们随便聊一聊你们的经历吧，不用太拘谨。”

老魏一看就是个爽快人，他打破了沉寂说道：“48 井是西北石油局一个起点，在座有好几位参与了打 48 井的人。井打完后就交给了采油一厂，当时这口井产量很高，一天 400 多吨。”

一谈起油井，这些老同志的眼睛就开始放光了。你一言，我一语，争先恐后地聊了起来。青春的记忆，对于这些创业者来说，一生都不会忘记。

有人说，那是 1997 年 10 月 27 日，到现在整整 20 年了。当时打井连路都没有。井队那时候只有两辆车，一辆生活车，一辆货车，出去一趟不容易。和家里联系基本上都是写信，没有什么通信设备，写封信一来一回需要一个来月。想知道家里的情况，最快也得 20 天。那会儿没有电话，只有电台，可以发电报。三四天从轮台送一次饮用水，大概有 5 立方米，根本洗不上澡，最多端一盆水用毛巾擦一擦。一个井队就一台开水锅炉，沙漠戈壁春季风沙弥漫，夏季 40 摄氏度的高温酷热难耐，冬季零下 30 摄氏度的严寒刺透肌骨。冬天外面特别冷，上厕所很不方便，四处漏风，冻得人直打冷战。那时候真叫苦啊，吃榨菜就馒头、啃干馕是家常便饭。不像现在，油水多了，许多人反而得了脂肪肝。清汤寡水平平淡淡也挺好的。

朴素的话语引起一阵欢笑。这笑声是对乐观主义最好的诠释，它揭示了一种人生态度！

创业，就要经受艰苦的磨炼。这让笔者想起了电影《创业》里的一句经典台词：“创业，有条件要上，没有条件创造条件也要上。”

“水罐车里存的水放上一个星期，水里就生虫子了虫子特别多，没有办法，烧开以后继续喝，简直是虫子汤。”

“野外的虫子才多呢，那时候我们住帐篷，蚊蝇多得让人没法解手，解手都要在手里折上几根红柳条驱赶。特别是夏秋之交，天再热也不敢穿短袖。一出去，毫不夸张地说，蚊子能爬满两只胳膊，就像戴了一双长长的毛护套。”

“开采 11 井的时候住上了简易泥巴房子，那样的日子过了七八年，1990 年以后才住上板房。一个营房 8 张床住 7 个人，当时我在巡井班，人多休息不好，打呼噜的此起彼伏，像比赛似的。”

“当时井队大会战，跟当年大庆油田会战差不多，基本上一年都回不了家，都见不到家里的树叶子，冬天回家时树上的叶子都掉光了，第二年开春再进沙漠时树叶还没长出来。”

“龙哥，我记得你们家三代人都在油田。你们是怎么想的，让子女还来油田这种环境艰苦的地方工作?”

“我父亲当石油工人觉得很自豪，让我也子承父业。我的孩子也选择了石油行业，我爹高兴地说，好啊，老一辈人都熟悉，在单位也好照顾。”

“其他单位有大学生来了嫌环境艰苦、工作辛苦辞职的。我们的职工队伍比较稳定。新来的同志和老职工在一起待久了或多或少是有感情的。油田工人的特点是工作生活都在一块，一年 12 个月，其中有 8 个月我们都在一起。大家朝夕相处，能没感情吗?”

大家你一言我一语地说着。

一辈子，一句话，一生情。人生的经历会在心里扎根。

“你们都快到退休的年龄了吧?”笔者问。

“快了，我们几个明后年差不多都该退休了。”龙哥说。

“退休好啊，回到家里颐养天年。”笔者说。

“哎，说句真心话，我还真舍不得离开油田。现在住公寓像住宾馆一样，食堂每餐都有好几个菜，伙食比家里还好。”老魏说。

“这么说，在您眼里，油田比家好?”笔者问。

“不怕你笑话，我们这些老哥们儿在一起的时间比和老婆孩子在一起的时间都多。我们几乎把一生都献给了油田，企业就是我们的家。”老魏说。

笔者非常理解他对油田的这份挚爱。对他们而言，油田就是他们的命根子和幸福之源。

在油价“寒冬期”，他们每天都盯着国际油价行情，油价在他们的血管里鼓荡。他们的命运与石油息息相关，他们对企业有着难以割舍的感情。

一个凝聚力强的企业，员工一定能够紧紧围绕企业目标，精诚团结，相互信任，相互依靠，在企业内部形成一种积极向上、团结有力的工作氛围。

工作是人赖以生存和发展的基础。同时，工作也是人类社会存在和发展的需要。所以，热爱企业不仅是个人生存和发展的需要，也是社会存在和发展的需要。

企业就是一个大家庭，是一个个鲜活的生命因工作关系而形成的大家庭。

在这里，有梦想、有奋斗、有温暖、有鼓励，有亲如兄弟姐妹的同事。它就像我们小家之外的“大家”。大伙在一起同吃、同住、同劳动几十年，和睦而又温馨。

58 岁的杜德印在特管中心生产科负责工程管理工作。再过一年多，他就将离开奋斗了大半辈子的油田，到乌鲁木齐开始他的退休生活。

每天清晨 7 点，老杜早早起床，这是他多年养成的习惯。他住的公寓楼是专门为在一线工作的职工修建的，环境优美，功能齐全。老杜的一天是从晨练开始的。

杜德印说：“想当年我们住的是地窝子、小平房，做梦也没有想到现在我们的前线基地建设得像花园一样漂亮。”

老杜 17 岁就参加了塔里木油田的开发工作。说起在南疆一线的工作经历，老杜如数家珍。

他说：“这个地方就是 80 年代我们运修队前线指挥部的所在地。这栋房子就是我们当时的机修车间，在那个时候这栋机修车间显得是比较高大宏伟。这一面是我们当时的生活区域和办公区域，现在已经是一片平地了。我在那个年代也是 20 多岁的小伙子，见证了那个时代的发展。”

年轻的杜德印从帐篷、地窝子搬到了这个前线基地，这对当时的他和工友们来说，绝对是巨大的飞跃。“这是 613 基地，90 年代末期所有值班人员都在这里居住。”条件相对较好的 613 基地，伴随着这群石油人从 20 世纪 90 年代一路走到了 21 世纪。2007 年，新的公寓楼及 309 基地公寓投入使用，一线职工的居住条件彻底告别了脏乱差，迈上了一个全新的台阶。

每名员工对企业目标或企业领导的认同程度，是企业文化在每个人心目中的体现。

企业领导的形象与其非权力性影响力密切相关，而企业形象又与领导的形象不可分割。非权力性影响力是指由领导者自身素质形成的一种人格影响力，主要以内驱力的形式发生作用，影响下属的心理和行为。针对被领导者来说，表现为真心的服从、追随和信赖。它是领导者的品德、才能、学识等因素综合形成的对下属的影响力，与领导者自身素质直接相关。相对于权力性影响力，非权力性影响力的影响更为广泛和深入。

简而言之，领导者的人格是企业凝聚力的源泉之一。

西北石油局的干部和职工对自己的企业领导有着非常客观公正的评

价。他们非常珍惜和爱护自己的企业，这一点难能可贵。

1980 年出生的靳永红，2004 年西南石油大学毕业后就到西北石油局工作。他说，自己能有一个幸福美满的家庭，与组织的关心也是分不开的。没有集体这个“大家”，就不会有他今天的幸福生活。

2007 年 1 月，刚参加工作 3 年的靳永红，接到母亲的电话，说他父亲病了，希望他带点钱回去。靳永红当时手头没有积蓄，就把家里的困难对领导说了，领导很重视，组织上毫不犹豫帮他筹集了几万元。

回到老家云南之后，靳永红得知父亲患了脑瘤，医院大夫让他准备后事。父亲临终前对靳永红说：“你弟弟都结婚了，还有了孩子，我就想看着你结婚。”

靳永红是个大孝子。他立即与未婚妻商量，临时决定完婚。

靳永红上午刚举办了婚礼，晚上父亲就去世了。

悲伤的婚礼过后，第二天就紧接着办父亲的丧事。

父亲没了，媳妇还在上学，自己欠下的债还没有还清，弟弟和弟媳妇又患了大病。时任西北石油局局长刘中云等领导同志了解到靳永红的困难，向他伸出了温暖的援助之手，给予了他各方面的关心和帮助。

妻子大学毕业后也来到塔河油田工作。工作两年后，因为生了二胎没人带孩子，只好辞职。

2017 年 9 月 22 日，靳永红刚到家，小女儿看到爸爸很激动，朝他怀里扑过来，不料摔倒在地造成骨折。孩子还没出院，靳永红的探亲假就休完了。快离开家那几天，他心里始终酸酸的。

离家当日半夜一点左右，靳永红的爱人听到孩子在哭，就赶紧去查看，问孩子怎么了。孩子说，爸爸要走了，他舍不得。

第二天早晨，靳永红出门前，走进孩子的卧室，发现孩子还没睡醒，就慈爱地在两个孩子额头上吻了一下，离开了。

后来听爱人说，他刚走出房门，孩子就把眼睛睁开了。孩子对妈妈说："刚才爸爸吻我时，我不敢把眼睛睁开，我怕爸爸心里难受。"

靳永红在西北石油局待久了，对这里的人有感情，对这个行业有感情，对这个集体有感情。"如果有人和我说西北石油局不好，我就要和他争……"

靳永红把对单位的感恩之情化作实际行动，搞了十几项技术革新，有的还获得了国家专利。他也因此荣获"闵恩泽科技人才奖"。

专科毕业的李峻岭2003年以前在哈密一家建材厂担任电气技术员。单位效益不好，每个月七八百元的工资要拖三个月才发。一个偶然的机会，他看到西北石油局的招聘广告，就应聘成了一名劳务工。来到塔河油田后，管吃住，发劳保，经常组织技术学习，每个月工资准时打卡，并且每三个月还有一个月的休假。这大大缓解了他的经济困难。

李峻岭刚开始在西北石油局变电站当值班员，后来到了705基地变电站。他觉得这是一个很好的学习机会，因为安装设备时，可以看到大量的图纸资料和设备说明书，于是积极参与其中，跟着师傅学习设备安装技术。他遇到了一个好班长——姜临青，现在是他的指导员。姜临青对他言传身教，经过将近两个月的安装实践，他的技能有了很大提高。

2004年12月，油田供电管理中心成立，李峻岭因表现优秀被调到供电队检修班从事变电检修工作。那时电管中心整体技术水平比较低，中心领导从胜利油田请来老师对他们进行电气检修、高压试验、保护装置校验的培训。李峻岭对这些项目都很感兴趣，但是精力有限，他就主攻电气检修。刚好电管中心开始了连续三年的春季和秋季大检修工作，不仅消除了大量的设备缺陷，保障了电气设备的安稳运行，还使李峻岭的技术水平在实践中得到了锻炼。

2004年，西北石油局电网总负荷仅有6000多千瓦，输电线路900余千米，没有一张完整的线路单线图，检修试验工作全部外包，可以说是一穷二白，电力保障能力薄弱。目前电网总负荷已达到9万千瓦，输电线路

3600千米，一支掌握核心技术、勤于创新创效的电力管理专业化队伍正在茁壮成长。

2005年，对于李峻岭的职业生涯来说是意义非凡的一年，他遇到了一个改变命运的机会。8月，西北石油局要举办维修电工技能竞赛。李峻岭积极报名。正常情况下，当时他已经到了休假期，如果参赛肯定要影响休假。他跟家里进行沟通，家里很支持，他的信心更强了。

参赛前，选手要到库尔勒进行半个月的封闭训练。爬杆安装横担项目是他的弱项，于是他拼命练爬杆。功夫不负有心人，他在西北石油局举办的维修电工技能竞赛中获得第二名，取得了技师任职资格。9月，他又代表西北石油局参加中石化维修电工技能比武，虽然没有取得好成绩，但是跟兄弟单位的师傅们学到了不少比赛的小窍门，积累了比赛经验。2010年9月，自治区举办第四届维修电工技能竞赛，他又报名参赛。这次和他同场竞技的有他的徒弟，他感到压力很大。但是，前两次参赛的经历，使他认识到，比赛比的是勤奋和毅力。他每天6:30起床，1:00睡觉，加强理论学习，在几十次理论抽考中都是第一名。在实际操作项目中，一个操作项目他每天反复练习十几遍。仅配盘项目，他用废的导线有上百公斤，手指甲因为不停地弯线，劈了长、长了劈。训练中，他的身体、心理都受到严峻的考验。由于压力太大，他患上神经衰弱，每天吃止疼药，后来靠去诊所输液，咬牙坚持了下来。最终，他获得了理论考核与实际操作比赛第一名的优异成绩，获得了高级技师资格。2011年，被西北石油局聘为维修电工高级技师，同年11月，由劳务工转为正式工。

这些年，李峻岭一直肩负着培训新来大学生的任务。在他的指导下，一批大学生快速成长，有的已经成为西北石油局电力一线的技术骨干。2010年，他培养的邵超在第四届自治区维修电工技能竞赛中获得第二名，董华获得第四名。2012年，金文志在第六届自治区维修电工技能竞赛中获得第一名。2017年，肖锋在自治区“振兴杯”维修电工技能竞赛中获得第一名，雷高云获得第四名。

2013 年，供电管理中心成立了以李峻岭的名字命名的“李峻岭工作室”，这是供电管理中心的第一个职工创新创效工作室，2015 年被评为自治区级职工创新创效工作室。目前，工作室有成员 7 名，其中高级技师 2 名、技师 4 名、高级工 1 名。工作室成立以来，先后完成技术革新十余项，提出合理化建议几十条，创造经济效益 245 万元。近年来，他们先后完成了变电站绝缘子防污闪改造、高压电缆头冷缩工艺应用、双电源用户远程监控系统应用、配网自动化定位系统应用等技改创新项目，为提高电网可靠性、节约用工起到了积极的作用。李峻岭也成为西北石油局供电管理中心供电队副队长。

他说：“我真的非常感谢西北石油局，感谢所有的领导和同事们给了我一个成才和成长的平台。企业就是我的家，没有这个企业，说不定我现在还在到处打工呢。”

采油二厂有一位名叫孙玉的同志，1970 年生于江苏。5 岁时父亲去世，母亲身体不好，当时生产队定期给他们分粮食，但是不够吃。家里没有经济来源，生活很困难，有时候连红薯都吃不上。母子俩过着省吃俭用的日子。为了补贴家用，孙玉小小年纪放学以后就去田里抓蛇、青蛙，甚至是有毒的蟾蜍去卖。

上到初中一年级，学校给孙玉减免了学费，但是还要交书本费。家里困难，根本交不起书本费，老师经常催孙玉，孙玉实在没有办法就退学了。看到别人家都盖起了小洋楼，自己家还住在低矮的老屋里，孙玉心里很不是滋味。

孙玉走出学校干的第一份工作是做麻将。学了一段时间后，他掌握了麻将雕刻技巧，就白天卖冰棒，晚上做麻将。

1986 年，孙玉在新疆工作的姑姑回江苏探亲，看到侄儿在老家赚不了多少钱，就把他接到了新疆，安排在了第一普查大队当临时工。

1990年春节前夕，部队征兵工作开始了。孙玉报名参军，但是米泉人武部只给了西北石油局一个名额，孙玉被刷了下来。可是他不甘心，每天跑到武装部去找接兵的同志。有一天正好遇到被选上的新兵参加义务劳动，他就跟着他们一起干，一起扫雪、打扫卫生。武装部的张部长看到孙玉，对他说："你没被选上，就别参加义务劳动了"。

孙玉回答："没关系，我真心感谢党和人民的关怀，我就是想参军保家卫国。"

张部长听了孙玉的想法以后，问他："以农村义务兵的名义加入部队，不带安置卡，你可愿意?"

孙玉立刻就答应了。

1993年，当了三年兵的孙玉复员回到了西北石油局，在修井队当炊事员。1998年一普解散后，他又被分到了工程作业大队。

那年大队在柴窝堡修井，那里是有名的"十里风区"。为了避风，修井队挖了地窝子，平时休息睡觉就在地窝子里，只有食堂是盖在地面上的小平房，房顶是用泥土和芦苇做的。有一天晚上，孙玉和同事回到食堂一看，房顶被大风刮没了。他赶紧向领导汇报，施工队用了五天时间才把房顶修好，那五天，整个修井队每天就以馕、馒头、热水充饥，没吃上一餐热饭。

后来，孙玉又被分到了采油作业二区，即采油二厂前身。记得有一次，营房停电了。一停电，暖气也没了，工人们全都在被窝里缩成一团。早晨起来发现呼出来的哈气在被子上结了冰，很多同志被冻成了重感冒。

后来，采油二厂建新基地，孙玉是第一批"打前战"的队员。那会儿职工少，基地的办公楼和宿舍楼刚建好，几个同事就一起搬家、打扫卫生。那会儿宿舍很少，四个人分两张床，倒班休息。

采油二厂成立以后，孙玉就一直做行政工作，后来感觉自己学历太低，又利用闲暇时间自考了成人大专信息管理专业。

工作稳定下来以后，孙玉一直想把母亲接到新疆生活。但是，母亲知道儿子工作的油田在沙漠里，说什么也不肯来。老母亲一直由孙玉的妹妹照顾。这么多年没有陪在母亲身边，孙玉感到很愧疚，只能每年给家里寄钱，保证母亲和妹妹的日常开销。

2007 年，孙玉回江苏探亲时，在自家的宅基地盖了一套三层小别墅，又添了 17 万元装修出来，终于让母亲和妹妹住上了好房子。

孙玉仪表堂堂，高大英俊，身板笔挺，始终保持着军人本色，博得了一位具有俄罗斯血统的高才生青睐。结婚以后，夫妻俩互敬互爱，生活上相互关心，工作上相互支持，家庭和事业相得益彰。

孙玉的爱人是乌鲁木齐某银行行长，通情达理，对孙玉的母亲非常孝敬，对孙玉也很体谅。孙玉说："我真的特别感谢她。能找到这么好的爱人是我前世修来的福气。结婚这么多年，我们靠的就是互相理解和信任。"

孙玉说："一生能与石油结缘是我的福气，没有西北石油局就没有我今天的幸福生活，我非常感谢和珍惜现在的美好生活，始终怀着一颗感恩之心，踏踏实实、勤勉敬业地工作。这么多年，我从来没有因为私事多请一天假。前些年，爱人在银行工作忙，岳父母的身体也不好。儿子从小学一年级开始就委托给班主任，周一到周五吃、喝、住都在班主任家里，周末才能接回家住上一天。儿子高二的时候远赴加拿大学习，现在已经是大一的学生了。我这辈子最亏欠的就是的母亲、妻子和孩子。"

有一次，笔者在塔河油田采油二厂门前看到，五六位老人正带着他们的孙辈在晒太阳。当时笔者感到很惊讶。这里怎么还会有老人和小孩?

后来才知道，为了让自己的儿女们能在油田安心工作，一些职工的父母只好到沙漠里来带孙子。有些小婴儿还没有断奶呢。

欧雪慧和石桂媛是两位年轻的妈妈。欧雪慧留着短发，刚生完小孩，身体微微发福，性情柔顺，内敛沉稳，一脸的福相。石桂媛皮肤白嫩，身材苗条，活泼、开朗、阳光。她们的工作和生活是采油二厂众多双职工家庭的缩影。

欧雪慧在采油二厂党办工作，丈夫夏新跃是研究所的技术员，小两口工作都很忙。欧雪慧生宝宝的时候因为早产，丈夫没在身边，孩子都生下来了，丈夫才坐了2小时的车赶到医院。看到孩子的第一眼，丈夫感到特别内疚和遗憾。

因为工作繁忙，孩子还没断奶，小欧就回到了工作岗位。自己的父母还没有退休，婆婆身体不好，只能让公公来油田帮忙带孩子。白天公公带孩子，晚上自己带。孩子经常半夜起来吃奶，她一晚上只能睡5小时，白天还要按时上班。为了不影响做技术员的丈夫，晚上丈夫只好在别的同事宿舍里休息。

公公带孩子还是不如女人细致。下班了以后她要给孩子洗衣服。孩子有时闹得厉害，她就一整夜抱着孩子在宿舍里转圈圈，一折腾就是一宿。

小欧是个孝顺的媳妇，她很感谢公公。小欧说，自己没小孩之前，感觉不到当父母的辛苦，有了孩子之后，更能体谅父母了。

小欧的公公是湖南人，刚来新疆时，水土不服，身上过敏。小欧心疼老人，让公公回湖南老家，可是老人更心疼子女，又不远千里忍着病痛再次来到塔河油田给他们带孩子。

小欧丈夫的家在湖南农村，公公婆婆没有医疗保险，看病花了不少钱。小两口感到生活的压力很大。

小欧和丈夫都非常喜欢小孩，为了能够陪伴孩子，他们考虑将来把倒休错开，至少能让孩子有爸爸妈妈在身边陪着他成长。

公司里有许多这样的夫妻，甚至有的在火车上交接带孩子的工作。

油田工作环境的特殊性，使得年轻职工与外界接触的机会很少，所以只要有被分配来的女大学生，很快就会被“内部消化”。

石桂媛是汉族女孩，喜欢上了一个回族小伙子。当男子向她表达爱意的时候，她没有拒绝，毫无顾忌地接受了对方的追求。但是他们的恋爱遭到了双方父母的强烈反对。双方父母认为生活习俗和信仰有别，担心他们过不长久。可是两个年轻人在一家公司上班，抬头不见低头见，情愫在两人的内心疯长，家里越是反对，他们越是不顾一切地相爱，感情炽烈，难舍难分。

小石的勇敢冲破了世俗的藩篱，最终他们还是说服了家人，修成正果。

34
和睦之家

曾经有人问一位地质勘探队员："你长年累月在野外工作，妻子愿意吗？孩子能教育好吗？他们埋怨你不？"

"我们感情挺好的。平时见不上面，每次回到家里就像过年似的，很珍惜在一起的时光。每次快到探家前那几天，总觉得时间过得太慢，难以慰藉我们思家的心。临走的前两天吧，又遗憾光阴太短，和老婆孩子在一起还没待够呢……"

每个人都希望拥有幸福的家庭，幸福的家庭离不开好的家风。

家风，听起来抽象，却具化在生活的方方面面。良好家风的形成绝非一朝一夕之功，需要长期的文化熏陶和持久的人格感染。

就拿夫妻感情来说，婚姻生活是否幸福、感情是否甜蜜，在很大程度上取决于选择的配偶是否真正适合自己。

有人说，夫妻互相尊敬、互相关心、互相体贴，家庭就能幸福。其实相爱并没有一个统一的可供评定的标准，而且婚姻中的爱情不可能一直总是激情四射，所以完全建立在此基础上的幸福似乎也并不一定可靠。

有人说，妻贤、夫贵、子争气最幸福。这当然最符合中国传统的幸福标准，这样的家庭必然是拥有良好家风的家庭。

林冬梅的家庭，就很具有典型性，绝对不是个例。

人若是幸福，幸福就会像阳光一样在脸上闪耀。无论何时何地见到林冬梅，都能看到她脸上洋溢的笑容。

再过几天，林冬梅就到退休年龄了。她 1968 年 8 月出生，1985 年初中毕业时刚好赶上单位招工，她就开始上班了。工龄 33 年，人生中 4/5 的时间都在野外。

林冬梅从 1996 年开始搞财务工作，办事严谨认真，几十年如一日，从来没有出过任何差错。

她有一个令人羡慕的大家庭。丈夫是“油二代”，兄弟四人都已成家，妯娌之间团结友爱，非常和睦。

林冬梅说：“主要是家风好！”

她的公公婆婆非常明智，特别注重孩子们的教育培养，不光强调文化教育，更加关注道德品行和健全人格的养成。

公公名叫胡玉林，退休以后，主动承担起照顾孙子的责任。老爷子和老太太很爱干净，儿子和媳妇都在油田上班，老两口把孙子胡一兵培养成材，考上了中国石油大学工程专业，大学毕业后又申请到加拿大读研究生，现在在澳大利亚攻读博士学位，获得了学校的全额奖学金，折合人民币 100 多万元。

林冬梅说：“我儿子有出息，孩子的爷爷功不可没。我们不在孩子身边，老爷子对孙子生活关心，在为人处世的方法上提供指导，对我们的帮助特别大。孩子遇到什么事情，爷爷就会跟他说应该怎么做、遇到困难的时候应该怎么解决。这么多年，我也从老爷子身上学到了很多。我家老爷子是我们的人生楷模。怎么和老人相处、怎么教育孩子、怎么对待孩子等，都给我们树立了榜样。”

现在许多家庭都遇到与孩子难以沟通的难题。林冬梅说，培养孩子不是一朝一夕的事情，从小加强教育、培养良好的心态和学习习惯非常重要。与孩子沟通的时机也很重要，一定要选择孩子有沟通的欲望时再和孩子聊天。在孩子取得成功、高兴的时候，家长要学会与他们分享；在孩子遇到挫折、受到伤害时，要主动爱抚、关心；当孩子做错事时，家长要告诉他们，人的成长需要经历，甚至需要创伤。要管理好自己的情绪。当孩子做出令家长不满意的行为时，家长很容易情绪失控，经常出现过激的言行，事后又后悔自己的不理智会给孩子的身心造成伤害。更有甚者，把工作中的压力与家庭的矛盾，通过“教育”孩子加以宣泄。家长通过“教育”孩子获益了，孩子又得到了什么呢？家长与孩子沟通，切记要理智处理好自己的情绪。

另外，家长还要以孩子想沟通的内容为中心，要把自己的观点、理念隐藏其后。应该和孩子谈谈学校的奇闻轶事，电影、电视的动人情节，时尚音乐的感人之处，尽量使孩子在学习之余处于休闲的状态，使他们的身心尽可能地放松。切忌反复讲述功课等学习之事。另外，在与孩子交流观点时，可以用商量的口吻表明自己的观点。不要专注于判断是非对错，或与孩子互相怪罪。当孩子被尊重时，他的内心是温暖的、安全的、放松的，这能够很好地拉近心理距离。家长所要表达的态度、观点，孩子也才能思考、接受。

有效的沟通应该是信息的相互交流。孩子也有交流的渴望，也希望自己的话能被倾听。孩子跟家长说话时，家长应该尽量放下手中的事，全神贯注听孩子讲述。孩子感到被尊重和鼓励，会很愿意说出自己的内心感受。沟通除了通过言语，还可以借助动作、表情、姿态等其他形式。比如，拥抱，可以让孩子得到安全感和信任感。如当孩子遇到困难和挫折时，家长应当告诉他：“不管发生什么，我们都会在你身边支持你的。你知道你对我们是多么重要吗？我们知道你能行的。”看起来不经意的动作、简单的话语，会给孩子送去温暖、送去力量。

林冬梅说，儿子上高中的时候，有一年放假到油田来玩。她就和孩子聊起了男女生如何相处的问题，教育儿子接触女孩子的时候要用心，不能伤害别人。现在儿子已经是 27 岁的大人了，她依然这么说。“作为一个妈妈，要教育孩子对自己负责、对他人负责。我们在这里工作奋斗了一辈子，经济上的那些收入，就是为了让家人活得更好，让孩子过得更幸福，不能让他出差错。我不需要你天天喝蜜，只要让你的生活平平淡淡、过得好就行了!”

儿子已经结婚了，林冬梅就在思考自己该怎样与儿媳妇融洽相处。人家是高学历人才，一直在国际化大城市里生活。但是她深信，文化差异虽然存在，但不是问题。她会像老爷子在世时与他们相处那样对待儿媳妇。

老公公去世了。林冬梅说，自己上班很忙，没有很好地照顾老人的晚年生活，感到特别愧疚，心里非常怀念。

婆婆上了年纪，四个儿媳妇对待老人就像对待自己的亲生母亲一般，四个妯娌轮流照顾，每天都会有一个人在家，跟老人在一起非常开心。

儿子隔三岔五给奶奶打电话。逢年过节和奶奶过生日的时候，全家人不管在哪里，都会把自己的祝福送到。

这是一个有着 17 口人的大家庭。老爷子在世时，家里大事小情都由老爷子作主。儿子、媳妇都听老人的，他们相信老爷子的决定是有道理的。老爷子走了以后，家里的事情就由兄弟四个商量着办。

林冬梅说，一般来讲，掏出口袋里的钱，比割身上的肉还心疼。可是，这种事情在他们家不存在，因为一大家子人相互爱还爱不过来呢。

林冬梅说：“老爷子的老家在山东农村，家庭条件不是很好。老爷子 1967 年工作，他的一生真的挺不容易，我有时候想起来，眼泪就掉下来了。想到老爷子那样对待我，那些点点滴滴，真的很感激他。老爷子一辈子工作很努力，退休的时候就是一个科级干部，但是他这一辈子对家庭的付出，我们都看在眼里。他家有兄弟两人，他十几岁的时候就出来了，照顾父母亲的重担就落到了弟弟身上。他也觉得一辈子没在父母跟前，很愧疚。那时农村穷，他就在金钱上尽量弥补给弟弟。我们家老爷子就等于养了我们叔叔家的两个闺女。叔叔家在山东，有三个女儿，上学的学费和生活费全是我们家老爷子给的。这就是一种感情上的弥补，他就是觉得自己不能在跟前给老人端水端饭、打扫卫生，就在经济上弥补叔叔家。我 1989 年进这个家，也快 30 年了。我就知道我们家老爷子一直在弥补农村老家。老爷子自己一辈子没穿过几件好衣服。他在世的时候，新衣服都是我们给买的，老人一辈子节俭惯了，舍不得穿，一年四季就两三件衣服换着穿。我婆婆还没有工作，那时候家里经济压力特别大。

“我家老爷子是一个非常了不起的老人。他对我们这些子女的教育，他的身体力行，让我们感受到他那种父爱。尤其是家里四个儿子、四个媳妇，儿子好管，媳妇不好管。老公公没有女儿，还要让这么多女人进入这个家庭，要把这家人管理得这么好，管理得服服帖帖，是一件非常不容易的事。我就说我们家老公公没有福气，没有福气享受到我们后来这么好的生活。我觉得他作为儿子、作为父亲真是做到了最好。我从我亲生父亲跟前，都没学到他的这些东西。老公公解决了家庭后顾之忧，我们两口子在这地方才能这么安心的工作，真是功不可没！

“1992 年以前，家里没有电话，都是好久写一封信。后来有了电话，子女们往家里打电话，老爷子每次都是三句话。子女们问他，吃饭了没？他说，吃了，没事，好了。就把电话挂了。为的是节省话费。”

早些年，林冬梅在 705 基地上班。那时她儿子才两三岁。有一次儿子生病，打了四天点滴，她都不知道。她给家里打电话，老公公还是那三句话，就是为了让他们安心工作。林冬梅倒休回家的时候，司机问她：“你儿子好点没？”林冬梅这才知道孩子生病的事情。

林冬梅说：“要是没有老爷子在家里帮我们撑着，我们哪有心情在这工作。别说挣这点儿工资，就是给个银行也得回去照顾孩子。”

好的家庭能给人带来安稳的生活。好的领导能给人带来舒适的工作环境。

林冬梅这一路走来，碰到的领导、同事都挺好。她自己也有好人缘。她经常对办公室的年轻同事说："咱们虽然不是一家人，口袋里钱是分开的，但是咱们比家人在一起吃饭的机会还多、相处的日子还长。谁遇到点啥事，同事比亲兄妹还管用。在财务室工作，加班是常态，办公室就那几个人，你不干别人就得多干，你干了别人就能少干点。多干点工作累不死人。你看像咱们每天给别人报账，每天报一百个，但是有的职工可能两三个月才会报一次账。咱们要耐心地给别人办，要是遇到复杂的问题，就要换位思考，尽可能地给别人行个方便，不给别人添堵，让别人心情愉悦起来，干好自己的本职工作。"

林冬梅认为，自己虽然就是个普通职工，但普通职工也没有什么不好。无论国家还是企业，乃至一个家庭，都需要有领导和职工的分工，普通职工就好比螺丝钉，也是不可缺少的。

林冬梅和天下所有的母亲一样，望子成龙。孩子上学的时候，每次考了好成绩，她比拿奖金还高兴。她说："我们在这沙漠里工作，每天面对着风沙烈日，拿什么来支撑？所有的希望都寄托在了孩子身上。"

林冬梅说起她的公公和婆婆，满脸笑容。她说："我家老婆婆这么多年默默奉献，对所有儿子、儿媳、孙子、孙女一视同仁。老婆婆就像一只筐子，你好的地方她盛下了，不好的地方她也包容了，把啥事都放在自己心里面。过去穷的时候，老婆婆过日子，那真的是要一分钱掰成两半花。

"老公公和他弟弟感情非常好，老公公生病以后，我家叔叔从老家赶过来照顾了一个多月。在我老公公的影响下，现在我儿子每逢过年过节，都会给老家的叔伯爷爷打电话、寄钱……这是一个很好的家风，有一个很好的家族的传承。"

父母的修养，是孩子的教养。好的教养是父母给孩子最好的财富。教养无关贫富，却体现在每一个细节里。教养，不是富人家专属，也不是穷人家的私藏。良好的教养，是为孩子的心灵世界打造的一盏明灯。

孩子从小看到家里爷爷、父亲都在接济老家的亲戚，所以他长大了也会去资助老家的长辈。这对孩子来讲，是一件很快乐的事情。

家长是孩子最好的老师，言传身教是最好的教育。

林冬梅说，她们妯娌之间相差十来岁，老四媳妇是1976年出生的，比林冬梅小一轮。林冬梅的儿子上高中那年，老四媳妇怀孕了，正是需要人照顾的时候，老三家孩子正上一年级，也需要人每天接送。两位老人分工负责，奶奶照顾老三家上一年级的小孩，爷爷照顾林冬梅家上高中的孩子。老四媳妇怀孕就没有人照顾了，但老四媳妇特别体谅人，她自己挺着大肚子上医院检查，或者让她娘家人陪她去，对婆家没有一点儿怨言，让公公婆婆安心照顾上学的孩子，她自己的困难自己来解决。

识大体，顾大局，多好的四媳妇啊。

现在老四家的两个孩子都十岁了，又牵扯到孩子的教育问题了。去年弟媳妇下派到农村去工作，老婆婆年纪大了，儿子不放心她坐公共汽车，兄弟几个就轮流陪孩子和老人。

平时在家里，几个兄弟和妯娌都是抢着干活，做饭、洗碗、扫地，拖地、其乐融融。

有人说，父母不在孩子身边，就培养不出优秀学子。林冬梅不这么认为。她说："我们西北石油局有个名字叫郑树龙的司机，是从部队退伍的汽车驾驶员。人家也和我们一样长年累月在野外工作，可是人家的女儿就非常优秀，现在在哥伦比亚大学读研究生。"

一位老同志说，培养孩子是个大事，只有输得起，才会赢得到。什么意思呢？

他认为，我们习惯于守护孩子，但是，话说回来，你能教得了你的孩子吗？你能管得了你的孩子吗？孩子不是图画练习簿，可以随便涂上你喜欢的颜色。家长不能瞻前顾后，人生哪有那么多需要担忧的“万一”。如果说自己对教育孩子本身就心里没底，还不如早早就把孩子交给老师，说不定比你守在身边还好。有些人到头来才幡然醒悟，可是为时已晚。

每个孩子都像一张白纸，天真无邪，而教养，是家长给孩子最好的礼物。林冬梅的儿子已经移民澳大利亚，他期待妈妈退休后到他那里去享福。但是林冬梅却说：“现在不行，你成年了，但是你四叔家的两个孩子还在上学，我要照顾他们。”

尊老爱幼是中华民族的传统美德。尊重是相互的，你对别人的好会被别人看见。当年四媳妇的好，林冬梅全记着。

林冬梅说：“我不知道别人是怎么过的，我认为生活中的幸福，就是对父母的照顾、对亲人的理解与包容，就是相互关心爱护。我这辈子有这么多的兄弟姐妹，真的特别幸运。”

列夫·托尔斯泰有一句名言：“幸福的家庭总是相似的，不幸的家庭却各有各的不幸。”

一个人最高级的魅力，不在于他赚了多少钱、地位有多高，也不在于穿戴什么名牌，而在于举手投足间散发出的教养。

穷养富养，最贵不过教养。那些骨子里深藏教养的普通人，以温柔对待世界，一定会被这个世界温柔地对待。

采油二厂管理三区党支部书记李成贵，是1996年从部队复员进入西北石油局的，一直保持着军人的作风。

李成贵刚参加工作时，在井下试采队上班。他虽然对油田的工作很陌生，但是每天跟着师傅认真学习，很快就基本掌握了全部工作流程。当时西北石油局正在建设第一个联合站，他作为班长参与到接站的工作当中。当时1号联合站的处理能力只有50万吨，半年后扩建到150万吨。后来他又在S48井和76井工作了两年。

采油二厂建设2号联合站时，领导知道李成贵之前在1号联合站干过，有比较熟练的集输技术，就把他派到 2 号联合站带班接站。

李成贵虽然已经有一些工作经验了，但是依然感觉担子很重。每天从早到晚，主要工作就是跟踪管线，描制管线线路、管线连接，弄清各种设备的工作原理。有的设备自己从来没见过，他就爬到内堂看，然后用相机照下来。回到班里，给同事们讲解设备构造和工作原理，和同事们一起学习。遇到不懂的问题，就想办法查阅资料，向专家请教，直到弄懂为止。

李成贵兢兢业业的工作态度和扎实的工作作风，赢得了领导和员工的好评。他也得到提拔重用，当了党支部书记。

从工人到干部，从操作人员变成政工人员，李成贵一时还不太适应。当时刚好赶上党的先进性教育活动，李成贵就乘着这个机会，把党务知识从头学习了一遍，每天晚上下班就在宿舍学习看书做笔记，理论水平有了很大提升。

为了当好一个贴心的党支部书记，这几年李成贵逼着自己看书学习，反复琢磨，不断总结工作经验，也想了很多办法。为了随时掌握职工思想动态，他经常和员工一起打篮球、踢足球，和他们聊天喝茶，征求职工的意见和建议，然后和管理区的领导一起商量研究。职工家里有什么困难，都会向他反映，他尽力帮助解决。大伙都叫他“贴心书记”。

李成贵说：“我很喜欢这个称号，说明了大伙对我的认可。”

从西达里亚到采油一厂、S48 井，再到采油二厂、“兄弟连”，李成贵觉得，自己的每一点成长和进步都是因为有一个值得他一辈子珍惜的和谐的大家庭。

和李成贵“搭班子”的海涛经理，是一位回族青年，1980 年出生，毕业于西南石油大学，2005 年参加工作。大漠的风沙将他打磨得看上去比实际年龄要大上好几岁。

海涛也是一步步成长起来的优秀骨干。他刚参加工作时在“老三队”实习，后来被调到油研所，然后又被调到采油队当技术负责，之后又被调回油研所当副所长，最后应聘上了管理三区的经理。

李成贵和海涛除了在生活习惯方面有些区别以外，在工作和生活当中亲如兄弟。

海涛的妻子是来自江苏的回族，之前在采油二厂工作，后来因为要带孩子就辞职了。海涛的父母都是石河子团场的农民，虽然没什么文化，但是思想境界很高。父亲经常给海涛打电话说中央的八项规定，提醒儿子不要以为自己是个小领导，就不注意廉洁问题，教育儿子要廉洁奉公，遵纪守法，好好工作，别犯错误。

作为少数民族职工，海涛觉得西北石油局很温暖。局里尊重民族习惯，专门为少数民族职工单锅做饭，逢年过节还会慰问他们、和他们座谈，询问他们的困难，并且想尽办法给予解决。

和谐既是一种目的，又是一种方法。无论对国家、企业，还是个人都很重要，是民族进步、社会稳定的重要基点。这一点，林冬梅、李成贵、海涛等同志都有着深刻的体会。

35
情暖桑榆

“王站长很热心，只要跟她说个事，她都会放在心上，尽力去帮忙！”“有个啥事找到她，她都会让你心里暖暖的，就像自己的亲闺女一样！”老同志们齐声夸赞的这个人就是西北石油局离退休职工管理中心新市区工作站站长王红艳。

新市区工作站是西北石油局离退休职工管理中心特殊服务对象最多的一个工作站。现有离退休职工 1084 名，其中 90 岁以上 1 人、80 岁以上 115 人、70 岁以上 189 人，党员 497 人，离休老干部 3 名，局级退休领导 6 名，劳动模范 5 名，长期行动不便退休干部职工 47 名，长期住院治疗人员 14 名，需要经常守望呵护的互助养老对象 49 名，身患重症的退休老同志 33 名。工作站的工作人员仅有 10 人（包括借调 3 人），承担着西北石油局 3/4 的离退休职工服务管理工作。

有人认为，离退休工作站就是整天围着退休老同志转，伺候老的、照顾病的、送走殁的，常进医院、常去殡仪馆、常戴白花，行政职权少、出政绩难，事业上没有什么前途，是个冷岗位。

可是王红艳却在这个岗位上干了 10 年，而且把各项工作做得有声有色。问及缘由，她说：“老干部工作，没有爱心、耐心、细心是做不好的；不丢弃名利之心，树立奉献之心，是坚持不久的。”

她是这样说的，也是这样做的。10 年来，她耐得住寂寞，淡泊名利，顾全大局，站在全西北石油局的角度做好服务。她说：“老同志不是包袱，而是党和国家的宝贵财富。退休老同志都是为企业发展作出过贡献的人。照顾好这些老同志的晚年生活，让老同志舒心，让还在西北石油局上班的子女们安心，让局领导放心，是我们应尽的职责和义务。”

现年 40 多岁的王红艳如同她的名字一样，依然是那样的仪容端庄、美丽大方。在她漂亮的外表下，更难能可贵的是有着一颗热情似火、淳朴善良的心。

2008 年王红艳刚到站上工作时，是个特别胆小的人。看到谁家门口摆着花圈，她就赶紧绕开，从来不敢多看一眼。10 年的磨炼，把她历练得像个男子汉，无论遇到什么情况都能够泰然自若地果断处理。

有一年，单位有一位老同志不行了。退管中心领导给王红艳打电话说：“小王啊这位老同志归你们工作站管的，你要去。”王红艳立即带领站上的一个小伙子赶到医院。当时老人家刚去世，儿子在塔河油田里工作还没回来，儿媳妇和老人关系不好，几乎不来往，老伴瘫在地上已经哭昏了。

毕竟是第一次面对这种事情，她感到特别害怕。这时，护士说：“你们谁是亲属，死者的衣服拿来了没有?”衣服还没有买，死者的干女儿赶紧去买衣服。王红艳问护士，谁给穿衣服？护士说，当然是家属给穿。王红艳一听，头发都吓得竖起来了。但也没有办法，她只好问护士：“能不能给我点酒精?”然后硬着头皮给逝者擦洗，衣服买回来之后又帮忙把寿衣给死者穿好。

护士要把逝者往太平间送，叫其他人让开。王红艳的腿都吓僵了，但她还是陪着护士把逝者的遗体送到了太平间。一直守候到半夜 1 点左右，逝者的儿子才从前线赶回来。她一边安慰一边与他商量追悼会的事情。

逝者的儿子说："我没什么要求，没经历过这种事情，拜托您看着操办就是了。"

王红艳一直忙到了凌晨4点多才回家，又累又怕又饿，但又什么也不想吃。爱人也在前线工作，不在家。那天夜晚，她没敢关灯，辗转反侧，彻夜难眠。

第二天照常到逝者家里帮助布置灵堂，第三天主持追悼会……

有了第一回，就有第二回。后来，王红艳知道，为老同志送终是工作的一部分，迄今为止她已经为十几位逝者穿过寿衣。

有一天，她突然接到一位姓宋的职工的电话，说他父亲突然脑溢血，在某医院抢救，医生说可能不行了，该怎么办。

王红艳立即带了两位工作人员赶过去。虽经全力抢救，依然医治无效，医生宣布死亡。

她开始调车，把逝者送到殡仪馆，然后又到逝者家帮着布置灵堂。忙了三天，52个小时没休息，把后事全部处理完以后，自己累得浑身瘫软，像病了似的难受。

一个冬夜凌晨4点，王红艳被一阵电话铃声惊醒。老蔡的儿子打来说，他爸爸不行了，希望王站长去帮助料理后事。

王红艳答应很快赶过去，但是半夜三更叫谁呢？单位上都是女同志，只有汽车驾驶员是个男同志，但岁数大了，还有心脏病。

王红艳从楼上下来，觉得很无助。她一个人站在寒冷的路边等了十几分钟，好不容易等来一辆出租车，上了车以后，司机问她去哪儿，她说卡子湾殡仪馆。

司机直接一脚刹车，气呼呼地喝令她："下去！"

她说："你怎么能这样，我有急事，多给你点钱还不行吗？"

"不行，那地方晦气！"

没办法，她只好下去另外打车。结果连续三辆车，一听说去殡仪馆，都不拉她。更气人的是，有一位出租车司机说他“遇见鬼了”，把王红艳撵了下车。

王红艳委屈地哭了，只好给她的主任打电话。主任说：“你怎么不从中心要个车?”她说：“这么晚怎么要?”主任说：“你等着，我联系车。”等她赶到殡仪馆时，天空仍旧漆黑一片，还刮着风。不知是天太冷，还是害怕，她直打哆嗦。

这么多年来，王红艳和她的同事们不管在什么情况下，只要退休老同志遇到问题，他们有求必应、风雨无阻。

她干这个工作，有时候觉得挺委屈的。有一次，几个朋友约着吃饭，王红艳从殡仪馆出来，先回办公室把工装脱掉。她走进餐厅，大多数同志都知道她刚忙完，说辛苦了，快坐下来喝点水，休息休息。她刚一坐下，一位处长就说：“哎呀你离我远点，你洗手了没有?”王红艳委屈地一下站了起来，转身就走，被其他几位姐妹硬生生抱住，才没有离开。

那位处长也意识到自己说话太伤感情，又过来搂住王红艳说：“你别介意，我没有别的意思。”

王红艳第一次被人嫌弃，心里很不是滋味。为了不扫大伙的兴，她强忍着泪水往肚里咽，一口饭也没有吃。

一年以后，那位不懂得尊重人的处长的父亲去世了。家里人打电话给王红艳，王红艳不计前嫌，第一时间赶到她家，把逝者很有尊严地送走，让那家人很感动。最后，那位处长说：“你们的工作太了不起了。”

参加过王红艳主持的追悼会的一些老同志，把她的工作全都看在眼里，其中有些人就跟她说：“王站长，等我去世了，麻烦你给我料理一下后事。”

王红艳说：“您老人家好好活着，别说那些不吉利的话。真的需要我们服务时，我们一定会尽力的。”

一位老同志说：“王站长，你们的工作真不容易啊。你把站上的女人当男人用，逢年过节单位发的福利，还有慰问老同志的大米、清油，拉回来还要搬到楼上，有60位行动不便的老人还要送到家里去，你们真是好样的。应该推荐你上感动中国人物榜。”

王红艳说：“我们只是做了我们应该做的工作，只要老同志满意就行。”

有些家属楼没有电梯，女同志要把一袋子大米扛上去，真的不容易。这些大家都看在眼里。

多年来，王站长团结带领新市区工作站认真落实西北石油局和离退休管理中心关于“把‘六个老有’工作做到老同志的心坎上”的要求，注重增强团队的凝聚力，培养成员强烈的服务意识，将文化建设实践与离退休职工服务紧密结合，深入推进老年文化建设，将倾情服务、倾情帮扶、倾情关爱的具体工作与发挥老同志政治坚定、阅历深厚、德高望重的独特优势有机融合起来，逐步形成了独具特色的“枫叶红”文化，齐奏敬老进行曲、唱响爱心主旋律，积极调动离退休老同志发挥余热的正能量，为西北石油局实现“队伍和谐稳定”目标作出了积极贡献。

日常工作中，工作站成员主动到北京路各个小区，为长期卧床、行动不便人员上门核销医药票据，2017 年共报销离退休职工药费 1905 人次，票据 16329 张。及时去各大医院探望住院离退休职工 295 人次。积极组织 1667 名离退休职工参加节日期间各项文体活动。特别是针对危重病号，及时跟踪病情，帮助病人重拾信心，协助遗属办理身后事宜，让老同志有尊严地走好最后一程，每年为十几位离退休职工办理丧葬事宜。2017 年上门为 22 名 80 岁寿辰的离退休职工祝寿；为 158 名 70 岁以上的离退休职工人送上生日祝福。并组织 451 名离退休职工体检。

多年来，王红艳始终坚持加强工作站思想建设、提高服务水平。坚持每月组织同志们学习相关文件精神，进行业务知识培训工作。充分调动全站成员开展“每月一本书”活动，轮流主讲心得体会，增进成员间了解，加强相互交流。工作站推行“家”文化理念，提倡“有你、有我更精彩”的管理理念，为工作人员打造“温馨家园”。积极营造融洽的气氛，倡导出和谐、出故事、出声誉，成为团结战斗的集体、成功进步的集体、和谐温馨的集体。对待离退休职工，坚持“四个一”（一个微笑、一声问候、一把椅子、一杯热茶）的服务宗旨，倾情服务，让离退休职工满意，倾情帮扶，让离退休职工方便，倾心关爱，让离退休职工有幸福感。按照“老吾老以及人之老”的服务目标为离退休职工营造一个“满意家园”，带给老同志们精彩的晚年生活。

目前，该站江苏路、南院、北院都建起了活动室、阅览室、书画室等，供离退休职工读书看报、写字画画、打台球、下象棋。

工作站下设 6 个党支部，其中江苏路有 3 个支部，北院为第四支部，南院为第五、第六支部。

日常工作有每月 20 日、21 日、22 日三天在南院，23 日上午在北院，24—28 日在江苏路报销药费；探视病号；组织年度体检；组织离退休职工三大节（春节、劳动节、国庆节）的文体活动及奖品发放；80 岁寿星上门祝寿及 70 岁寿星电话问候；组织支部党员参加组织生活；协助家属办理丧葬事宜；接访工作等。

2013 年 3 月 5 日，离退休职工管理中心组建了离退休“情暖夕阳”志愿者服务队，旨在“奉献一片爱心、传播一份文明、温暖离退休人员”。通过老同志之间的志愿者服务工作，弘扬中华民族尊老爱老、助人为乐的传统美德，帮助老同志培养自己教育自己、自己管理自己、自己服务自己、自己娱乐自己的理念，引导全社会“老吾老以及人之老”的道德新风尚，不断提升离退休人员的幸福指数。“情暖夕阳”志愿者服务队成立了 3 个小队，按照服务类型分为“暖心队”“爱心队”“舒心队”。现有志愿者 18 人，平均年龄 68 岁。成员有 5 名中心工作人员和 17 名退休老领导、老党员、普通退休职工。成立 3 年来，累计服务 300 余人次。

工作站有117位80岁以上老人，在他们80岁生日当天，工作站全体成员就会买上鲜花和蛋糕，上门送祝福，为他拍一张全家福，照片洗好，送到家里，并且把照片贴到工作站的寿星墙上。“80岁寿星墙”，也成为工作站最靓丽的风景，过往行人无不驻足观望，它展现了老寿星们的幸福生活。

工作站连续多年为老人们举办端午节联谊活动。通过联谊，将西北石油局的关爱和温暖送到老人的手中和心中，促进老人们互相了解、互相交流、互相学习。

重阳节时，工作站策划了“掀起你的盖头来”钻石婚庆典。工作站选出身体健康、热爱生活、支持工作站工作的结婚60周年以上的10对金婚、钻石婚夫妇，以特别的形式纪念他们相濡以沫的爱情。组织志愿者为他们拍摄纪念照片、制作纪念相册，感受现代的婚礼，重温甜蜜的时刻。

2014年起，王红艳经过多次沟通协商，邀请乌市一专业发型团队为离退休职工提供每月一次的免费上门理发服务。这一实惠和便捷得到了老人们的欢迎。截至目前，享受这一服务的离退休职工已超过800人次。

利用现有的办公条件，工作站想尽各种办法，大力绿化美化离退休职工活动区域，努力为老同志营造一个温馨宜人的休闲娱乐场所。创办“老照片里的西北石油人”“舞动的夕阳最绚丽”等文化墙，带动离退休职工体验美好生活，享受美好生活，感恩美好生活。

工作站精心为离退休职工打造的“乐活吧”（心灵氧吧、中华老功夫、老绝活、中华诗词歌赋）是老同志温馨家园的一个缩影。他们在这里可以尽情地展中国风、圆艺术梦，挥毫泼墨。“乐活吧”也已成为老人们休闲娱乐、修身养性的至爱之所，成为老年人醉美夕阳、安享晚年的心灵驿站。

“保护眼睛，珍爱光明”夕阳红义诊活动，是工作站的一出大戏。工作站特邀乌鲁木齐市新光明医院院长及专家一行来到工作站为离退休职工义诊。义诊项目包括青光眼、白内障、眼底出血、视神经萎缩、黄斑变性等各类眼病，胃肠类疾病，风湿病，高血压等。截至目前，已有150位老同志接受了免费义诊。

工作站落实西北石油局帮扶救助工作，对工作站需帮扶救助的困难退休职工进行排查摸底，并上报最需要帮助的家庭，为困难退休职工“雪中送炭”。该站退休职工王甫君家属获医疗救助金11000元，梁妍霞子女获教育基金9000元。

除此之外，该站还为退休职工杨慧民和董顺分别举办了书画作品、摄影作品油田巡展，共展出160余幅作品，500多名干部职工享受了这一文化盛宴。

工作站在塔河油田组织了为期一周的“念初心、忆传统、爱企业”油田故事会，在北疆两院开展了“铭记历史，继续前进”宣讲会。西北石油局前任老领导骞振斌、张泽祥、魏开谈、董顺为广大干部职工送来了优良传统的精神食粮，分享了西北石油局艰苦创业的感人故事，激励着干部职工们砥砺前行。

工作站高度重视离退休职工的诉求和建议，通过日常走访、办公室接访、征求各活动室意见、电话了解等方式，根据离退休职工的需求，开展各项工作。为想要提前体检的退休职工联系空军医院，答复将关系转入其他工作站手续问题，调解邻里家庭矛盾，调解老领导报纸发放时间滞后问题，答复父母去世后补助发放标准、职工去世身后事宜、南疆考察事宜、药费报销事宜、工资等。

一位退休老职工逝世后，他的遗孀伤心欲绝，整日以泪洗面寝食难安。王红艳安排工作站成员轮流去她家跟她聊天，帮助她做家务，让老人从悲痛的阴影中走出来。他们发现老太太的手很巧，喜欢剪纸，就动员她到老年大学学习。老太太的脸上渐渐有了笑容，还把她的一些剪纸作品拿到工作站，以表达感激之情。

人们常用“铁树开花”，来比喻很难实现的事。工作站用爱解开了一位老人的心结，无疑就是“铁树开花”。

一位老职工的的孩子因意外离开人世，老人承受不了这种打击，悲痛欲绝。不久之后，儿子又查出来有眼病。工作站伸出热情的手，联系医院进行治疗、开导老人家相信组织、依靠组织，天大的困难也能克服。老人感动不已，特意给工作站送来一面锦旗表达“不是家人胜似家人”的浓浓谢意。

许多离退休职工给工作站送来自己培育的花卉或创作的书法、绘画、摄影作品表达他们对工作站的认可。退休职工杨慧民还专门写了一首打油诗赞美新市区工作站和王红艳站长。诗曰：

新市区，工作站，
谁人见了谁夸赞。
五朵金花俩大汉，
站长名叫王红艳。

人少事多挺杂乱，
天天忙得团团转。
生老病死都得管，
春夏秋冬不清闲。

老年之家功能全，
棋牌书画乐安然。
窗明几净环境好，
奇花异草落窗前。

夕阳队，情无限，
上门服务修家电。
谁家有了烦心事，

化解矛盾解疑难。

老来失伴怕孤单，
站上人们常挂念。
每逢端午粽子节，
欢聚一堂共团圆。

人老就怕重病缠，
就医无门更加难。
每当患者无良策，
首先求助工作站。

船到码头车到站，
临终关怀大如天。
敢为逝者更衣人，
竟是女流王红艳。

站上又添新景观，
“乐活吧”里乐翻天。
书墨怡情人未老，
谈艺论道赛神仙。

新市区，工作站，
多年旧貌换新颜。
欢迎大家来做客，
多彩人生度晚年。

近年来，新市区工作站在王红艳站长的带领下，连续五年荣获离退休管理中心先进集体称号，多次获西北石油局先进基层单位、先进基层文化分队称号。《石化老年》杂志、地方媒体、西北石油等媒体多次报道了工作站的先进事迹。王红艳站长说：“荣誉既是对我们工作的肯定，也是一种鞭策，我们还要继续努力，真正把工作站办成西北石油局退休老职工心灵沟通的驿站，办成他们温馨的‘家’，才是对退休老职工最大的敬意。”

西北石油局基地管理中心主任刘贵荣说：“基地管理中心是服务保障单位，它与职工切身利益息息相关。由于西北石油局是以油气生产为主的企业，我们既要服务生产，还要服务一线职工和家属，本着‘小基地大服务’的理念，把西北石油局所有与后勤有关的服务都承担起来。以前的焦方正局长到南疆调研时发现，职工在野外很不安心，工作上很焦虑，因为家中就剩老人和孩子，他们长期在野外，一年也没有多少假，老人生病、孩子住院，他们不能及时赶回去。领导根据这个情况组建了帮扶站。李峰、胡雪晴等同志，20 多年如一日，像照顾自己的亲人一样照顾着帮扶站的老人们。走进西北石油局家属院，只要问起帮扶站的胡雪晴，老人们都会竖起大拇指说好。因为在老人们的心中，帮扶站的帮扶员们如同他们的家人一样亲。”

来到帮扶站工作之前，胡雪晴是一名有着 16 年幼儿教学经验的幼儿教师，到了帮扶站，又开始照顾高龄老人。

常年跟老人们朝夕相处，很多老人渐渐开始依赖胡雪晴。家住河南东路南院的邓昌秀老人，老伴离世，儿女又都在野外一线工作，老人身边除了一个神志不清的小女儿外，再无他人，而老人又患了乳腺癌。

一次，胡雪晴和朋友外出在五家渠的路上，接到了邓老打来的求救电话。胡雪晴立即赶到老人身边，只见老人近乎全身赤裸，瘫在冰冷的地上，身上仅有的内衣、内裤也是脏得不堪入目。麻利的胡雪晴二话不说，取来热水、干净毛巾，迅速帮老人擦洗身子。

没有额外的补贴，没有奖金，纵使这样，只要老人们有需要，她们会随叫随到。

站在帮扶站里，不用旁人过多言语，看着高挂的锦旗和一封封满怀诚意的感谢信，就知道胡雪晴和她的伙伴们在老人心目中的位置。

胡雪晴说：“帮野外一线双职工的父母买药、接送孩子，为她（他）们提供生活、医疗、购物等服务，是我们的工作职责。”

帮扶站帮助孤寡老人、弱势儿童、残障职工及其家属，在西北石油局产生了良好的社会反响，传递了强大的正能量。

刘宝增书记说，关心职工生活是我们应尽的责任，他希望帮扶站发扬成绩，胸怀大局，无私奉献。让老弱病残职工群体真正感受到帮扶的温暖，将爱心一直传递下去。让公益的光芒照亮更多职工家属的心。

为什么我们常会被感动？就是因为有像新市区工作站和帮扶站的工作人员这样一颗颗默默奉献的美好心灵。

36
未来展望

一切伟大的事业，总是在承前启后、继往开来中不断推进。

习近平总书记在十九大报告中指出：“从十九大到二十大，是“两个一百年”奋斗目标的历史交汇期。我们既要全面建成小康社会、实现第一个百年奋斗目标，又要乘势而上开启全面建设社会主义现代化强国新征程，向第二个百年奋斗目标进军。”

十九大报告明确了新时代中国特色社会主义发展的战略安排，是指导全国各族人民开启全面建设社会主义现代化国家新征程的行动纲领。

西北石油局的发展战略构想与党中央的战略目标不谋而合。刘宝增感慨地说，这是非常鼓舞人心的！

刘宝增从2014年9月任西北石油局党委书记至今已有4个年头。这4年西北石油局不平凡的经历，锤炼了队伍，历练了胆识。人只有在压力和坎坷面前迎难而上，才能活出人生的精彩。现在到西北油田一看，不光领导班子成员干劲十足，刚参加工作的年轻人也信心十足。

在2018年工作会上，西北石油局确定了用一个五年、两个十年左右的时间，分三步走，建成世界一流油公司的目标，呼应了中石化集团公司党组提出来的，用两个三年和两个十年左右的时间，分四步走，建设基业长青的世界一流能源化工公司的战略目标。

展望未来，刘宝增说："我们的战略目标是到'十三五'末，把盈亏平衡油价降低到每桶 40 美元以内，再用三年降到每桶 35 美元，具备很强的国际竞争力。用十年左右的时间，从 2023 年到 2033 年，也就是在西北石油局进疆 45 周年之际，我们要基本建成世界一流油公司。'两个一'奋斗目标是西北石油局二次跨越的重要标志。第二个十年，我们要全面建成世界一流的公司。其中一个很重要的标志就是要实现中石化西部资源战略基地。"

有志者事竟成。前方，是西北石油局现阶段努力前进的目标，也是他们断力向前的动力。

笔者相信，他们的未来不是梦。

40 年来，西北石油人用心血和汗水书写了一部波澜壮阔、艰苦卓绝的奋斗史，敢为人先、锐意进取的创新史，创造了业绩辉煌的油田发展奇迹。

这是一个英雄的群体。

这是一支卓越的劲旅。

这是一个优秀的团队。

这是一家敢为人先，自我超越的国企。

40 年来，几代人艰苦奋斗、无私奉献、不懈努力，谱写了可歌可泣的辉煌篇章。

到西北石油局采访，感到每一个人都是一部大书，每一个身上都有英雄情结。

在与他们相处的日子里，鲜活的英雄群像立体地呈现在眼前，令人感慨而动容。

大漠的风沙可以埋没人的足迹，却无法埋没英雄创造的历史。

“非凡出众的人物，才能勇武过人，具有英雄品质，无私忘我，不惧艰险，为人民利益而英勇奋斗。”

《辞海》中对“英雄”的解释，正是对这个群体最好的诠释。

笔者采访的这个英雄群体当中，既有工人、大学生，又有领导干部，有男有女，相同的是，他们都为了一个共同的目标，在平凡的工作岗位上，作出了不平凡的贡献。

西北石油人的故事，激发了人们的爱国之情、报国之志，让更多的人在这个浮躁的社会中思索什么是人生的价值，思索付出和回报的意义。

笔者采访到的只是这个群体中极少数的干部职工，或许他们只是这个群体中的普通一员，却很有代表性。

不一样的年代，一样的奉献。不一样的事迹，一样的传承。不变的，是西北石油人“敢为人先，创新不止”的赤子情怀和不老忠诚。

西北石油局媒体中心周立瑜，在2017年1月23日《中国石化报》发表了题为《西北油田复原塔北705基地，传承“石油精神”》的文章，报道了西北石油局离退休管理中心职工赵尊秀同志，从千里之外的浙江杭州为企业寄来有关原塔北705基地的72件老物件等相关资料和19张珍藏照片的事迹。

赵尊秀，笔名东方，浙江天台人。中共党员。高级政工师。1963年毕业于武汉测绘学院。1958年参加工作，历任地质部石油地质局技术员、秘书、宣传处长、行业小报主编、办公室主任、老年大学教务长，兼任新疆维吾尔自治区和区地矿部职工思想政治工作研究会理事、新疆报告文学研究会常务理事、中国作协会员、新疆摄影家协会会员、中国地质摄影家协会理事。

赵尊秀先生1955年开始发表作品。1998年加入中国作家协会。著有长篇小说《辉煌》《梦圆·月圆》，报告文学集《痴情音符》《死不了的存在》，论文集《浅论模糊中介的思想政治工作》等，另撰写和编纂志鉴类书5部，约650万字。曾获省部级文史类奖项和德艺双馨奖、荣誉称号20多次，国家级奖5次。

当他得知西北石油局为激励广大干部员工传承“石油精神”，计划复原原塔北705基地，将其建设成为企业文化教育基地，并为此开展“征集老照片、老物件，寻找知情人、热心人”活动的消息时，立即给局党办写了一封饱含深情的书信，并在第一时间整理出自己珍藏的资料，寄到局党办，用行动给予了大力支持。

西北石油局退休职工师玉生堪称西北油田的“活档案”。这位为人谦和、低调的老同志在几十年的工作中，参与了西北石油局的许多重大事件，积累了大量珍贵的第一手资料和历史照片。在西北石油局需要的时候，在笔者采访期间，他都倾其所有，毫无保留，令人感动。

据周立瑜同志介绍，2016年8月24日开始的征集705教育基地资料活动，受到了广大职工的热烈关注。曾在塔里木盆地奋战过的“老石油”投入了巨大的热情。他们将一封封书信、一张张照片、一个个老物件或亲手交到工作人员手上，或从北京、上海、成都、厦门等地寄出。

曾在塔里木盆地有过30多年工作经历的中国工程院院士康玉柱，寄来了2001年出版的西北石油局图志，自己的传记、画传以及视频资料；西北石油局老领导骞振斌将珍藏的老照片和历史资料送到局党委办公室，并讲述了照片背后的故事；1978年参加工作的张占明从数百张照片中精选出部分极具代表性的照片，并在照片背面用笔写上照片背景和故事；72岁的老人孟庆敏，是原西北油田政治部剧作家冯世顺的遗孀，丈夫去世后，为了保持丈夫书房的原貌，她除了打扫卫生极少进入，但当工作人员前往她家说明来意后，她主动让工作人员进去翻找……

截至目前，已有数十位老同志进行了捐赠，征集到近千张老照片，大量领导讲话稿、文件、信件、贺卡、就餐券、报纸等历史资料，以及地质包、手电筒、蚊帐、帽子等实物资料。

万水千山总是情，点点滴滴都是爱。他们何尝不是英雄？

国家富强、企业发展，是石化人最大的心愿。为了实现这个心愿，很多人默默无闻地奉献着。

事业发展既需要敢打敢拼、冲锋陷阵的创业者，也离不开无数幕后英雄的无私奉献；既要有虚怀若谷的指挥员，也需要默默坚守、砥砺奋进的实干家。

西北石油局的事业如日中天，是一代又一代石油人殚精竭虑的结果。

他们都是生活的强者，都怀着一颗独立而坚强的心，都把“我为祖国献石油”当作自己毕生的追求。

一代又一代石油人像大漠中巍峨的钻塔，向万古荒原宣战！他们创造的何止是三个里程碑？其实，他们每个人都是一座精神丰碑，都有巨大的创造力，都有一个强国梦，都在平凡的工作岗位上谱写着时代的乐章，汇成新时代的恢宏交响！

历史，总是在奋斗中写下辉煌。

这就是西北石油局的发展史。一条线，一道轨迹，留下了宝贵的精神财富。

英雄离我们并不遥远，“石化红”总让我们感动、总让我们敬佩，他们为国献石油的历程中的每一个里程碑，都凝聚着一种精神，他们的精神气质一直在感染着我们。他们是共和国的骄傲！是永远值得我们为之热情讴歌的最可爱的人！

后　记

西北石油局是一支具有悠久历史和光荣传统的英雄队伍。她诞生于华北平原，成长于青海高原，发展壮大于塔里木盆地。

这支队伍为祖国石油天然气勘探开发、为促进新疆地区的经济社会发展和长治久安、为建设西部能源战略接替基地，建立了不朽功勋。

2018 年是西北石油局进疆 40 周年。这个春天，我走进西北石油局，走到石化人中间，采访了数以百计的石油工人，重拾历史、生活的碎片记忆，听他们讲述 40 年来几代地质石油人以胡杨为伴，在荒无人烟的大漠中、在神秘莫测的塔里木盆地历经磨难，经受了种种考验的故事。他们凭着“我为祖国献石油”的赤胆忠诚，以“敢为人先，创新不止”的精神，为祖国和人民作出了卓越贡献。

1978 年，这支队伍从柴达木奉命挥师新疆，浩浩荡荡开进了塔里木盆地，同年 5 月，以地矿部原“一普大队”为基础，成立了新疆石油普查勘探指挥部。1983 年 3 月，西北石油地质局成立，对塔里木盆地的石油勘探全方位展开。

1984 年 9 月 22 日，沙漠中一声惊雷，部署在塔里木盆地沙雅隆起的沙参 2 井实现了中国古生界海相油气的首次重大突破，创造了中国油气勘探史上重要的里程碑，给世界石油普查勘探带来了新认识和新理论，迎来了中国石油勘探开发的新曙光和新方向，正式拉开了塔里木盆地大规模油气勘探的序幕。

1997 年，在塔里木盆地北部部署钻探的沙 46 井和沙 48 井喷出高产油气流，宣告了塔河油田诞生，并由此发现了中国第一个古生界海相亿吨级大油田，实现了西北石油局发展史上的第二个里程碑。

“十一五”以来，西北石油局年增油量达 60 万吨，占中国石化上游增产幅度的 80%，塔河油田于 2006 年跻身我国陆上十大油田之列，2007 年成为中国石化国内第二大油田。

2011 年到 2016 年，西北石油局两次荣获国家最高科学技术进步一等奖，在科技创新的道路上乘风破浪、一往无前，不断刷新着西北石油人的纪录。

2015 年 9 月 9 日，顺北 1 -1H 井日产原油破百吨、天然气破 4 万余立方米，证实了该区是西北油田奥陶系实现外围突破的新阵地，同时也是中国石化在碳酸盐岩海相石油勘探的新类型，成为西北石油局发展史上的第三个里程碑，为建成千万吨级大油气田、实现“两个一”奋斗目标落实了资源阵地。

自 2003 年来，西北石油局累计向新疆上缴各类税费 148 亿元，各类援疆项目投入资金总额超 6 亿元。“十二五”至今累计向地方供气近 46 亿立方米，占销售总量的 60% 以上。

《开拓者的丰碑》就是这支英雄队伍 40 年光辉历程的客观写照。西北石油人那种孤独而寂寞的跋涉者形象给我留下了深刻印象，他们身上表现出来的“塔河精神”是新时代实现中国梦最宝贵的精神财富。他们每人个人都是一本书，每个人都有着说不完写不尽的英雄故事，彰显着人性的光辉。在我并不宽泛的视野里，他们树立“三个里程碑”的过程着实让人震撼并深思。

英雄的事业必定包含着艰险，如果没有艰险也就不成为英雄了。40 年来，西北石油局始终在改革中发展，在创新中超越。广大干部员工是新时代可爱的人。40 年来，他们淡泊名利，默默无闻，无私奉献，令人钦佩。但是，由于篇幅所限，西北石油人的故事不能一一反映到作品中来。在此，我只能向那些可敬可爱可亲的无名英雄们致以崇高的敬意。

《开拓者的丰碑》从采访到撰稿仅用了三个多月的时间，其中撰稿仅一个多月。虽然时间紧迫，但是我极尽所能在调查研究的基础上，以大量翔实可靠的资料和生动感人的事例，力求真实、准确地反映这支队伍机构设置沿革、征战地域迁徙、改革发展、茁壮成长、勘探开发、经营管理、科技创新、责任担当、油地共建党建融合等艰难历程，再现西北石油职工战天斗地、锐意进取的精神风貌，展示他们适应市场竞争的一流水平，折射他们艰苦奋斗、与时俱进、敢为人先、创新不止的时代精神，激励新一代西北石油人为全面建设亿吨级大油气田的目标作出更大贡献。

回顾和总结过去，充实和展望未来，是《开拓者的丰碑》存在的意义。

在此书出版之际，衷心地感谢西北石油局对我的信任，感谢余满和副总给予的指导，感谢西北石油局党委办公室潘从文、陈晶、周兴岩、李学仁、李娜、蒋琳琳、张原、周立瑜等同志的热情支持和帮助。特别感谢骞振斌、董顺、魏开谈、赵尊秀、师玉生等退休老领导、老同志无私地提供素材和资料。话又说回来，或许一本有关企业发展的书读起来没有那种舒适的感觉，倘若读着生涩，那是作者的水平问题，还望西北石油人和读者海涵。时间匆忙，书中疏漏或失当之处在所难免，敬请广大读者不吝赐教。

作者

2018 年 6 月